Second Edition
第2版

Skills for Success

个人发展手册

［英］斯特拉·科特雷尔（Stella Cottrell） 著
凌永华 译

中国传媒大学出版社
·北京·

图书在版编目（CIP）数据

个人发展手册：第 2 版 /（英）斯特拉·科特雷尔（Stella Cottrell）著；凌永华译. —2 版. —北京：中国传媒大学出版社，2020.7

书名原文：Skills for Success(2nd Edition)

ISBN 978-7-5657-2713-9

Ⅰ. ①个… Ⅱ. ①斯… ②凌… Ⅲ. ①大学生—职业选择 Ⅳ. ①G647.38

中国版本图书馆CIP数据核字（2020）第 107642 号

First published in English under the title Skills for Success:Personal Development and Employability by Stella Cottrell, edition: 2. Copyright © Stella Cottrell, 2010 *. This edition has been translated and published under licence from Springer Nature Limited. Springer Nature Limited takes no responsibility and shall not be made liable for the accuracy of the translation.

著作权合同登记号　图字：01–2020–3055 号

个人发展手册（第 2 版）
GEREN FAZHAN SHOUCE (DIERBAN)

著　　者	［英］斯特拉·科特雷尔（Stella Cottrell）
译　　者	凌永华
策划编辑	曾婧娴
责任编辑	曾婧娴
特约编辑	王萌萌
装帧设计	郝薇薇
责任印制	李志鹏
出版发行	中国传媒大学出版社
社　　址	北京市朝阳区定福庄东街 1 号　　邮编：100024
电　　话	010-65450532　65450528　　传真：010-65779405
网　　址	http://cucp.cuc.edu.cn
经　　销	全国新华书店
印　　刷	北京雁林吉兆印刷有限公司
开　　本	787mm×1092mm　　1/16
印　　张	28
字　　数	530 千字
版　　次	2020 年 7 月第 2 版
印　　次	2020 年 7 月第 1 次印刷
书　　号	ISBN 978-7-5657-2713-9/G·2713　　定　价　136.00 元

版权所有　　翻印必究　　印装错误　　负责调换

Contents

缩写词列表 / VIII

引言

打造自己的天地 / 2
学生的个人发展规划（PDP）/ 2
为何要积极地鼓励学生进行个人发展规划 / 3
我需要怎样的个人发展规划 / 5
我想要怎样的个人发展规划机会 / 11
本书的着眼点 / 13
本书的内容 / 13
如何利用本书 / 17

Chapter 1　愿景：如何定义成功

简介 / 22
给成功下定义 / 22
他人影响 / 25
激励 / 26
价值观 / 28
愿景 / 33

目标 / 38

动力 / 38

个人投入：好处、成本和决心 / 41

成功的要素 / 42

相适性 / 47

机会 / 49

本章回顾 / 52

Chapter 2　从自己开始

简介 / 56

自述 / 56

你的40个强项 / 65

你的学习历程 / 67

教育经历对你的影响 / 70

面对挫折 / 70

专长比喻 / 72

本章回顾 / 77

Chapter 3　理解自己的表现

简介 / 80

学习或表现 / 80

个人表现因素 / 81

个人表现概况 / 93

选择关键因素 / 95

个人表现公式 / 96

具体任务的表现因素 / 97

运用你的个人表现公式 / 101

本章回顾 / 103

Chapter 4　成功的自我管理

简介 / 106
SWOT分析 / 107
个人资源 / 109
时间管理 / 110
态度 / 115
做事情要关注解决办法 / 120
情商 / 122
管理好个人压抑 / 131
利用激励因素和阻碍因素，管理个人表现 / 140
本章回顾 / 148

Chapter 5　成功地解决问题和管理任务

简介 / 152
解决问题的基本方法 / 154
在信封背面解决问题 / 157
说明问题 / 158
解决问题的"相似解决法" / 158
管理任务的OPAL策略 / 159
解决问题的"多重解决办法"方案 / 163
解决问题的技巧 / 167
制定目标 / 167
制定标准，评估解决办法 / 168
排列先后顺序 / 168
制定SMART-F目标 / 170
着手解决问题 / 176
擅长"从自己做起" / 178
完成任务时要坚持不懈 / 179
完成任务 / 179
项目 / 180
成功的项目管理 / 182
表现指数（PI）/ 185
竞争力 / 188
本章回顾 / 188

Chapter 6　社交能力

简介 / 194
建立良好关系 / 197
建立联系 / 197
真正关心他人 / 197
有技巧地聆听 / 199
建立互信 / 202
团队协作 / 204
行动小组 / 209
建设性的批评 / 212
有主见 / 215
坚持主见的技巧 / 219
和难相处的人打交道 / 224
协商谈判 / 229
领导力 / 234
本章回顾 / 239

Chapter 7　打破固定化思维

简介 / 242
12个有用的、你需要了解的大脑特征 / 246
创造力 / 257
有创意地解决问题 / 258
"快速想出多个解决方案"的做法 / 258
生成性思维 / 261
生成性思维的其他技巧 / 263
合成 / 263
建立联系 / 265
网络 / 268
横向思维 / 269
颠覆性思维：破坏 / 272
利用原材料 / 273
创造力和承担风险 / 274
本章回顾 / 276

目 录

Chapter 8　反思的艺术

简介 / 280
日常生活中的反思 / 280
反思也是挑战 / 281
反思重要吗 / 281
反思和个人发展规划 / 281
"反思性执业者" / 282
什么是"反思" / 282
反思的基本步骤 / 285
结构性反思的做法 / 287
以问题为基础的反思 / 287
开放性反思 / 288
合成性反思 / 293
发展性反思 / 294
评估性反思 / 300

利用反馈 / 302
反思模型 / 304
反思的主题和焦点 / 306
制定你自己的反思模型 / 307
核心反思模型 / 308
命名你自己的反思模型 / 311
把你的反思展示给别人看 / 312
反思文章 / 315
本章回顾 / 321

Chapter 9　个人记录：记录反思和成就

简介 / 324
纸质还是电子版个人记录 / 324
制定你自己的个人记录 / 324

反思记录 / 327
进步记录和文件夹 / 329
坚持为求职申请做记录 / 331
教育和培训经历 / 331
工作经历 / 332
教育和培训记录 / 333
你工作经历的记录 / 333
技巧和个人素质 / 334
关键事件 / 334
回答和能力相关的问题 / 336
培养你的能力 / 337
个人表现进步的证明 / 338
本章回顾 / 339

Chapter 10 成功的求职申请

简介 / 342
雇主需要什么 / 342
可雇用技能 / 345
择业 / 348
你希望雇主能给你什么 / 350
提早规划 / 352
利用个人记录 / 355
进行申请 / 356
写附信 / 360
与能力相关的申请 / 361
简历（CV） / 362
评估中心 / 368
关于残疾 / 370
准备面试 / 372
面试中 / 374
面试之后 / 382
本章回顾 / 383

Chapter 11　总结

简介　/　386
认识到个人变化　/　386
利用反思的过程　/　389
改善表现　/　391
找到联系　/　392
提高目标　/　393
挑战的态度　/　395
本章回顾　/　397

资源库　/　399
参考文献　/　431
有用的网站　/　436
致谢　/　437

缩写词列表

CEO	首席执行官
CPD	持续专业发展
CV	简历
CVCP	大学校长委员会
HE	高等教育
HEI	高等院校
IiP	英国人才投资认可制度
PDP	个人发展规划
PI	表现指数
QAA	英国高等教育质量保证委员会

引言

- 归根结底，你的最终目标是什么
- 你打心底里想要什么
- 你知道自己想为生活制定什么目标吗
- 追求目标时你需要什么技巧和个人素质
- 要掌握自己的未来，你现在应该做什么

打造自己的天地

我们都有自己的梦想，想象未来的人生会如何发展，想象我们未来会做什么。虽然对很多人而言，这些梦想似乎遥不可及、忽隐忽现，但是有些人却能够梦想成真。感觉幸运之神好像只青睐这些人——当然，运气确实是成功的要素之一。但是，读过 Chapter 1 之后我们就会发现，通常成功人士所具备的技巧、态度和他们所展现的行为，其实每个人都可以做到。你的梦想掌握在自己手中。

在学生眼里，需要做决定的时候，"未来"似乎还很遥远。对大部分的学生而言，他们都不知道自己毕业之后到底想做什么。就算你上的是技校，学习期间你的目标可能也会发生变化。如果你对自己想做什么完全没概念，那么你最后仍然会一片茫然。

学习期间你打发时间的方式和做出的决定会影响到你日后的各种选择。所以，你最好能够进行个人发展规划，保证在学习过程中能做出最佳决策。开始个人发展规划越早越好。你不必知道自己具体想要什么，但是需要大致想想自己想要怎样的生活、想从事怎样的工作和想成为怎样的人，这个过程会让你大受裨益。之后，你可以制定具体的步骤，把自己引上正确的道路。

本书的写作目的，是帮你：
- 发现自己的目标。
- 发现实现你的目标需要什么技巧、素质和态度。
- 培养正确的技巧、素质和态度，在毕业后找到好工作。
- 做好求职申请。
- 在求学期间高效地利用时间。
- 管理好你的个人发展。

学生的个人发展规划（PDP）

重要的不只是专业学位

学生毕业时，往往已经对自己的学科有了较深刻的了解，也具备了专业学习需要的相关技巧。这虽然很重要，可仅仅是一部分。

不管是在综合大学还是在专业大学，学生都有机会遇见形形色色的人，参加各式各样的活动，身处责任重大的职位，以此拓展自己的视野。虽然高等院校正在把越来越多的个人和专业发展教育加入到课程安排中，但实际上大部分机会仍然在课外。高校在鼓励学生充分利用时间，接触更多的领域的同时，也要让学生去思考如何利用好自己的课程。

为何要积极地鼓励学生进行个人发展规划

大部分毕业生理想的工作都需要他们具备一定的素质和技巧。而培养这些素质和技巧需要一定的时间、有力的支持和良好的规划。素质和技巧包括社交能力、解决问题的能力、项目工作能力和自我管理能力。要培养这些技巧和素质，仅仅依靠独处或者"最后一分钟"的努力远远不够。过去，很多毕业生离校时，认为自己没有完全准备好，觉得特别失望。如今为了避免这个问题，高校间达成一点共识，即学生需要结构化的机会来思考并规划他们的未来。

英国高等教育质量保证委员会要求大学和其他高等院校为所有本科生提供个人发展规划和"进步记录"。这个要求由三部分组成：

- 个人发展规划过程（个人发展规划）。
- 个人学习和成就记录。
- 高等院校提供的官方成绩单。

1. 个人发展规划过程（个人发展规划）。

有时候，个人发展规划的过程会持续好几年，成为你生活的一部分，让你去思考、讨论和实践它。英国高等教育质量保证委员会是这样描述个人发展规划的：

结构化并获得支持的过程，让个人培养反思自己学习和成就的能力，培养规划自己教育和职业发展的能力（英国高等教育质量保证委员会，2000）。

2.个人学习和成就记录。

个人记录里面可以记录个人目标、计划、回顾和成就。这个记录作为个人资源,可以用来审视自己的进步,为求职申请做准备。

3.高等院校提供的官方成绩单。

官方成绩单由综合大学或专业大学提供,通常和学位证书一起发放给学生。官方成绩单比传统的学位证书能提供给学生更多学习和成就方面的信息。

个人发展规划的作用

有了支持,结构化的个人发展规划可以让你更深刻地理解自己的表现。可以让你进行自我评估,培养出各种能力。个人发展规划让你自己做主。你不再局限于死板的学习模式,而是进入一个向上的学习循环。

通读下面列出的个人发展规划可能产生的作用。如果觉得哪条对你来说很重要,就在前面的方框里打钩。

个人发展规划对学习表现的作用

我如果在学习中采取个人发展规划的方法,会有这样的好处:

☐ 让我把学习的重点看得更清楚。

☐ 更好地把握个人动力以及利用个人动力促进目标达成的能力。

☐ 掌握自我管理的技巧。

☐ 更清晰地理解如何改善我的学习表现,从而更加独立和自信。

☐ 更下意识地使用技巧,学习带给我的压力更少、快乐更多。

☐ 更明白如何学以致用,将所学用于新问题和新情况中。

☐ 培养反思、分析、战略规划和创造性思考的技巧,提高学习表现。

本书提出的个人规划方法会让你的学习更上一层楼。当这个方法与培养学习技巧的过程结合起来时，效果更加显著。高等教育的学习技巧属于单独的领域，和个人规划息息相关。有关学习技术的介绍请参见"麦克米伦经典·大学生存系列"中的《学习技术手册》，还可以参见该系列中的《批判性思维训练手册》。

个人发展规划对职业生涯的作用

我如果在职业生涯中采取个人发展规划的方法，会有这样的好处：

☐ 学到改善个人表现的策略。

☐ 对自己想要怎样的生活和工作看得更清楚。

☐ 对自己的抉择信心更充足。

☐ 对自己在理想的工作中需要具备的技巧、素质和特质信心十足。

☐ 更有优势去竞争工作岗位，与雇主讨论我的技巧和竞争力。

☐ 具备成功职业生涯所必需的积极态度、创造性思维和解决问题的思路。

个人发展规划对个人生活的作用

我如果在生活中采取个人发展规划的方法，会有这样的好处：

☐ 更清楚地了解自己，了解自己怎样可以"正常运作"。

☐ 更有实力做出恰当的选择，实现我的目标。

☐ 把作为个体的自己看得更明白。

☐ 更加了解我的需求和如何去满足这些需求。

☐ 更加了解我可以做出的独到的贡献。

☐ 培养正面、向前看的做事方式。

☐ 培养生活中的实用技巧，比如反思、战略性思考、自我引导和自我评估。

练习

- 看看你在上面哪些作用前面打了钩。在打钩的内容里，哪些作用对你来说最重要？
- 选出3到5条你觉得最重要的作用，然后用你自己的话写下来，它们对你意味着什么。

我需要怎样的个人发展规划

以下的练习让你静下心来去思考：

- 你可能需要怎样的个人发展规划。
- 你的个人发展规划的重点是什么。

| 自我评估 | 我是否需要个人发展规划

请你按照下面列出的顺序,给每一条内容打分。

打分标准:0=完全同意;1=同意;2=部分同意;3=不同意;4=完全不同意。

	打分				
1. 我确信,在接下来的几年中,我可以一直保持动力,拿到学位	0	1	2	3	4
2. 我对自己接下来几年的目标十分明确	0	1	2	3	4
3. 我有信心已经为实现目标做了充足的规划	0	1	2	3	4
4. 我很清楚自己的学位与生活规划间有怎样的联系	0	1	2	3	4
5. 我很明确雇主希望找到有什么才能的人才	0	1	2	3	4
6. 我有信心具备了雇主所期待的才能	0	1	2	3	4
7. 我很清楚反思的过程对职业生涯的重要性	0	1	2	3	4
8. 我有信心在没有指导的情况下,自己也可以进行结构性反思	0	1	2	3	4
9. 我有信心可以制定有效的策略,应付大部分情况	0	1	2	3	4
10. 我有信心可以设定有条不紊去实现的目标	0	1	2	3	4
11. 我清楚地了解应该如何评估自己的表现	0	1	2	3	4
12. 我有信心在大部分情况下,知道该如何去改善自己的表现	0	1	2	3	4
13. 我知道如何把在一个领域内的专长运用到另一个完全不同的领域	0	1	2	3	4
14. 我有信心可以看清别人眼中的自己	0	1	2	3	4
15. 我有信心具备有效的聆听技巧	0	1	2	3	4
16. 我是个有主见的人	0	1	2	3	4
17. 我擅长"从自己做起"	0	1	2	3	4
18. 我了解自己在团队协作中最适合扮演的角色	0	1	2	3	4
19. 我有信心解决问题	0	1	2	3	4
20. 我有信心把自己的才智发挥到极致	0	1	2	3	4
21. 我有信心在解决大部分问题时采取创造性的办法	0	1	2	3	4

（续表）

	打分				
22. 我有信心去申请需要展现竞争力的工作	0	1	2	3	4
23. 我总是能弄清楚自己正在培养什么样的技巧	0	1	2	3	4
24. 我很清楚应该如何把自己的技巧运用到各种不同情境中	0	1	2	3	4
25. 我知道自己的"发展优势"在哪里	0	1	2	3	4
满分100分，算出你自己的总分	总分 _____				

这个列表可以给你提供简单的指导，你打分之后就知道自己需要进行个人发展规划的分数是多少了。如果你的总分不是0，个人发展规划就会对你有好处。你的总分越高，说明你越需要进行个人发展规划。就算现在你不需要进行个人发展规划，但是随着你本身情况的变化，也极可能在几个月甚至是几周内发生变化。

| 自我评估 | 我的个人发展规划重点在哪里

- 在A列里面打分，说明现在对你来说自己哪些方面的个人发展比较重要。给每项一个0到5分的得分。5分代表很重要，0分代表完全不重要。
- 在B列里面，考虑尽快发展相应的方面对你来说有多必要。给每项一个0到5分的得分。5分代表很有必要，0分代表完全不必要。
- 把A列和B列里的分数加起来，你就知道自己个人发展规划的重点应该放在哪些方面了（C列）。

我想要进一步发展的方面 我想要……	A 这对我有多重要 得分从0到5分	B 现在发展它有多必要 得分从0到5分	C 重点得分 把A列和B列分数加起来	参见章节
1. 看清我生活的愿景和目标				Chapter 1、11
2. 看清我的价值观				Chapter 1、11
3. 找到激励的源泉				Chapter 1
4. 看清我对"成功"的定义				Chapter 1

（续表）

我想要进一步发展的方面 我想要……	A 这对我有多重要 得分从 0 到 5 分	B 现在发展它有多必要 得分从 0 到 5 分	C 重点得分 把A列和B列分数加起来	参见章节
5. 看清我想从大学获得什么				Chapter 1
6. 加强我的动力				Chapter 1
7. 更好地理解自己				Chapter 1、2、3、4
8. 明白反思是什么				Chapter 8
9. 找到进行反思的方法				Chapter 8
10. 评估我的学习目标				Chapter 8
11. 写反思日记				Chapter 8 和 📖 ①
12. 填写我的个人发展规划				Chapter 8、9
13. 制定策略，提高表现				Chapter 4、5
14. 制定策略，解决问题				Chapter 5
15. 理解我的生活故事				Chapter 2
16. 明白我的个人选择带来的影响				Chapter 2
17. 了解自己的强项和需要改进的地方				Chapter 2、3、9、11
18. 更好地利用自己的专长				Chapter 2、9

---

① 📖 这个符号提醒你，在看本书的时候，把自己的反思记录在日记里面。当然你也可以利用本书提供的资源库，把自己的反思记录成电子版。

（续表）

我想要进一步发展的方面 我想要……	A 这对我有多重要 得分从0到5分	B 现在发展它有多必要 得分从0到5分	C 重点得分 把A列和B列分数加起来	参见章节
19. 理解自己的表现情况和偏好				Chapter 3
20. 发现自己的特质				Chapter 2、9
21. 知道如何进行SWOT分析				Chapter 4
22. 更好地管理时间				Chapter 4
23. 培养更积极的态度实现目标				Chapter 2、4
24. 培养我的自信				Chapter 3、4
25. 更多地了解情商				Chapter 4
26. 更有效地把握改变和不确定性因素				Chapter 4
27. 明白是什么阻碍自己发挥潜质				Chapter 2、3、4、7
28. 更有效地完成任务				Chapter 5
29. 提高解决问题的技巧				Chapter 5
30. 知道如何设定有效的目标				Chapter 5
31. 更加擅长于着手完成任务				Chapter 5
32. 把"从自己做起"实践得更好				Chapter 5
33. 培养项目管理技巧				Chapter 5

（续表）

我想要进一步发展的方面 我想要……	A 这对我有多重要 得分从 0 到 5 分	B 现在发展它有多必要 得分从 0 到 5 分	C 重点得分 把 A 列和 B 列分数加起来	参见章节
34. 找到我在任务管理中的"竞争力"				Chapter 5
35. 与他人更融洽地相处				Chapter 6
36. 培养自己聆听的技巧				Chapter 6
37. 培养团队协作技巧				Chapter 6
38. 建立支持团队（或者行动小组）				Chapter 6
39. 批评和被批评时做得更好				Chapter 6
40. 更加有主见				Chapter 6
41. 与难相处的人处好				Chapter 6
42. 培养谈判协商技巧				Chapter 6
43. 培养领导力技巧				Chapter 6
44. 培养创造性思考的技巧				Chapter 7
45. 更了解自己的大脑以及如何使用大脑				Chapter 7
46. 培养求职申请的技巧				Chapter 9、10
47. 求职申请时利用个人记录				Chapter 9、10
48. 进行个人记录				Chapter 9、10

发展重点

再看看上面的重点列表：

- 找到得分加起来最高的三项。如果获得同样分数的项超过三项，你需要从中选出对你来说最重要的三项。
- 按照你的理解把这三项重点写下来。
- 如果你已经做好准备要开始这个过程，可以参考第172页上的行动计划来操作。

我想要怎样的个人发展规划机会

现在大部分高等院校都有大量的个人发展规划机会——虽然不同院校做法可能不太一样。去浏览你感兴趣的大学的网站，看看它们提供怎样的个人发展规划，了解个人发展规划的做法，确保这些做法适合你。

Jamila（贾米拉）[①]的个人发展之路。

---

① 本书出现的人名翻译均为音译。——译者注

在浏览大学网站之前，请你先阅读下面的内容，考虑一下你希望自己心仪的大学提供哪些机会。然后，在你希望大学提供的机会前面打钩：

课程提供的机会

☐ 把个人发展规划开成必修课或者选修模块。

☐ 带学分的职业规划模块。

☐ 工作经验或者工作项目可以获得学分。

☐ 志愿者工作可以获得学分。

☐ 指导其他学生可以获得相应的培训和学分。

☐ 课程能够培养技巧。

☐ 提供选修课或者辅修课，让我在主修课之外能够学到其他东西，拓展我的视野。

教职工和辅导服务提供的机会

☐ 个人导师：一对一、小组式的对话或者教学会。

☐ 学业指导：专业咨询师提供学业选择方面的建议。

☐ 大量的个人咨询，纸质和电子版资源，提供职业咨询服务。

☐ 工作咨询处和各种工作机会信息。

☐ 学习发展的模块，获得学业和语言技能方面的支持。

☐ 高等院校组织的志愿者活动。

☐ 学生会或者重要学校机构提供的技巧课程。

☐ 雇主提供的技巧会议。

☐ 与雇主面对面交流的机会。

☐ 网络资源和工具。

其他机会

☐ 创业可以得到奖励。

☐ 承担责任的岗位，比如课代表、学生会或者学生俱乐部里的职位。

☐ 为学生杂志或学生电台做贡献。

☐ 指导其他学生。

☐ 指导大学所在地其他学校的学生。

☐ 建立我自己的俱乐部或者支持团队。

☐ 参加当地社区的各种活动。

☐ 参加由本科生负责的雇主项目。

☐ 与雇主签订毕业生定向计划。

本书的着眼点

个人发展规划

本书里的个人发展规划是一个结构化的反思过程。通过这个过程，个人可以更清晰地了解自己的发展情况。本书还提供了各种练习和资源来促进这个过程。这些资料可以帮你：

- 发现对你自身发展比较宝贵的东西。
- 实现个人目标。
- 进行反思、规划、记录和评估。

练习

下面的选项如果你打了钩，就表示它们对你很重要。

☐ 向雇主描述你的能力。
☐ 培养成功相关的技巧。
☐ 进行有效的求职申请。

关注解决办法的做法

这个做法体现了一种信念，即就算人们必须获得指导和支持才能找到解决办法，他们自身仍然具有解决问题的能力。人们所具备的知识和专长往往比他们自己想象得要多。获得引导后进行反思时，人们会从不同角度思考同一个问题，就会产生不同的见解和解决方案。在本书中，有解决问题和管理任务的长期和短期的具体策略和引导，也有让你找到最佳解决办法的工具。

本书的内容

你的成功

Chapter 1一开始就提出这样的观点：所有学生都想获得成功。他们中的大部分人都会做出努力，完成大学学业，期待毕业后会有更美好的未来。但是，很多学生对于如何规划他们想要的未来感到很模糊。Chapter 1就敦促你去思考这样的问题：

- 对你而言，成功意味着什么？
- 你有何动力？

- 你有怎样的抱负、目标和价值观？
- 谁或者什么能够激励你？
- 10年或者20年之后，你想过怎样的生活——你觉得那时候最糟糕的情况是怎样的？

如果你清楚地知道自己是谁，知道自己想要什么，那么你就可以走得很远。

关注你自己

Chapter 2鼓励你从细节看待自己——看什么可以帮助你有所成就。Chapter 2让你从多个角度看待以下内容：

- 你迄今为止的生活故事以及你在故事中扮演的角色。
- 你在别人眼中可能是什么样的。
- 你如何面对机会和逆境。
- 你的学习历程对当前表现的影响。
- 你的专长在哪里？怎样把这些专长应用到新的情况里？

理解个人表现

促进或者阻碍我们每个人取得成功的因素都不一样。在Chapter 3里面，你有机会：

- 深入地分析对你的表现影响最大的各种因素。
- 找出你的"个人表现公式"。
- 找出在面临不同任务时对你来说最有利的条件。

掌握主动权

成功的基本要素是你要了解和管理好自己。前几章主要让你去了解自己，而Chapter 4是讲你如何进行自我管理。通过Chapter 4，你可以提高以下几方面的能力，从而更有可能获得个人的成功：

- 个人情感的自我管理。
- 你的时间管理。
- 你的"情商"。
- 你的"态度"。
- 你管理困惑和不确定性的方式。

组织好解决办法

良好的解决问题的策略可以让你解决几乎所有的问题，也会让你在遇到新情况的时候有更多的信心。利用 Chapter 5，你可以：

- 更有效地组织时间和任务。
- 学到基本的解决问题的策略。
- 选择一些解决问题的策略，用于解决更复杂的任务和问题。
- 培养规划的技巧，比如找到重点、设定目标和找出良方。
- 学习有用的项目管理技巧。
- 熟悉一些概念，比如"表现指数"和"参数"。
- 审视你的个人"竞争力"。

社交能力

你的社交能力如何？具备良好的社交能力之后，你的团队会运作得更好，你个人也能获得你所期待的重视和支持。良好的社交能力让团队工作效率更高，员工更易于管理。因此，雇主才特别地重视这样的能力。Chapter 6 提供了培养你的社交能力的方法，涉及以下内容：

- 与他人融洽相处。
- 聆听技巧。
- 团队协作。
- 主见和谈判协商技巧。
- 领导力。
- 建设性的批评与被批评。

创造性思维

创造力不只是艺术家才有。解决问题和完成任务中最难把握的一环依靠的往往都是"创造力的灵光"，它能够在正确的时间传达正确的办法。Chapter 7 "打破固定化思维"中探讨了如何让你对自己的创造力有信心。利用 Chapter 7，你可以：

- 对自己的创造能力产生信心。
- 对大脑如何运作有基本的了解，便于提高自己的思维技巧水平。
- 尝试各种练习，培养自己的创造性思维。

反思

很多行业都喜欢"反思性的从业人员",讲师可能会让你去"反思自己的表现"。你认为"反思"是什么?如何理解"反思"?你如何进行"反思"?你在读本书的过程中,会遇到很多进行结构性反思的机会上面这些问题的答案就隐藏在其中。Chapter 8 列出了结构性反思的不同方法。你没有必要把所有方法都尝试一遍,只需要选择其中适合你和你的课程的方法即可。你的老师可能会引导你进行一些反思。Chapter 8 还引导你对要打分的作业进行结构性反思。

个人记录

Chapter 9 罗列了为不同目标坚持个人记录的基本逻辑。资源库里有 Chapter 9 的各种记录材料,你可以从中选择一些用来记录个人关键信息和反思结果。你可以复印这些记录,以便日后手写更新。这样的记录是结构性的反思,让你去反思自己从各种经历中学到了什么。这些记录将会成为你求职申请和准备面试的无价之宝。

工作是重点

关于学生的各项调查表明,学生上大学的主要目标是毕业后找个好工作,或者改善自己的工作状况。本书培养的技巧与毕业生的职业生涯息息相关。Chapter 10 重点讨论了学生求职的过程。这一章涉及下列问题:

- 雇主需要怎样的毕业生。
- 选择适合你的工作。
- 通过个人发展规划的过程来做职业规划。
- 如何成功进行求职申请。
- 为求职面试做准备。

Chapter 10 旨在让你做出恰当的选择,成功地申请到你最理想的工作。

提高你的竞争力

最后,Chapter 11 总结和整合了全书提到的学习和反思方法。如果你按照本书从头到尾去发展自己的技巧,你肯定会注意到自己发生了改变。Chapter 11 引导你去认识自己的变化,审视自己的价值观和目标。这一章还鼓励你去发现不同技巧、专长和个人发展之间的联系。这样,你会更轻松地在不同情况下运用自己的技巧。这一章还让你去评估自己承担更高风险时有多大的底气,找到自己未来发展的"工作优势"。

如何利用本书

实践

本书提供的策略和技巧适用于各种情况。你可以按照下面的方法进行操作：
- 整合并调整策略和技巧，让它们符合你的要求。
- 进行实践：将不同的策略应用于你的学习、工作和个人生活中。
- 找出你用的效果最好的一种策略。

写日记

本书提供了自我评估问卷、以问题为主的练习和其他练习，让你可以进行结构化反思。文字之间留了空白，供你做一些简短、快速的评论。如果你想把评论写得更详细，可以去找一个小巧、便于携带的笔记本。本书称该笔记本为"反思日记"。你也可以根据个人喜好，选择适合自己的方式，比如日记本、记录本等。

在这本日记里面，写下你的想法，记录你的见解和灵感，打通你的思维，找出面对事情时有效和无效的做法等。如果你有什么地方想不通，就在日记里写下你的想法或者感受。你会发现，以写日记的方式看待整个事件，可以让你更容易看清它的来龙去脉。

Thandi（坦迪）在积极的想象力下不堪重负。他将想象的内容每天都仔细写在了日记本中。

你需要定期抽出时间在日记里写东西，同时看看以前写的内容，注意观察自己思维和个人发展方面的变化。

要懂得选择

本书每章里都有大量的练习内容。你不必把它们都做一遍。每个人偏爱的练习可能不一样，你可以选择那些在你看来最重要的练习来做。如果你所处的情境变了，可能你还会选择其他完全不同的练习。这时，一定要注意自己是不是特别抵制某些练习，因为有抵触情绪的个人发展练习往往是我们最需要的练习。

不一定要按顺序读这本书

把本书浏览一遍，找到你觉得对自己重要的章节。你没有必要按照顺序从前往后阅读，只有最后一章的部分内容必须按顺序阅读。

- 如果你正在进行求职申请，参见 Chapter 10。
- 如果你觉得生活学习没有动力，可以看看 Chapter 1、2、7。
- 如果你正在为某个作业而愁眉不展，可以看看 Chapter 3、5、7。你也可以将这些内容和写学习技巧的书结合起来看。
- 如果你现在觉得跟某个人或者某个团队相处起来特别困难，参见 Chapter 6。
- 如果你觉得自己应该更好地管理生活或学习，可以看看 Chapter 3、4、5。

个人发展、改善表现和解决问题这三个方面有很多共同的地方。所以，在某个特定环境下你需要的内容很可能分散出现在本书的各个章节中。

坚持记录

Chapter 9 和资源库里的竞争力表格提供了大量的资源供你记录经历。你不要等到把其他章节看完了才开始进行这样的记录，而是要尽早开始。

为了方便使用，你可以复印空白表格，比如自我评估问卷和规划表。这样，你就可以对比自己在不同时间段对同一练习的反应，审视自己的发展情况。

资源库

各种资料的电子版都可以在网上找到。这些内容你可以复印使用，或在网上使用，或修改成适合你的形式使用。你可以利用它们，想出自己的策略、模型、规划工具和提醒内容。

再做一次

你在学习的整个过程中,甚至是完成学习以后,都要在不同时间再来做同样的练习。本书里谈论的基本概念适用于多种情境。你一旦进入新的环境,就有可能对同样的内容有不同的阐释。

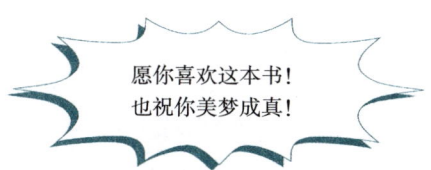

愿你喜欢这本书!
也祝你美梦成真!

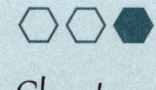

Chapter 1

愿景：如何定义成功

学习目标

本章帮你：
○ 反思成功的本质
○ 了解个人愿景对取得成功的重要性
○ 形成自己对成功的定义
○ 深入了解自己的动力、激励和价值观，看它们对你当前的学习有何帮助
○ 让你对未来有更好的愿景，思考当前的学习对实现这个愿景有何促进作用

简介

每个人都想成功——以自己的方式成功。每个人都有自己对成功的定义,可以定义自己的成功,也可以定义别人的成功。美国前总统奥巴马、美国流行天后碧昂丝、英国足球明星贝克汉姆和印度领袖甘地分别代表了不同类型的成功。对于关注他们的人来说,这些成功有着同样的价值。

我们对成功的概念可能相当模糊,还会经常发生变化,学生尤其如此——即便他们有一些非常清晰的目标。通常来讲,接受高等教育意味着学生进入转型期。这个时期,学生走出家庭和过去学校的世界,远离工作发展遇到的障碍,暂时忘记自己明显的知识缺口。这个新时期让人振奋,潜力巨大。作为学生,你会接触到新的观点、世界观和机会。这时,你的视野会拓宽,价值观会受到挑战,抱负也会发生改变。一切都变得可能,你有各种各样的道路可以选择。

虽然学位证书很重要,但是上大学的目的不应该局限于此。现在的学生都觉得,自己既然花了时间接受高等教育,这样的教育就应该成为他们通向其他成功机会的铺路石:通向好工作、长期不愁钱花的状态、更有趣的工作、进管理层的机会、新的生活方式,或者培养特定职业所需的专业技巧和知识。

你想要获得以上机会,通常都要经历严酷的竞争,而只有学位证书并不会让你在众多竞争者中脱颖而出。你当学生时,在各方面做的决策都会影响到你未来的机会。这些方面包括以下几点:

- 你做出的选择。
- 你学习的方式。
- 你从事的项目。
- 如果你已经工作了,就是你把所学应用到工作中的方式。
- 你通过各种课外活动所培养的技巧和素质。
- 你没有利用的机会。

本章的练习旨在让你更深刻地思考自己的目标、抱负和自己对成功最真实的定义。有了更深刻的了解,你就能做出更好的决策,最终取得成功。

给成功下定义

看待成功有很多种方式。有些人眼里的成功完全比照客观的物质标准,比如有多少钱,在公司里的职位高低,房子多大。

与这些人不同，成功的运动员眼里的成功不是挣多少钱，而是打破世界纪录，甚至蜚声世界。成功的艺术家眼里的成功，是他们在艺术中体现的真性情。还有人评判成功看的是他们在任务里体现的正直度：自己诚实守信，也已经尽力了，对得起自己的良心，就算成功。甚至成功的标志还可能是你在高龄时牙齿没有脱落！

也就是说，成功本身是个很主观的概念，对它的定义取决于你重视的内容和你周围的人。

练习1：成功人士

- 尽可能快地写下看到"成功人士"这几个字时你头脑中最先出现的10个人。
- 这些人有没有什么共同点？
- 你为什么觉得这些人是成功的？
- 你觉得自己列出的成功人士可能和别人列出的有何不同？你可以把自己的列表和朋友的进行对比。

练习2：成功的象征

- 快速地写下最先浮现在你头脑中的10个成功的象征。
- 你觉得每个象征对你来说有多重要？它们是不是你在生活中特别希望得到的？
- 你觉得自己列出的成功的象征可能和别人列出的有何不同？你可以把自己的列表和朋友的进行对比。

练习3：成功谱线——了解你的需求

以下是配对叙述。每对的两个叙述都代表了对某一方面成功的两种不同看法，位于代表这个方面成功谱线上的两端。请你在下面每一对谱线中，标出自己期待的幸福生活应该出现在哪个点上。

比如，＿＿＿×＿＿＿

特别富裕 ＿＿＿＿＿	钱足够让自己活下去
期望很高 ＿＿＿＿＿	有一部分就知足
了解世事 ＿＿＿＿＿	了解足够自己活下去的东西
获得更高学位 ＿＿＿＿＿	通过一个学位的部分课程

蜚声世界	_____	被同事和同龄人认可
实现远大目标	_____	有一些成就
抓住重大机会	_____	知道一些机会
在世界舞台上成功	_____	参加任何活动都可以
非常高调的工作	_____	有工作，薪水不多
很受欢迎	_____	有一些好朋友
成为领导人	_____	过着宁静的生活
在世界舞台上很重要	_____	个人成就得到认可
有着亲密的家庭生活	_____	逃避家庭
对个人外表和体形有所研究	_____	对个人外表毫无兴趣
物质富裕	_____	精神生活丰富

- 有没有哪一方面的成功对你来说至关重要，但却没出现在上面的叙述中？如果有，是什么？
- 如果你只可能在某一个方面取得成功，你会选哪个方面？这个方面为何对你如此重要？如果你生活里没有它会怎样？
- 你做的选择让你对自己成功的定义有哪些新的认识？

| 反思 | 按自己的方式生活

成功只有一种——就是能够按自己的方式生活。

Christopher Morley（克里斯托弗·莫利）

- 如果你要"按自己的方式生活"，你会怎么做？这样的方式会涉及什么内容？
- 如果你觉得有障碍，是什么障碍让你不能按自己的方式生活？

练习：个人对成功的定义

将下面的句子补充完整。补充的时候，想一想什么对你来说意味着个人的成功。如果补充句子比你想象的要困难，也不用担心。等看完本章后面的内容后，你再回来把句子补充完整，那时候你可能想修改或者精练这个句子。

> 对我而言，成功意味着……

他人影响

有时候，你之所以这样定义成功，是因为想取悦他人，或者是因为你受同龄人或者媒体影响，从他们那里借用了这些定义。这种做法不一定就不好，可能这些影响你比较看重，对你比较重要。外界影响可能很宝贵，让我们认识到自己是谁。

但是有时候，如果我们从别人那里借用来成功的定义，又不去思考这个定义对我们的具体意义，就按照这个定义生活的话，就很容易就迷失在别人的价值观和兴趣里。尤其是当这些价值观和兴趣常伴我们左右时，我们可能会"忘记"，还有其他更符合我们自身的情况、性格和观念可以选择。

> **练习：个人抱负**
>
> 有时候，如果我们改变提问的方式，就会得出完全不同的答案。这个练习让你初步思考自己在生活各个领域中的抱负。以后还有练习会让你更深入地思考这个问题。
>
> 我在学业上的抱负：
>
> 我在专业生涯或者职业上的抱负：
>
> 我在个人生活上的抱负：

考虑到你大部分的个人投入都是为了最终取得成功，所以有必要看看你所定义的成功在多大程度上受到了他人的影响，看看自己定义的成功"有多少是出于自己内心真实的想法"。

> | 反思 | 他人影响
>
> 你觉得哪个人或者哪个集体对自己的生活影响最大？你对"成功"的定义从多大程度上受到了这个人或集体的影响？
> - 再去做一遍以上关于成功的练习，写下你的答案。
> - 你的答案体现了怎样的价值观和看法？
> - 他人影响是否仍然对你有价值？还是你需要更加独立？

承认受到的影响

你制定的目标可能在很大程度上受到了他人的影响。但是，最后你为实现目标采取行动时，你已经把这些目标内化。需要谨记的一点是，不管谁影响了你制定目标的过程，你都要为自己的行动负责。也就是说，你要认识到自己在行动过程中扮演了什么角色，而不是做事后诸葛亮，说"我之所以这样做，完全是依照我父母/老师/朋友/孩子/老板的愿望"这种话。

激励

有时候外界影响会成为正面的激励，让我们实现自己重视的目标。很多人都会从日常生活、公共领域或历史中找到自己学习的榜样，以此激励自己。

> | 反思 | 激励自己的人
>
> 回去看看第23页练习1中你快速写下的成功人士。他们中有没有人可以激励你？如果你回答"没有"，就请现在至少想出一个可以激励你的人；如果你回答"有"，就找出列表里哪个成功人士让你受到的激励最大。
> 看看你选出的激励自己的人，他们身上的哪些方面让你觉得受到了激励：
> - 他们的成就？
> - 他们克服的障碍？

> - 他们超凡的技巧？
> - 他们的个人特质？
> - 他们对其他人生活产生的影响？
> - 他们为生活带来的影响？
>
>   你选出的人对你已经产生了怎样的激励？你还可以通过怎样的方式，靠这个人的激励来实现自己未来的目标？

其他激励

激励可以来自任何事物。对有的人来说，一首乐曲、一个说唱曲目、一首诗、一幅油画、一张明信片、某个历史事件或一次个人经历，都可以成为激励。同样，为某项事业做贡献或者实现改变也可以让你受到激励。在古代欧洲，艺术家和思想家们的写作、绘画和作曲大都是为了"缪斯"，他们的生活和工作都只有这个目标——缪斯可能真有其人，也可能只是虚幻的神话人物。

你一想到激励自己的事物，就好像获得了巨大的能量——它可以在你一蹶不振时让你重整旗鼓，让你看到自己的目标。换句话说，激励是你在实现自己目标的过程中可以使用的一种工具。

> **| 反思 | 是什么激励你**
>
> - 除了人之外，你在生活里受到什么事物的激励最多？这个事物可以是一本书，一首歌等。为什么这个事物对你的激励如此之大？
> - 哪些事物激励你，让你感觉生活很美好？
> - 什么事物可以激励你超越自我、做到自己意想不到的事情？
> - 还有哪些事物也可以激励你？

> **| 反思 | 是什么激励你继续**
>
> - 如果有，是什么激励你走到今天或者激励你继续学习？
> - 你能依靠什么激励，让自己动力更足，追求成功？

价值观

你可能已经注意到了，讨论个人成功会让你去思考自己的价值观、看法和道德观。有时候我们的欲望和价值观会与看法发生冲突。通常情况下，我们也很难搞清楚自己真正看重什么，甚至有时要到生死抉择之际才能看清楚。无论如何，一旦我们的行为违背了自己的价值观，内心就很可能会产生冲突，最终阻碍我们通往成功。以下练习的目的，就是让你去发现自己更重视的东西。

练习：Z魔法盒（1）

假设有人给你一个魔法盒，名字叫Z魔法盒。你打开魔法盒的时候，可以获得一样自己在生活里最想要或最重视的东西（这个盒子不能改变过去）。现在给你5秒钟的时间，在下面的空白处写下你希望魔法盒给你的东西。

我最想要的东西是：

多层的洋葱

知道我们"到底"想要什么并不容易。我们的"欲望""需求"和"珍惜"有很多层，就像洋葱有很多层一样。我们有必要花时间去想清楚自己在乎的东西，问自己为什么会在乎它们。我们想出答案后要继续问自己："它们到底有什么地方值得我在乎？"比如，你羡慕名人，是羡慕他们的生活方式吗？这样的生活方式到底有什么地方吸引你？是他们处在公众视野中吗？如果是这样，有没有其他方式也可以让你处在公众视野中呢？是名人可以赚很多钱吗？如果是因为钱，还有其他方法可以赚同样多甚至更多的钱吗？是名人获得了大家的认可吗？如果是因为认可，有没有其他的认可方式也是你同样甚至更加看重的呢？还是你羡慕的是名人受欢迎的程度？一直这样问下去，直到你想不出问题为止。

有时候我们更容易去追求表面的东西（钱、权力、名气等），而不去弄清楚追求这些东西到底是为了什么。追求的东西是好是坏，这个问题的答案取决于每个人的价值观，还可能取决于具体情况。值得牢记的是，仅仅是为了生存的话，我们其实所需甚少。

> **练习：Z魔法盒（2）**
>
> Z魔法盒有魔法，它能够参透你内心深处的愿望，给你你内心渴望的东西，即使你还没意识到自己需要这个东西。比如，你可能觉得自己想成为一名足球冠军，但是心底却想成为一个艺术家，或者想去环游世界，或者想去照顾别人。Z魔法盒把你的愿望看得很清楚。它不会让你成为足球明星，而是会给你机会实现心底的愿望。Z魔法盒做出的选择可能会让你大吃一惊。现在给你一分钟，在空白处回答以下两个问题。
>
> 1.如果Z魔法盒能决定你想要什么，你最害怕它决定什么？
>
> 2.Z魔法盒认为自己最懂你，将拿走你的一样东西。你最害怕它拿走什么？
>
> 如果你没有花时间去思考自己生活应该做什么和想要做什么，可能就会觉得这个练习很难做。在思考这个问题之前，先抽出一些时间散散步，对你可能会有帮助。想一想：
> - 我在生活里究竟想做什么？
> - 我觉得自己在生活里应该做什么？
> - 那些能够激励我的人，他们身上有什么关键的特质？

> **｜反思｜核心价值观**
>
> - 对你而言，"洋葱的核心部分"是什么？到底是什么激励着你朝着自己想要的目标前进？
> - 你的欲望和需求从多大程度上塑造了你的价值观（可以是你的个人价值观，或者是看待他人的价值观和世界观）？

练习：个人价值观 1

我最在乎的是： 对我重要（√） 对我重要（√）

1. 一辆好车 ☐	21. 公正 ☐
2. 挑战 ☐	22. 领导力和权威 ☐
3. 为社会做贡献 ☐	23. 为后代留下东西 ☐
4. 自己可以掌握自己的生活 ☐	24. 在世界上闯出一片天 ☐
5. 创造力 ☐	25. 钱 ☐
6. 公平 ☐	26. 新的体验 ☐
7. 名气和名声 ☐	27. 如善良等个人素质 ☐
8. 家庭和家庭生活 ☐	28. 个人外表 ☐
9. 友情 ☐	29. 受欢迎程度 ☐
10. 过得开心 ☐	30. 拥有高质量的物品 ☐
11. 健康 ☐	31. 权力 ☐
12. 获得他人的帮助 ☐	32. 被需要 ☐
13. 帮助他人 ☐	33. 安全感 ☐
14. 诚信 ☐	34. 感到自己有价值 ☐
15. 大房子 ☐	35. 社交生活 ☐
16. 独立 ☐	36. 独处 ☐
17. 影响力 ☐	37. 精神生活 ☐
18. 正直 ☐	38. 运动能力 ☐
19. 智商 ☐	39. 被思念 ☐
20. 一份好工作或事业 ☐	40. 其他东西（具体说明）☐

练习：个人价值观 2

列出10个你最重视的事物，按照重要顺序写下来。1的后面是最重要的，2的后面是第二重要的。以此类推。

1._____ 6._____

2._____ 7._____

3._____ 8._____

4._____ 9._____

5._____ 10._____

分析你列出的10个选择。你能从它们里面总结出什么规律吗？比如，你的选择是否表明，你特别重视以下内容：

- 个人素质（性格）。
- 对事情的掌控。
- 人。
- 物质目标。
- 权力和影响力。
- 头脑和身体。
- 得到认可。

你的答案是否让你满意？还是你觉得自己"应该"珍视的是其他东西？如果是这样，你的答案体现了一个怎样的你？

> **｜反思｜价值观受到考验**
>
> 当你的价值观受到某个考验的时候，记得在你的反思日记里面快速地回答以下问题：
> - 这个时候发生了什么？
> - 这个时候你对自己有了什么新的认识？
> - 这件事情让你对自己的个人价值观有了什么新的认识？

生活里的素质

以下的话是 Gordon H. Taggart（戈登·H．塔格特）说的，这些话代表着他希望自己在生活里能够培养的一些素质。

我希望自己足够坦诚，能够承认自己所有的缺点：

——才华横溢，可以获得恭维，但不至于傲慢无礼；

——站得够高，凌驾于欺骗之上；

——足够强大，可以爱得放心；

——坚强勇敢，欣然接受批评；

——同情心十足，明白人性的脆弱；

——足够智慧，看得到自己的错误；

——谦逊十足，懂得承认伟大；

——立场坚定，为朋友两肋插刀；

——富有人性，对邻居充满感恩。

Gordon H. Taggart

| 反思 | 生活里的素质

- Taggart 所列出的素质里面你最看重哪个?
- 哪些素质是你有意在培养的?
- 这些素质里面,哪三个对你实现自己的目标或者愿望用处最大?
- 如果要在这些素质后面再加一个,根据你自己的价值观,你会加什么内容?

练习:感到受重视:赞赏

我们的价值观还包括我们想要别人如何看待自己——比如我们希望或者不希望别人对自己有怎样的评价,还有我们珍视怎样的赞赏。

哪三个是你最想别人用来赞赏你的?

(1)

(2)

(3)

> | 反思 | **你重视的赞赏**
>
> 在你的反思日记里,快速地回答以下问题:
> - 上述练习之后,你对自己重视的东西有什么新发现?
> - 你需要做什么,可能会让自己获得期望的赞赏?

愿景

我们想爬到高山山顶,就要知道我们的行进方向,这会激励我们继续往上爬。

这个比喻并不是说我们应该有非常清晰的人生目标,把每一步都计划好。成功人士似乎都有一个特点,就是生活规划并非一成不变(Taylor and Humphrey,2002)。

当然,我们仍然有必要怀有愿景,知道自己大致该往哪走,想要过怎样的生活,在不同领域希望做多少投入。有了这样的愿景,当挫折忽然出现在我们面前时,我们才能够继续走下去。我们组装书架或者玩拼图游戏的时候,如果面前摆放着书架或者拼图结果的图片,我们就会觉得最后的目标是可能实现的,整个组装或拼图过程就会轻松不少。如果我们正在做一个持续几年的项目,比如攻读学位或者建立自己的事业,就更有必要怀揣自己想要实现的愿景。

抱负

开始时最简单的做法,就是看清楚你当前自己的抱负在哪里。有的学生进入大学时就已经很了解自己的抱负和目标。但是,很少有学生思考过大学毕业之后他们想要追求什么目标。你没必要一定要有清晰的目标,但是看清自己的抱负还是很重要的。只有你弄清楚了这一点,才可能去思考这些抱负对你究竟有多重要,思考你与自己真正重视的东西之间的距离,然后做出相应的努力。

梦想

做高贵的梦。你梦到什么,就会变成什么。你的愿景就是你的承诺,会最后实现。

John Ruskin(约翰·罗斯金)

在我们小的时候,总有人跟我们说,别再做白日梦了。但是,很多伟大的发明家和科学家都认为,他们的成功靠的是自己的努力和做白日梦时获得的灵感。

> **练习：梦想**
>
> 　　这个练习和第35页的"长期愿景"练习联系紧密。
>
> 　　首先，你需要做些事情，耗尽多余的精力，但仍保持警惕和清醒。比较理想的活动是去散步或者做家庭作业。其实，只要是比较耗费你精力的事情都可以。做完之后，你的血液会流向大脑（使你思考得更快），你体内的肾上腺素水平会降低（这样你的抵制意识会减弱，会更有创造力）。
>
> 　　然后，你需要找个舒服的、不受外界打扰的座位坐下。先读几次上面Ruskin说的话，再让大脑去思考这些话在你看来是什么意思。
>
> - 如果有，其他人曾做过什么和你同样的梦？
> - 你熟悉的人有怎样的梦想和抱负？
> - 你的梦想和周围人的梦想有何不同？
>
> 　　你的梦想不一定非得和别人一样，也没必要定义得很清楚。它可以很简单，比如叫作"快乐"。

看清梦想

　　想把自己的梦想看得更清楚，你可以在做了后面"长期愿景"的练习之后，再回来从头做一次梦想练习。

　　你可能会发现，"长期愿景"的练习更强调分析，会让你的思路更集中。注意，你再回来做梦想练习时，不要关注细节。

　　你的大脑会自动去思考你产生的想法，并做出回答。这个回应可能马上闪现，也可能会在未来某个时候才出现。而且，因为大脑特别青睐各种形象和比喻，所以它做出回答后，你一开始可能很难识别。

　　第二次做梦想练习时，无论你头脑中出现怎样意想不到的形象，你都要把它们在脑子里保留几天，看看之后会出现什么。

长期愿景

　　在做第35—36页上的练习时，想象你自己穿越时空，到了10年或者20年之后的未来。这个练习并不是想为你的未来制订严格的计划，而是想让你竭尽所能地搞清楚自己以后想要怎样的经历。通过这个练习，你可以了解自己想要怎样的生活，这样你就可以为了达成目标而做出正确的选择。

练习：长期愿景

10年或20年之后，我看到自己：

方面	在下面空白处写下自己这方面的愿景	这方面对我有多重要
住在世界的哪个地方？		
住在怎样的地方（城市、镇上、乡村等）？		
认为生活中最重要的是……		
独居？还是周围人很多？		
一起共事的同事特点是…… 有艺术修养？聪明？ 踏实？关心人？实在？主动？ 有想法？善良？		
工作中的压力水平…… 很高？还可以？很低？		
享受私人空间？ 公众注视？是名人？		
每周工作20、30、40、50、60、80或100个小时？		
是领导？ 是得力的二把手？ 满意地做团队的一分子？ 人群里的普通一员？		
想"得过且过"，不引人注意？ 工作上得到一定的认可？ 位居高级管理层？ 全球知名？		
大部分时间坐办公室？ 在路上？ 在户外？		
自己当老板？ 给大公司打工？ 给小公司打工？		

（续表）

方面	在下面空白处写下自己这方面的愿景	这方面对我有多重要
工作内容丰富？ 工作常年无变化？ 工作内容可以预见？		
可能常年做一份工作？ 偶尔换换工作？		
和大/小/迷你家庭生活在一起。 家庭关系良好/很弱/一般？		
认为我的工作对生活不可或缺/很重要/毫不重要？		
我为所在社区和社会做贡献，是通过……		
我工作之外的闲暇时间会用来做……		
我的朋友是……的人		
我是……的人		
我生活的主要成就可能会是……		
我对未来的愿景中，还有这些方面……		
针对我对未来的愿景，主要的影响、激励和价值观来源于……		

回去看看这个练习的第三列"这方面对我有多重要"（第35—36页）。想一想，从你的回答里，你认为自己可能会喜欢怎样的生活方式和职业。

如果你认为练习里的很多问题都很难回答，说明要么你是个非常灵活的人，要么就是你有必要多花点儿时间，思考自己想从生活中获得什么东西。这样的思考过程能帮助你做各个方面的决策，包括学业、工作经历、课外活动和初期求职申请方面的决策等。

现在回到第34页再去做一遍"梦想"这个练习。

利用愿景和梦想

- 你应该怎样利用练习中想出来的愿景或者梦想，让它们给你更多的动力？
- 你当前的学习和课外活动通过怎样的方式帮助你朝着自己的愿景前进？

练习：我想从大学时光中获得什么

填写下面的表格，在你希望从大学时光里获得的东西后面打√。如果你觉得某一条特别重要，就打√√√。

看看你在哪些项后面打了钩，并给打钩的项评分。1表示最重要，2表示第二重要。以此类推。

我从大学时光中想要：	对我是否重要	重要程度	我从大学时光中想要：	对我是否重要	重要程度
"拿到那张纸"（学历证书）；拿到好学位；对自己所学专业有更深刻的了解；提高思维能力；拓展我的视角；发展自身智力；更了解自己；培养相信自己的能力；获得当众发言的信心；体验学生生活；更有能力找到好工作；能够找到高薪工作；			培养技术能力；培养各种技巧；与形形色色的人合作；培养解决问题的技巧；培养社交能力；尝试新东西；培养更多的兴趣爱好；积累工作或志愿者经验；交朋友；为自己的职业做一些联络；承担有责任的岗位；其他：		

目标

"长期愿景"这个练习让我们看到自己有多了解自己,也让我们有了追求的目标。有些人特别擅长"推迟满足":他们做出个人牺牲,等到多年以后才能实现某个大目标。这些人通常对于自己想获取的目标非常清楚。

但是,如果奋斗过程中没有取得许多小的成果,那么这些人是很难做到"推迟满足"的。如果我们不把最终的目标分成一些小目标或者不同阶段,就很难在学习、工作、研究或者实践中投入时间和精力。在小目标上的成功或阶段性成果可以激励我们,让我们取得更大的成就。就算我们没取得小成功,分小目标和阶段的做法仍然很宝贵,可以让我们有时间去观察和重新评估自己真正重视什么东西。

小目标或阶段让我们一路感受成功,同时对我们进行短期测试。比如,我们可以:

- 在为成为专业音乐家接受培训时,参加音乐会的表演。
- 如果想成为艺术家,举办自己的展览。
- 如果想成为作家,出版一些作品。
- 如果我们想让工作处于公共视野范围内,在婚礼上做正式发言。
- 如果我们对毕业工作感到焦虑,做一些志愿者工作。

要评分的作业和考试让你感觉"被测试",可以培养你的各种能力。挫折和之前的"测试"相得益彰。

高等院校给学生提供很多机会,让他们有更综合的体验,更宽阔的视角。课外活动的益处数不胜数。在第37页的练习里你可以看到,作为学生,你可以根据自身情况和重视的东西,决定如何更好地利用时间。

动力

成功和强大的动力息息相关。为此,了解什么可以成为你最大的动力,会让你大大受益。每个人的动力都不太一样,下面是保持人们动力的一些小技巧。

要现实

你想有所成就,必然会经历挫折,付出努力和艰辛,甚至要经历你觉得自己快要放弃的时刻。积极思考确实是一大资本。但是,不切实际地思考会让你必败无疑,因为这样的思考方式没有让你为成功路上必然出现的挫折做好准备。你需要想清楚你可能会遇到什么挫折,并想办法应对挫折,把它们视为你追求目标路上的正常情况,而不要把它们看成预示你失败的灾难。

预期要高

成功必然基于高的预期。高的预期可以是你想要取得的非常具体的东西,也可以是比较抽象的愿景或者抱负。如果你的预期很低,很可能最后取得的成绩也会少得可怜。一旦你设定了高预期,就要进行相应的规划,确保能为自己创造恰当的机会。如果你的预期很低,很可能没办法抓住出现的机会。

实际地设置阶段

上面讲"目标"的小节提到了分阶段的重要性,因为分阶段会让你把自己的进展看得更清楚。越大的目标挑战越大,或者实现它要花的时间越长,就越有必要设定一些短期的目标,用于检查你是否走在正确的道路上。

奖励小成就

承诺自己,实现阶段目标后给自己一些奖励(这些奖励你很喜欢,同时适合用来奖励自己的小成就)。然后,当你真的实现小目标时,一定要兑现承诺。针对每天实现的小目标,你承诺的奖励可以是休息、喝咖啡、吃特色餐或者给朋友打个电话。

> **练习:短期目标**
>
> 把上一个练习里你最重视的三项找出来。想一想自己要设定怎样的短期目标,保证自己可以在早期体验到小成功。你选出的每一项可能都需要好几个短期目标。这些短期目标就是通往成功之路的"阶段性成果"。
>
> 你把下面这个表格抄下来,放在显眼的地方,提醒你完成目标。你也可以使用第172页上的行动计划。
>
> | 分项 | 短期目标 | 我什么时候实现目标 | 我如何判断自己实现了目标 |
> |---|---|---|---|
> | 1 | (a) | | |
> | | (b) | | |
> | | (c) | | |

（续表）

分项	短期目标	我什么时候实现目标	我如何判断自己实现了目标
2	（a）		
	（b）		
	（c）		
3	（a）		
	（b）		
	（c）		

获得支持

如果你觉得自己很难按照安排实现目标，就可以选择去找一个朋友或自己的导师，让他定期检查你是否按期完成任务。要是你能找到一个支持团队，鼓励你继续前行，效果可能会更好。要取得最佳效果，你可以设定清晰的目标，给你的支持团队安排具体的日期，检查你是否如期实现目标。

记录成功

记录成功让你更容易去监督成功过程，奖励自己。不管是做手上的任务还是去反思过去的成就，成功记录都可以帮忙。记录过去的成功还可以让你获得动力，为未来奋斗。

发现更多兴趣

如果我们对任务感兴趣，就会更容易成功。通常来说，遇到困难时我们就会觉得事情很无趣。然而，就算有的事情一开始我们觉得完全没兴趣，还是可以通过一些方法让它们变得有意思。比如，把完成任务看成是挑战自我，或者给每个阶段分配比较紧的时间。可能这种说法有些自相矛盾，但是，如果我们能在基本要求之外进一步了解事物，被它吸引的可能性会增加：感觉自己成为某方面的专家之后，我们对这方面的兴趣会更浓厚。

所以，想要对事物或任务产生兴趣，重点是要知道怎样的激励方式在你身上效果最好。

个人投入：好处、成本和决心

即便是最微不足道的行为里面也要融入你的心、头脑和灵魂。这就是成功的秘诀。

Swami Sivanandi（斯瓦米·西瓦南迪）

获得成功的人士一步步实现自己的目标，毫不动摇地追求自己的目标。这就是全心投入。

Cecil B. DeMille（塞西尔·B. 德米尔）

你可以在没有发挥到极致之时退出，做个平庸的运动员。但如果你想做个伟大的运动员，就必须竭尽所能，付出一切。

Duke P. Kahanamoku（杜克·P. 卡哈纳莫库）

| 反思 | 决心

- 以上的名言会让你有共鸣吗？
- 如果有，是什么让你能够下决心去全心投入？
- 相较以上的名言，什么话会让你感到更加充满动力？

有的人衡量成功不看成本，只看最终成果，而这些人衡量成功看的是综合结果。比如，前面一部分人会觉得造一个大坝就是成功（因为大坝建起来了）。相反，后一部分人可能觉得造这个大坝并不是完全成功或者是失败的（大坝是建起来了，但是资金投入过多，当地居民付出代价太大，或者是对当地生态环境破坏太大）。

练习：实现个人目标的好处和成本

你要找出一个个人目标。通过下面的表格，想一想你眼中的成功结果是什么样的，什么目标对你来说是值得的？把你的答案写在右边的空白处。

你的目标	
实现这个目标对你个人明显的好处。	
实现这个目标对他人明显的好处。	

(续表)

你的目标	
实现这个目标你需要投入什么成本（时间、资金、可能丧失信心、友谊等）？	
这些成本到什么程度你接受不了？	
他人需要付出什么成本（时间、资金、可能丧失信任等）？	
这些成本到什么程度你接受不了？	
如果你成功实现目标，别人对你的看法会发生什么变化？如果"成本"不一样，这种变化会不会不一样？	
你重视别人的看法吗？	
如果你成功实现目标，你对自己的看法会发生什么变化？如果"成本"不一样，这种变化会不会不一样？	
在哪个点上，你觉得好处大于成本（或者在哪个点上，你觉得成本大于好处？）？	

一些人（从造大坝中受益的人）眼里的成功，在另一些人眼中却是损失。尽管大坝的例子很极端，但是表明了一点：每个行为既有好处，又有损失。我们每个人都必须衡量，为了实现某个结果，我们愿意承受多高的代价。很多时候，我们做事情没有把握全局——没有考虑我们真正想要、拥有和珍视的东西。

在你为成功做规划时，对自己有些了解会很有好处，比如了解：

- 你真正想要什么——"为此会不惜任何代价！"
- 你的资本：你愿意用来"投入"或者冒险的资本，着手处理手上的任务。这些资本可以是时间、精力、资金、物质资源、朋友和家人、实践、忍耐、愿意等待或者再次尝试的决心等。
- 你的极限：你愿意做出哪些牺牲，你牺牲的极限在哪里。思考这些问题时，要综合考虑他人付出的成本、他人的看法、你的价值观和对自己的了解程度。

成功的要素

Taylor和Humphrey（2002）采访了英美两国80多个来自各个领域的商界领军人物，并对访谈内容进行了分析。他们找出了这些成功的首席执行官身上具备的最普遍的技巧和特质。虽然大部分首席执行官（91%）获得了大学学位，拥有必要的技术能力，但是他们的成功并不是依赖某一层面或者类型的知识——他们中很少有人获得了商学位或具备杰出的技术能力。

成功的首席执行官有哪些特点

尽管首席执行官们每天工作时间很长，但是他们热爱自己的工作。他们喜欢领导别人，享受别人的认可。他们很自信，擅长与别人交流，让两位采访他们的人感到自在。他们拥有出色的交际能力，比如耐心和宽容，而这些能力往往是在工作中积累起来的。首席执行官们精力充沛，很重视调节自己面对的压力，保持身体健康。男执行官们在自己的情感生活发生变化时，会更加情绪化。他们想要成功，必须让自己的情绪保持稳定。大部分执行官兴趣都很广泛。他们为公司带来的东西包括"积累各种经验之后所具备的视野的深度"。这种视野更大的不是指他们超乎寻常的能力或技术水平，而是指他们自我管理和社交方面的能力。

成功的特质

Taylor和Humphrey调查的结果让人震惊：大部分人都可以培养出成功需要的个人技巧和特质。两位调查人员写道："董事会成员并不是什么超人……我们在采访时发现自己面对的是聪明而勤奋的人。我们并不觉得他们的能力像外星人，或者有不同的智慧、专长和背景。换句话说，这些董事们和我们没什么两样，他们的职位也是我们可以去追求的。"所以，其他人也可以培养出成功人士的技巧和态度。

首席执行官们重视的主要技巧包括：

- 自我认识和自我了解——这个特质特别明显，董事们对自己的能力和缺陷都直言不讳。
- 个人交际能力，尤其是团队协作与领导团队的能力。
- 利用创造性的方法、积极的态度去解决问题的能力。
- 获胜的愿望，尤其是想为公司或者团队获胜的愿望。
- 愿意每天长时间工作，愿意"不惜一切代价"实现目标。
- 高情商，尤其是与他人相处方面的情商。
- 调节压力、保持健康的能力。
- 喜欢改变。
- 自信。
- 个人兴趣爱好广泛。
- 不制定僵化的个人规划，愿意随时抓住机会。

以上的很多能力也是护理行业非常重视的，而这些能力居然与商业上的成功联系在了一起，不免让人震惊。其实，类似的能力在大多数的行业里都是需要的。现在的雇主越来越希望员工能够在项目团队或者复杂的问题上应付自如。这种要求意味着员工要具备以上列出来的某些能力：良好的社交能力、高情商、自我认识、积极的态度、愿意把团队利益置于个人利益之前。与此相反，有的人自私、消极、缺乏自信，容易被压力打倒，害怕改变或者不了解自己处理情绪的方式。这样的人对一个团队来说不会有太大的价值。

不过，如果你想要取得不同形式的成功，可能需要和以上能力不同的素质。你在学业上要取得成功，就必须去提高自己的分析思考能力。你谈恋爱想要成功，就不能整天出门在外工作很长时间，可能还需要你为了保持两人关系，"甘心不惜一切代价"。想在任何领域取得巨大成功，似乎都需要你长时间勤奋工作、多实践。即使在你已经失去兴趣、疲惫不堪或者想要放弃的时候，也要为实现目标继续前进。如果你具备以上列出的首席执行官们的特点，那么在生活的几乎所有方面你都可以从中受益。

练习：评估自己身上的成功素质

成功素质	良好	希望改进	和我无关	参见章节
自我认识和自我了解	☐	☐	☐	Chapter 1、2
解决问题的能力	☐	☐	☐	Chapter 5、7
创造性的方法	☐	☐	☐	Chapter 7
积极的态度	☐	☐	☐	Chapter 4
社交能力	☐	☐	☐	Chapter 6
团队合作	☐	☐	☐	Chapter 6
领导力	☐	☐	☐	Chapter 6
协商谈判能力	☐	☐	☐	Chapter 6
成功的愿望	☐	☐	☐	Chapter 1
愿意为成功"不惜一切代价"	☐	☐	☐	Chapter 4、5
情商	☐	☐	☐	Chapter 4、6
调节个人压力的能力	☐	☐	☐	Chapter 4
应对和/或促进改变的能力	☐	☐	☐	Chapter 4
自信心	☐	☐	☐	Chapter 4、6

（续表）

成功素质	良好	希望改进	和我无关	参见章节
兴趣爱好广泛	☐	☐	☐	Chapter 1
自我认识（反思、自我分析）	☐	☐	☐	Chapter 1、2、3
风险管理	☐	☐	☐	Chapter 5
应对不确定因素的能力	☐	☐	☐	Chapter 4

练习：实现特定目标需要的特质

这里所分析的目标或抱负是指：

要实现这一目标或抱负，很可能需要以下的特质：

特质	很重要	可能重要	不重要	不知道
自我认识和自我了解	☐	☐	☐	☐
解决问题的能力	☐	☐	☐	☐
创造性的方法	☐	☐	☐	☐
积极的态度	☐	☐	☐	☐
社交能力	☐	☐	☐	☐
团队合作	☐	☐	☐	☐
领导力	☐	☐	☐	☐
协商谈判能力	☐	☐	☐	☐
成功的愿望	☐	☐	☐	☐
愿意为成功"不惜一切代价"	☐	☐	☐	☐
情商	☐	☐	☐	☐
调节个人压力的能力	☐	☐	☐	☐
应对和/或促进改变的能力	☐	☐	☐	☐
自信心	☐	☐	☐	☐
兴趣爱好广泛	☐	☐	☐	☐
自我认识（反思、自我分析）	☐	☐	☐	☐
风险管理	☐	☐	☐	☐
应对不确定因素的能力	☐	☐	☐	☐

> 实现这个目标和抱负需要的其他技巧：
>
> 1.
>
> 2.
>
> 3.
>
> 实现这个目标和抱负需要的个人素质：
>
> 1.
>
> 2.
>
> 3.
>
> 实现这个目标和抱负需要的任何其他特质：
>
> 1.
>
> 2.
>
> 3.

你评估自己身上的成功素质的结果如何

在第44页的练习上，看看成功需要的个人素质中，哪些是你具备了的、想培养的和觉得不重要的。练习列表中的最后一列说明了相关技巧或方面出现在本书的哪一章。

实现你的目标需要的技巧和素质

把首席执行官的成功所需要的特质列表和你认为自己实现目标和抱负需要的特质进行对比，会对你有所启发。你可能会发现，实现个人目标需要某些特定的技巧和素质。但是，你有必要思考得更透彻，把实现目标过程中可能出现的情况和问题都想一想。在遇到这些情况和问题时，怎样的素质可以帮助到你。

两个练习里你选的素质是否"一模一样"

到了这个阶段，有必要把你在第44页上列出的个人素质与第45页上列出的实现个人目标需要的素质进行对比。两个练习里你的选择是否一模一样？如果不是，还需要进一步培养哪些技巧和素质？你会怎么去培养它们？

如果你想在列表上再加入新的技巧、目标和特质，那么它们在大学阶段得到拓展会对你有怎样的益处？你会做什么去拓展它们？

视野和经历的深度

在上一小节讨论成功的首席执行官时，Taylor 和 Humphrey（2002）指出，"积累各种经验之后所具备的视野的深度"是成功人士的重要特征。我们很容易理解这一点，在不同环境下积累经验，你能接触到更多形形色色的人。这个过程中，你有机会去了解人性、培养交际能力和建立人脉。在任何经历中，你都可以获得新的视角和信息，学到知识与技巧，获得机会培养自己的个人素质。

> | 反思 | 丰富经历
>
> 在你的反思日记里面，快速地回答以下问题：
> - 从哪些方面可以看出，你已经从不同的环境中获得了经验的深度？
> - 考虑你当前的目标和职业期望，你可以抓住什么机会让自己扩展经历的深度？比如，下面这样的机会：学习、工作经验、旅行、承担有责任的岗位、参加学生社团、社区或者志愿者服务、体育运动、指导计划等。
> - 从学校提供的所有课程里，你可以为自己选出怎样的个人课程表，来进一步拓展自己的技巧和经验？

相适性

相适性指的是我们的想法、行动、行为和看法之间的一致性。也就是让我们的能量朝着一个方向聚集。如果影响、激励和支持实现目标的不同因素之间有较高的相适性，我们实现目标就会省力不少。要是你现在正在努力地追求成功，有必要去看一看以下各个因素之间是否有较高的相适性（或者相互适应）：

- 你的愿景。
- 你的动力。
- 你珍视的"影响力"。
- 激励你的东西。
- 你短期的目标、指标或阶段性目标。
- 你的价值观和看法。
- 你周围人的态度。
- 你的方法和资源。
- 你当前的处境。

尤其值得注意的是,你觉得自己的愿景是否仍然重要。新的经历可能会让它发生变化,它要么得到加强或修改,要么变得与你毫不相干。

练习:各项因素是否保持一致?检查你的相适性

你的愿景、抱负、价值观和激励是否保持一致?它们在哪些地方可能会出现矛盾,使你做的努力大打折扣?在下面的表格右边空白处,快速地写下你对左边问题的回答。

目标(比如,我在大学时光里,想取得什么成就)?

针对这个目标,我的成功愿景是什么?成功是什么样子的?	
这个目标与我生活的愿景和长期的抱负有什么联系?	
我实现这个目标有什么动力——我实现这个目标想获得什么?	
可能我考虑了好几年,才有这样的目标。在考虑的过程中我受到了什么影响?	
我可以利用什么激励帮助我实现目标?	
我短期的目标是什么?这些短期目标对我实现首要目标有何帮助?	
这个目标与我的看法和价值观有何联系?	
我要实现这个目标,周围人的态度给予了我怎样的支持?	
我要实现这个目标,需要具备怎样的资源?	
实现目标过程中,我当前的处境有何促进或者阻碍作用?	
结论:	

"目标惰性"

"愿景惰性"或者"目标惰性",是指你仍然在努力实现某一个看起来很诱人的目标。可实际上,这个目标已经不能再激励你或给你动力。也就是说,你正在做的努力和你想做的事情之间失去了相适性。当经历改变了你的价值观之后,这一点表现得尤其明显。如果你出现了"目标惰性",就会觉得完成任务比受罪还痛苦,会想方设法找借口,推迟完成任务,或者压根就什么也不愿意再做了。一旦你经历这样的惰性,就要努力尝试一些方法,去重拾或重温自己的最初抱负。如果行不通,就干脆改变方向。

前面的"各项因素是否保持一致?"的练习可以让你看清楚自己当前各因素间的相适性。

机会

交叉路口

如果你知道自己想要什么——这种知道可以是有一点概念,也可以是完全清楚——那么你有抓住或创造机会让自己实现目标吗?你是属于那种不管遇到什么情况都一直在寻找机会的人,还是那种被动等待、期待完美时刻到来的人呢?我们每时每刻都做着选择,选择让我们生活的道路上出现交叉路口。我们可以以这样或那样的方式行动,或者不采取任何行动,这些都代表了我们的选择,让我们走上某一条道路,而没有走上另外一条道路。

第50页的流程图就是个例子。在流程图中,15岁的Paulette(保莉特)决定放弃自己在家乡一家商店的零工工作,开始去一家电子产品公司打零工。她做这个决定,只是想"给自己换换环境",工作时间能灵活一些。但是这个决定让她认识了新的人,克服了自己对"技术内容"的害怕心理,还到中国旅行。这些经历又进一步影响了她大学里选专业和交朋友的选择。

如果我……,会怎样

如果你一直问自己这个问题,每次还必须想出不同的答案,你会想出什么答案?问自己一会儿之后,你的比较容易的答案都用光了。你只能靠想象力,找到新的答案。可能新的答案有些会特别荒谬。不过有时候,也会出现一些让你始料未及但颇有用处的答案。在做第51页上的"如果我……,会怎样?"这个练习时,你要绞尽脑汁。就算想出来的答案像天方夜谭,也不要去掉它。保持你的想象力,看看会出现什么答案。

示例：Paulette的决定

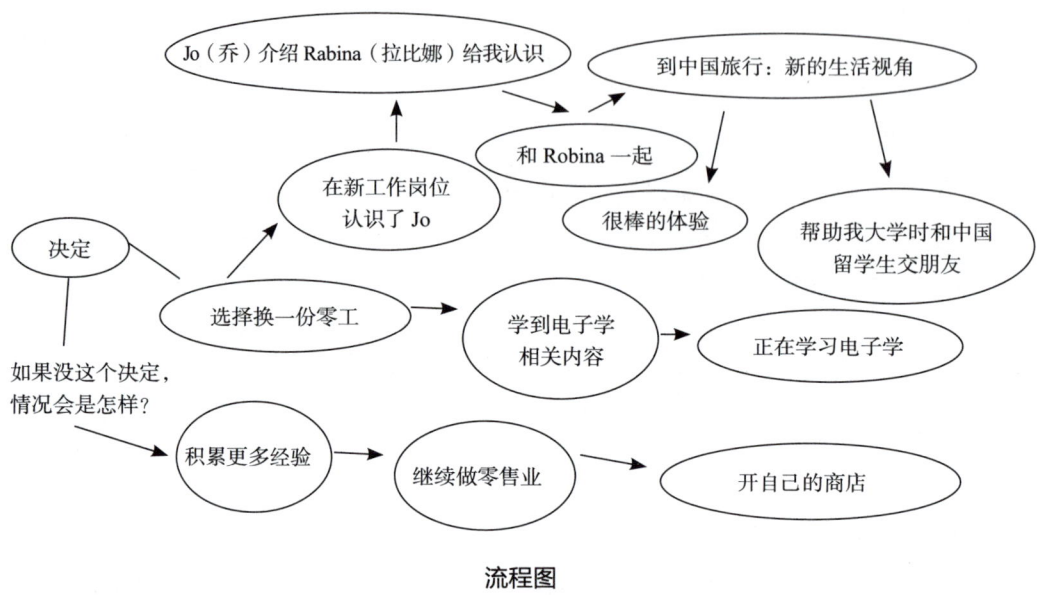

流程图

练习：走过的路

请你花3分钟左右的时间，快速地写下你感觉过去做过的选择。这些选择可以是关乎重要的朋友关系、工作、你如何应对艰难局势、说正确的话或做正确的事、送的礼物、你接受或者拒绝的邀请、你在学习上或者解决问题时的全心投入、学到

一种新技巧的好处、善良之举和你做出的好决定等。关注你自己在这些选择中的作用——你做了什么，没做什么，而不是关注别人为你做了什么。

通读自己的列表，选出你觉得自己把握机会最好的一次。它可能是个很小的事件，比如你给某人一张卡片，看到他脸上的欣喜之光。它也可能是很重大的事件，比如你拯救了别人的生命。

拿出一张纸，把选中的这次机会作为例子写在纸的上方，方法和"Paulette的决定"里的一样。花几分钟时间，写下这件事情对你生活的其他方面产生的各种影响。你抓住这个重大机会之后，获得了其他怎样的机会（可大可小）？

练习：没有走过的路

现在花5分钟左右的时间进行头脑风暴，想一想过去有哪些决定让你感觉不太良好。这些决定也包括那些当时你没有认识到的机会。你可以参考上个练习中列出的各种选择的内容，考虑自己哪些没有做，或者学到什么。关注你自己的作用——你做了什么，没做什么，而不是关注别人为你做了什么。

通读自己的列表，选出一个你最懊悔错过的机会，说一说它对你的人生产生了哪些重大的影响。

拿出一张纸，把这个机会写下来，方法和"Paulette的决定"里的一样。花几分钟进行头脑风暴，想想错失这个机会以后，对你生活的哪些方面产生了影响。当时你本来可以做其他什么决定？而做其他这些决定，分别又会给你带来怎样的结果？

练习：如果我……，会怎样（接第49页）

在你的反思日记里，至少把以下句子誊写30个："如果我……，会怎样？"

  "如果我……，会怎样？"

  "如果我……，会怎样？"

  等等。

花5分钟左右的时间，对所有的"如果我……，会怎样"做出回答。

比如：

"如果我会说日语，会怎样？"（我就会去日本找一份工作）

"如果我发明了一个玩具，会怎样？"（我就可以自己办企业了）

"如果我会踩高跷，会怎样？"（我就可以做装配工）

尽量地做出回答，这样你就没时间去想自己的回答是否合理了。

答完之后，把所有答案都看一遍。

- 哪些答案让你震惊？
- 哪些答案给你提供了有用的信息？
- 哪些答案如果你能付诸实践，会最有意思？
- 想一想，以上3个问题你会给出怎样的答案？这样思考之后，你会决定往哪里走？

练习：今天的机会

花3分钟的时间，快速写下今天你本来可以做出的其他选择。
- 哪些事情是你今天没做，但是本来可以做的？
- 这些事情做了之后，对你分别会有什么影响？

本章回顾

当你在追求某个长期目标时，比如攻读学位或者发展自己的事业，一心一意专注自己的目标非常重要。对每个人来说，目标各不一样。"成功"对你来说是什么，你认为什么可以算作"成就"，你想从经历中取得什么结果，这些问题都要你自己来回答。对有的人来说，"旅途本身"可能与到达终点同样重要——旅途过程可能就是他们的目标。

本章引导你深入思考自己的未来，思考能够影响、鼓励、激励和指导你的东西。像攻读学位和发展事业这样的长期目标需要你全身心投入。如若这个过程一帆风顺，自然让人欢喜。但是，这些目标都持续好几年，不太可能一直都一帆风顺。你每次遇到困难，可能都会想到放弃。这个时候，你有必要保持自己的动力，想出办法继续前行，直到你的道路变得明朗。动力是你成功的关键。动力让你充满能量、推动你前进。故此，你的目标或愿景里面必须有真正可以给你动力的因素。

同样重要的一点，是你要坦诚地面对自己的内心。通常，个人目标最显而易见的推动因素并不是最能够给我们提供动力的事物。本章引导你通过表面进一步思考，审视对你真正重要的东西。本章之后，你应该更加了解自己生活的愿景、目标、指标、价值观、动力和技巧。

下一章中，你会有机会进一步去思考自身的特别之处。Chapter 2让你回顾自己的生活经历，找出对塑造你当前人格和决定你做事方式影响最大的经历。在Chapter 2里，你会思考如何进行自述和看待自己，了解它们对你做出的决定有何影响。当你找到自己具备但还未发挥出来的专长时，就可以反思自己现在的做事方式——想想未来你的做事方式可以有什么不同。

延伸阅读

Cottrell, S.M. (2007) *The Exam Skills Handbook: Achieving Peak Performance* (Basingstoke: Palgrave Macmilan) .

Covey, S.R. (2004) *The Seven Habits of Highly Effective People: Powerful Lessons in Personal Change*, 15th Anniversary edn (London: Free Press) .

Taylor, R.and Humphrey, J. (2002) *Fast Track to the Top: Skills for Career Success* (London: Kogan Page) .

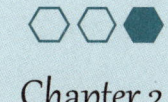

Chapter 2

从自己开始

学习目标

本章帮助你:
○ 思考你的人生故事对现状的影响
○ 分析你如何描述和看待自我
○ 分析你的学习历程,看它如何影响你现在的学习方式
○ 发现你的专长,完成新任务,涉足新的学习领域
○ 求助于过往经验

简介

本章着重探讨你的人生故事，你会怎样讲述这些故事以及它们如何造就了现在独特的你。这一章还鼓励你去思考，自己的经历、态度和信心与你当前的做事方式和取得的成就之间有什么关系。

在进行本章所介绍的练习时，你的目标不同，做出的反应会截然不同。如果你觉得某项练习过于困难，可以再进行一些其他同类的练习，但是要把前面遇到的难题放在心上。这样在进行其他练习时，你可能会发现前面的难题迎刃而解了。

自述

自述在各个领域的应用越来越广泛，可以帮助从业人员了解自己在工作场合的表现。这一方法使个人更加了解自己，让他们：

- 理解特定场合下自己的反应和采取的措施。
- 明白自己的反应为何与同事不同。
- 重新感受重要事件，更好地站在别人的立场看问题。
- 重视自己和他人的经历。
- 发现过去的哪些因素会影响当下，从而有针对性地解决。

自述确实工程浩大，但整个过程会让你受益匪浅。

"真实的人生故事"

每一次审视自己的人生故事，你都会有新发现。故事本身并没有变，但是你关注的重点变了。如果你每隔几年就写一次人生故事，看到故事的过去版本时，你可能会感到诧异，因为随着时间的推移，自己对人生故事的态度、反应和关注点竟会发生如此大的变化。

本章教导你从不同角度看待自己的人生故事，从不同的侧面认识自己，而不是认为只能从一个角度认识自己。

人生比喻

在讲述人生故事之前，你有必要退一步，先看看你对人生的总体认识。方法之一就是看你使用什么比喻。也就是说，你会用什么来形容人生和人生经历。有人觉得人生是旅程、任务或者战斗；有人认为人生是负担、馈赠、探险、课堂、审判、百宝箱、无底深渊或者是在黑暗中漫步……这些都是个人对人生的比喻。

"我的人生是个即将来临的灾难""这在人生的浩瀚书卷中不可或缺",可能你说出这些话的时候,自己都始料不及。如果真是这样,这些话可能就是你对人生的比喻。找到并且分析你现在使用的人生比喻,你会认清自己潜意识的人生观,也会理解别人为何会有这样的人生观。

> **练习:人生比喻**
> - 你把生活比喻成什么?要好好思考这个问题。如果没有现成的答案,就马上想一个出来。
> - 日常生活中你会用什么词来描述这个比喻?
> - 这样的比喻对你认识生活有什么帮助?
> - 这种比喻让你以怎样的方式看待人生?

> **练习:新的人生比喻**
> 　　做过前面的练习之后,你可能想用新的人生比喻,激励自己继续前进。如果你这样想,可以:
> - 选择一项能激励你做出积极反应的事物。
> - 快速造句:我的生活是……(或者我的生活像是……)。
> - 把所有你想到的事物写成上面的句式。
> - 每次都写出不同的事物,直到找出你满意的答案。将选定的答案钉在墙上,提醒自己。

人生故事的关键元素

讲述人生故事,首先要找到故事情节的关键元素。

> **练习:故事情节的关键元素**
> 花5分钟列出你认为自己人生中最重要的人和事。比如:
> **最重要的事**
> - 你"第一次"做某事。
> - 成功。

- 危机。
- 挑战。
- 机会。
- 对你影响深远的重大家庭事件。
- 快乐的回忆。
- 校园记忆。
- 有特殊意义的节假日。
- 友谊和关系。
- 工作经历。
- 其他事情（具体说明）。

　　对你影响最大的人
- 父母、看护人、监护人、亲人。
- 兄弟姐妹。
- 老师、学校员工、同学。
- 朋友。
- 恋人。
- 在节假日、社交场合等遇到的人。
- 专业人士，比如护士、医生。
- 邻居、老乡。
- 雇主或同事。
- 对你友善或者不友善的人。
- 偶遇却对你产生了影响的人。
- 你不太了解的人，但是他做的或经历的一些事情对你产生了影响。
　　你列的这张表还会用于本章的其他练习中。

人生故事图表：为故事设计情节

　　找出你人生故事的关键元素之后，下一步就是按照一定的方式排列这些元素。排列要易于操作，这样你可以设计自己的人生旅程，找出元素之间的联系。这一步你要重视视觉和动感效果。

> **练习：人生故事图表——为故事设计情节**
>
> 利用你在"故事情节的关键元素"中列出的人和事（第57页）：
> - 找来一张大纸或大卡片。
> - 把列表中的每个人、每件事分开（比如，把列表逐人、逐事分开）。
> - 按照时间顺序排列这些人和事。
>   排列后要便于"看出"事件发生的先后顺序，还要留足空白，方便书写和画图。你也可以直接在卡片上完成所有的步骤。
> - 固定每个单项的时候不要太用力，这样你想修改或者加入新内容会比较方便。
> - 把每个人排在他发挥作用最大的事件里。
> - 制造视觉效果。用图画、照片或者符号代表某个事件（比如，用冰淇淋代表节假日，一团黑云代表大的争端，等等。）

找出联系

排列好人生故事的主要人和事之后，下一步就是画出它们之间的联系。这个步骤在你排列情节先后的时候应该已经简单地做了思考，而到这个步骤时你要深入思考。

有的人对你的人生意义重大，那么他对你有什么具体的影响？这种影响对具体的事件又有什么作用？这些问题可以为你的图表添加新内容。什么事件让你遇见或者失去生命中某个重要的人？这些问题其实是在帮你广泛地寻找"因果关系"。

> **练习：找出联系**
>
> 在你制作的"人生故事图表"上：
> - 注明每个事件的时间（大概时间即可）。
> - 用不同颜色表示某事或某人对你的总体影响是正面、负面还是中性的。
> - 给每一项都写一个简单的评论：简单介绍该人或该事，你当时的感受和现在的感受。
> - 使用箭头或其他符号注明事件之间、人与事之间的联系。你后来的人生旅途中又受了什么人或事的影响？
> - 圈出对你现在的生活与表现影响重大的人和事。

开始讲述吧

你人生故事的原材料已经收集排列好了。最后一步是把故事写下来或者大声讲出来并录音。最后这一环节很容易被忽略,但是必须经过这个步骤才能让你的讲述完整。这个环节让你的思考变得完整而深入。

故事的主题

如前文所说,故事每重新讲一次,尤其是讲自己的故事,都会有所不同。可能是细节、事件相互的联系、阐释、着重点等发生变化。这样看来,我们讲的故事都有创造的成分。每次叙说中,我们都有选择和过滤、强调或略过的内容,有贯穿事件的主题,也有不同于前一次讲述的阐释方式。对这些变化进行分析,可以让我们对自己有比较新的认识。

> | 反思 | **故事的主题**
>
> 读你自己写的故事时,思考以下问题:
> - 故事里面的经历和事件,更多的是积极的还是消极的?你是不是写了更多的积极事件和经历?你有没有逃避那些消极或者困难的,却能够让你更深刻理解自身经历的事件?
> - 故事最后体现出什么主题或者特色?比如,故事里是不是总是涉及冒险?灾

难？努力和回报？失望？抓住并创造机会？遇见或失去某人？个人成就或与他人协作？
- 故事的总基调是什么？是忧伤还是快乐？是充满赞赏还是责备？
- 故事里的主题体现了你怎样的人生观？这样的人生观是否对你帮助最大？这样的人生观是否能够让你将第一章中发现的"愿景"延伸得更远？

练习：主人公

思考你在自己故事里扮演的角色：你的作用是什么？你是主动出击还是静观其变？你是被动接受别人的做法，还是好像一直都处于战斗状态，保卫着自己的领地？

总体来说，你的故事听起来是不是让你像个：

- 进入战斗的勇士，为自己或别人而战。
- 永远行善、代表正义的圣人。
- 牺牲自己、幸福大家的殉道者。
- 寻找新的经验的冒险者。
- 替别人背黑锅的替罪羊。
- 统治军队或人民的统治者。
- 运动技能超群的运动员。
- 幸运十足或狡猾过人的恶棍。
- 受伤的士兵。
- 能从帽子里变出神奇兔子的魔术师。
- 龙、骑士或者等待救赎的少女。
- 另外的主人公形象（写明是哪种形象）。

你作为主人公

你是自己人生故事里的主要人物，即"主人公"。你想要看清自己的生活，一个方法就是分析你在人生故事里为自己安排的角色。这个方法可以让你进一步了解自己的个性和别人对你的看法。但是要让这个方法奏效，你必须对自己坦诚，看到任何自己的个性都要坦白承认。

> **| 反思 | 你作为"主人公"**
> - 你故事里的主人公让你觉得满意吗?
> - 你选择的故事主人公和你自己在想法、感受和行为上有何差别?
> - 从这样的选择中,你是否认识到自己是如何看待生活的,或者你如何看待自己在故事里展现的积极作用?
> - 当故事里主人公和不同的人在一起,所处环境不同,或者所做的事情不同时,他的形象是否会发生变化?

个人漫画

自我认识向来没那么容易。但是,有一种办法可以帮助你进行自我认识,即采用"漫画"技巧。

优秀的漫画家通过夸张描绘人物的某些特点,让我们认识这些人物。这些特点往往是人物身上很有特色、与众不同的地方。我们如果夸大自己的个人特点、行为、讲话方式或者生活里总是出现的情境,就能以全新的眼光看待它们。夸大的过程让我们把自己的某些方面看得更清楚,给我们带来不少好处——虽然自我认识有可能让我们觉得有些尴尬或不自在。

以下的练习中,你可以暂时抛开自述的过程,思考一些新的主题。这个练习本身很轻松,也很有用,让你对自己有更深入的认识。

> **练习:画一幅个人漫画**
> 如果你决定做这个练习,就再次把自述快速写下来,也可以只写自述的一部分。不过这一次不要把事情一五一十地写下来,要凸显某些关键的主题。选出你认为自己生活里比较特别的个性、怪癖、讲话方式和主题。如果你选不出来,就去问你的朋友。比如:
> - 如果之前你写的人生故事(或者你大体的生活)里有很多"开始"和"出发"的地方,就去夸大这个主题:在故事里加入更多你自己"开始"的内容(可以是真事,也可以是虚构的)。
> - 如果故事里出现了很多处"见到别人"的场景,那你再继续写故事时就尽可能地多加一些会议场景,可以虚构没有开过的会。
> - 如果你的故事里有好多事故或灾难,你就可以再多虚构一些类似的事情。

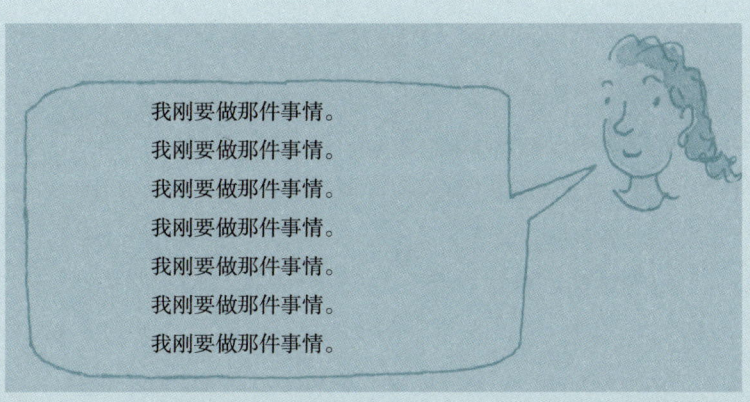

- 如果你觉得某一个具体的时刻很能代表自己，每次描写它的时候就可以多写几遍。

  接下来：
- 大声朗读你写下的故事。故事让你对自己有了什么新的认识？
- 你对自己的个人漫画感到自在吗？或者你想改一改自己的个人漫画吗？
- 你是否能对着自己的漫画会心一笑？
- 用这样的"漫画"或者"夸张"手法做练习，你觉得对自己的个人发展有何价值？

选择

有时候，我们觉得其他人、事、历史或"命运"掌控着自己生活的点点滴滴。确实，我们都处在一个更大的故事里，我们的生活也受到各种自己掌控不了的因素的影响。但是，在我们自己的故事里，我们仍然是主人公。我们每天都在做决定，最后有些决定产生了更大的影响。

练习：做出的选择

再看看你的"人生故事图表"，在所有你做出的最后影响生活的决定旁边做记号。之后，你可能需要在"人生故事图表"上加入新的内容。然后想一想：

- 你曾面临过怎样的选择？
- 你曾抓住或放弃过什么机会？
- 你做出的选择对之后的生活经历产生了什么影响？

试想这样的场景：假设自己做出了不同的选择，生活会发生什么变化？至少想出两个这样的例子。如果可能，分别选出一个你认为好的和坏的选择。

> **| 反思 | 重新评估选择**
> - 现在看来，你是否仍然欢迎那些"好"的选择带来的结果？
> - 现在看来，"坏"的选择在哪些方面给你提供了不同的机会，让你可以从某些角度正面地看待它？这里可以参考第51页上的练习"没有走过的路"里面的例子。
> - 你觉得"好"的选择有什么特点？

评估机会

所有的经历都是了解和培养实力的机会——不管这些经历曾经多么美好或者可怕，你的故事里都会有这样的经历。不管你是否愿意，它们让你作为个人得到了发展的机会。而你对经历所做出的回应可能对你的性格和世界观产生了重大的影响，这一点从你的自述里就可见一斑。

> **练习：评估机会**
> 再看看你的故事。
> - 你曾有过怎样不同寻常的经历？至少想出一条这种经历给你的优势（比如这种经历让你能够轻松地与人交流，让你生活得更真实，培养了你不同的能力等）。
> - 你面临过的最艰难的事情是什么？你从中学会的什么东西可以作为你的优势，助你完成学业或实现你Chapter 1制定的"愿景"？
> - 把经历和挑战看成"机会"，你觉得有多容易或有多困难？

"下一章"

写完自己人生故事的自述，又从不同角度分析了自述之后，现在是时候想一想你故事里的下一章应该怎么写了。

> **练习："下一章"**
> 想一想：
> - 你希望自己的生活故事在未来的10年或20年怎么发展？20年之后你想讲怎样的故事？

- 在你生活的下一章中，你想扮演怎样的角色？
- 你现在的生活需要出现怎样的改变，你才可能成功地扮演这个角色？

你的 40 个强项

再看看你的人生故事。数一数里面有多少你成功的例子。平均下来，每年至少有一次成功吗？如果没有，就再加一些成功事例进去。

我们的个人成功就像呼吸：它每天伴随着我们，我们却几乎都感觉不到。但是，我们往往不会忽视"打嗝"——出问题的事情。Beaver（比弗，1998）提出，我们并没有花足够的时间思考自己能做什么，却花了很多时间关注自己不会的东西。Beaver建议我们做一个长长的列表，列出我们能做的事情，而不能做的事情列表一定要短得多！

练习：你的 40 个强项

做一个列表，列出你的强项、成功、素质、态度和特质。至少列出40项。如果你觉得太多，就是太低估自己了。在你认为自己10项最大的资本旁边画上星号，在你感到最骄傲的7项上画圈。

1.	10.
2.	11.
3.	12.
4.	13.
5.	14.
6.	15.
7.	16.
8	17.
9.	18.

（续表）

19.	30.
20.	31.
21.	32.
22.	33.
23.	34.
24.	35.
25.	36.
26.	37.
27.	38.
28.	39.
29.	40.

| 反思 | 重视你的强项

在你的反思日记里，快速地回答以下问题：

- 你最擅长做哪一件事？
- 现在认识到自己有这么多强项，你感觉如何？你有多少时间会置这些强项于不顾？
- 你有没有强项是周围人比较认可的？如果没有，你要怎么解释？比如，是因为你觉得展示自己强项很令人尴尬吗？
- 你周围的人是不是都不懂得欣赏你？你希望自己的强项在现实中得到认可，完全得靠自己。你可以采取什么措施改变现状？

练习：需要改进的 7 个方面

最多列出 7 个你生活中需要改进的地方。

1. _____
2. _____
3. _____
4. _____
5. _____
6. _____
7. _____

- 承认自己的弱项，你感觉如何？
- 在日常生活中，你如何应付或者避开自己的弱项？你是掩饰它们、找出解决办法、责怪它们，还是寻求帮助与支持？
- 谁或者什么可以让你改进这些弱项？

你的学习历程

在书写你的人生故事时，你可能已经把一些影响了你的学习方法的东西加了进来。我们早期的学习体验对我们的成就和现在的表现影响是最大的。这些经历决定我们的学习方式，影响我们对自己的信心以及我们抓住机会提高表现的能力。

我们故事里的这些经历特别重要。本小节就让你近距离地看看它们对你产生的影响。

练习：学习历程

- 列出这样的事情，它们对你现在的学习方式和接受新事物的方式产生了重要的积极作用。这件事情可以是你在学校度过的美好时光、某门学科意外的好表现、长期获得的支持，也可以是事情发生时微不足道、但让你印象深刻的几句话。
- 列出这样的事情，它们对你现在的学习方式和接受新事物的方式产生了哪些消极影响。这些事情现在以什么样的方式影响着你？你既然已经知道了它们的消极影响，那么可以采取什么措施降低这种影响？

练习：积极的学习体验

回忆一下你上学的经历。想一想这样的时候：你的学习一帆风顺，你喜欢学习，有成就感，觉得学习很有意思。现在，在继续往下阅读之前，先列出一个表，里面包括所有让你有这种积极学习体验的情况。如果你觉得这个列表很难做，就一直重复回答下面的问题：

"我最享受的学习体验是在……的时候。"

"我学习最富有成果是在……的时候。"

常见的答案

以下列出了对上述练习比较常见的答案，代表了教育体系内各种集体的回答。把你自己的列表和下面的列表进行对比。如果你觉得哪一条符合你的情况，就把它加到自己的列表中。"我最享受的学习体验是在……的时候"（√）

学习任务的性质

☐ 我觉得布置的任务很有趣，有价值，对我和他人有意义。

☐ 学习紧密联系现实，或者有实际用途。

☐ 完成的任务有老师以外的人看到和认可。

☐ 我知道对自己的预期是什么。

☐ 我可以四处活动，或者任务里有自由活动的内容。

☐ 任务有一定的创造性。

☐ 任务里有些地方涉及个人选择。

☐ 任务里需要解决"难题"、发现秘密或猜谜。

感觉和情感

☐ 任务里有真诚的赞赏和欣赏。

☐ 对待我的方式让我觉得自己很重要，或者我的想法和意见很重要。

和谁一起

☐ 我可以和朋友协作。

☐ 任务是以小组或结对的方式完成。

☐ 我们相互指导。

老师

☐ 老师很公平。

☐ 老师想出吸引人的方式讲授新内容。

☐ 老师和我们一起努力,不用死板的教学方法,而是激励我们。

时间

☐ 我不用慌,有时间做完。

☐ 我有时间慢慢吃透这个任务。

☐ 中途有多次休息,我不觉得超负荷。

掌握

☐ 我觉得自己在继续新内容时,对上一个内容已经完全掌握。

☐ 设定的任务可以做到,但仍然有挑战性:让我们既有信心,又有成就感。

评估

☐ 我觉得评分方法很公平。

☐ 我觉得自己很有可能按照老师的预期交出答卷。

☐ 我的勤奋努力得到了认可。

☐ 我明白,自己不发挥到极致,是交不了差的。

特色

☐ 我们去野外考察或访问。

☐ 有主讲嘉宾或名人来。

☐ 我们把学习的成果给父母或者访客看。

| 反思 | **你的经历有多普遍**

在你的反思日记里,快速地回答以下问题:

- 你在第 68 页上列出的"积极的学习体验"列表和此处列出的普遍回答是比较相似还是存在不同?如果答案是不同的,你觉得可能是因为什么?
- 在学校的时候,可能你要依赖别人为你创造适合自己的学习条件。这里列出的哪一项可以为你所用,让你尽量去改善自己当前的学习体验?

教育经历对你的影响

> | 反思 | 教育经历对你产生的影响
>
> 在你的反思日记里,快速地回答以下问题:
> - 从哪些方面看,你觉得自己的教育经历对当前的整体表现有影响?
> - 教育经历教会了你哪些正面的东西,让你一生受益(教育经历不止局限于课堂学习)?
> - 再看一看第68页"积极的学习体验"练习,你在里面列出了对自己学习有益处的因素。你可以把哪些因素带进生活或工作中,改善自己的表现,让自己更享受或更满意?

面对挫折

通过第60页的"叙述"练习和回顾你的学习历程,你可能已经认识到了自己人生道路上的一些挫折。挫折会让你觉得失望、萎靡不振,甚至让你"否定现实"(即假装一切顺利)。当然,我们都希望自己一路顺利,不出现问题。但是就算出现问题,让我们有了恐怖的经历,我们仍然可以从中大有收获——虽然这种收获可能会让我们清理自我,或者暂时不会显现。

挫折和困难为我们播下未来成功的种子,从它们中我们可以找出"哪里出了问题"。故此,反思它们时,我们可以看到还有什么不同的做法。实际上,成功人士通常认为,他们在失败中学到的东西比从成功里学到的多,他们也因为挫折和困难成了"更出色的人"。

彻头彻尾的失败往往让我们直面自己一直逃避的现实。挫折帮助我们驻足思考、踏上新道路、遇见新的人、学习新技巧、尝试我们本来不会尝试的东西。更重要的是,挫折往往可以让我们具备更多素质,比如坚韧、掌握应对技巧和站在别人的角度看问题。

把挫折变成优势

很多人认为,不管是绝对还是相对成功,都应该归功于自己应对坏消息或逆境的方法。我们可以做不同的决定,把我们的经验:

- 作为不去做某事的借口。

- 用来"证明"一些观点。
- 作为激励我们一如既往前进的基础。
- 作为学习和改进的材料。

我们会注意到,很多成功人士的故事里面,都有转折性的经历,比如他们被解雇、鄙视、忽视、受到歧视或者遭受重大挫折。恰恰是这样的时刻,他们把当场或者之后处理问题的方法变成他们的动力,铸就了他们日后的成功。

这一点也可以从面对过最极端的困难或最复杂的情况的学生身上体现出来,而很少遇到过挫折的学生却会在极小的挫折面前打退堂鼓。当然,不管是能力非常欠缺的学生,还是承担过多项责任的成熟学生,他们都有办法完成学位、追求自己的事业。很明显,这些学生懂得化劣势为优势——培养自己各方面的技巧,比如管理时间、运用技术、谈判协商、承担多重任务或找出重点的技巧。每个人都可以利用困境,把自己变得更强大,但不是每个人都会这么做。

| 反思 | "最好的失败"

阅读下面的问题,在你思考的过程中,至少记下你对其中5个问题的反应:
- 从表面上看,你生活中遇到过的"最好的失败"是什么?
- 具体发生了什么?你在整件事情中的角色是什么?
- 这件事失败的特征是什么?
- 你做了什么错误的选择?
- 你什么时候第一次意识到选择是错误的?你是怎么发现的?
- 你从中学到了什么?
- 你学到的东西带来了什么好处?
- 这件事之外有什么机会?
- 什么因素你可能不会采用,但能刺激你采取行动?
- 这件事告诉你成功和失败的性质是什么?

| 反思 | 让挫折服务于你的目标

在你的反思日记里,回答以下问题:
- 你在实现当前目标的过程中,可能会遇到怎样的困难?
- 实现这些目标可能会遇到哪些阻碍?

- 哪些因素可能会妨碍你实现在 Chapter 1 中制定的"愿景"？
- 想一想，怎样可以给这些挫折"变个脸"，让它们成为你的实力、创造力、动力，或者和其他促进因素产生合力。

  把这些答案再抄一遍，放在你可以定期看到的地方。

专长比喻

面临新任务的时候，人们总是会这样说：
- 我都不知道从哪里下手。
- 这个问题我解决不了。
- 这方面的东西我不擅长。
- 我能力不足。

有时候，以前的经验和眼前的任务脱节，让你很难圆满地完成任务。如果有充分的时间、获得足够支持，可能会好很多。

面对挑战时，要是我们能认识、重视并且利用自己某一方面的专长，可能会轻松很多。即使你的这个专长看起来和手上的任务没有任何关系，也可以利用，下面的例子就是很好的证明。相反，你要是认识不到自己手上任务和自己能解决的困难之间的共同点，就会极大地影响你的表现。

通读下面的例子，看看3个学生分别怎样利用自己的专长，有效处理各自在学习上遇到的不同问题。读的时候，想一想学生们的做法有什么地方值得你参考，可以帮助你利用自己的专长。

专长转移的例子

Victor（维克托）和汽车维修

Victor 的困难是他不太懂学术写作。在进入大学之前，他所学的基础课程没有书面写作的内容，所以在写作方面他没什么经验。Victor 很不喜欢写作，觉得自己不具备必要的逻辑能力和思路，写不出流畅的文章。但是，他对汽车引擎很感兴趣，也有相关经验。因此，他的"专长比喻"就用了汽车引擎。

他分别列出了自己处理汽车引擎和写文章两个过程需要的技巧。然后，他对比了自己的两个列表。下面，他分析了汽车维修工是如何使用技巧的：

- 找出信息（引擎的信息）。
- 排列任务的顺序。
- 规划时间，以便按期完成任务。
- 权衡不同选择。
- 猜测哪里出了问题。
- 检验自己的猜测（猜测应该如何修引擎）。
- 按照维修行业的要求，做出选择。
- 给任务分先后。
- 检验结果。
- 重新评估维修过程。
- 反思维修的表现。

Victor发现，最有效的办法就是对比引擎运作和写文章分别需要的基本要素。他把这些要素一一写下来，作为关键点列表。每当他觉得学术写作很困难的时候，就拿出列表来看一看。他的列表在下面的示例中。

其他人可能看待写文章会和Victor有不同的想法；但重要的是Victor做出了对自己有效的对比。这个对比释放了他的潜能，让他学会写文章，甚至写出好文章。这全都是因为他现在可以按照自己熟知的方式来认识写作的过程。

示例

Victor——我的引擎

我刚进大学的时候，由于以前没有接触过学术写作，所以达不到大学的要求。我去咨询学习发展部的时候，他们建议我把文章看成引擎。而我具体分析自己的类比时，得出了这样的结论：

1. 燃料——它提供了必要的储蓄动能来发动引擎，即到图书馆查资料、听课、听讲座。
2. 电池——它储备电能，即查资料过程中做笔记、给文章列个大纲。
3. 油——它让引擎顺利转动，即拼写和语法。
4. 交流发电机——它提供让引擎转动的电能，即文章研究的问题、小节总括、文章作用等。
5. 引擎点火系统——它点火，点燃燃料，汽缸点火顺序完成，即文章段落。
6. 引言——文章要怎么写。
7. 正文——深入讨论主要观点。

8. 结论——文章的启发和作用，比如"我学到了什么"。

9. 工具箱——里面有自带的、借来的、其他途径取得的和储存的必要工具，即"读写困难"补习班，英语补习班，速成讲座等。

这些结论还可以分得更细……当文章所有的要素都成功整合在一起时，文章读起来就会行云流水，就像正常运转的引擎一样。

Roger（罗杰）和飞机组装

Roger总是没办法交出写作任务。他的写作功底还行，但是有点太要求完美。写作过程中，他总是会进一步修改自己的构思。这样一来，他就会一遍一遍地打草稿。并且，他每一次打草稿都特别认真，好像草稿是要交上去的终稿一样，总是想做到思路清晰、字迹工整漂亮。这就意味着他总是写不到最后，他确实写得很卖力，可是总交不出作业。实际上，是因为他写作中修改过程开始得太早了。

Roger的专长领域是组装海外进口的"扁平型"轻型飞机。他分析了组装飞机的过程，思考这个过程和写文章有怎样的共同点和差异。通过对比，他才认识到，自己组装飞机如果和写文章遵循同样的套路，是绝对装不成一架飞机的。要是他先完成飞机的一个部分，拧紧所有的螺丝帽和螺栓，进行磨光并喷漆，然后才去完成另外一部分，他就不可能把飞机的各个部分整合在一起。螺丝帽和螺栓确实需要拧紧，最后的细节工作也要完成，但前提是整个飞机大框架已经组合好了。Roger很容易就看出，先完成飞机一部分的做法，就好比他写文章时总是一开始就去修改的习惯。

认识到这一点之后，Roger还进一步发现了飞机组装和解决学习问题之间更多的可比性。他开始利用自己的专长来解决学习问题。比如，遇到新信息时，他觉得应该像总观飞机的各个部件一样，先对问题有总体的把握，大致想一想该如何组织信息："你把信息组合在一起，就是总体的策略——你知道这些信息应该如何放在一起最合适。然后你再深入细节，完成每个小节。"同样地，Roger认识到，良好的规划和组织就像把文章整合起来的"胶水"——"注意思考各个小节之间的关系。机用胶水就像连接句或逻辑词，让文章进入下一个小节。"

Luzia（卢西亚）和做衣服

Luzia也觉得写文章很难。她极度缺乏自信，也很不愿意去发现自己的专长。最后，她选出了做衣服的技巧作为自己的专长。她进行头脑风暴，想出做衣服的所有步骤，把这些步骤与写作的过程进行了对比。

比如，她看到做衣服和写作都需要把最后的成果看清楚。如果她不知道自己要做的衣服最后看起来什么样，就不可能去选衣服的样式或者买衣料。Luzia认为知道衣服最后的样子就像是设定文章题目、找到有说服力的观点："你是否了解最终成果，就是看你对它有没有兴趣——如果没有兴趣，只会徒劳无功。"

同样地，不管是新衣服还是文章，都需要组织结构。在开始某一步之前，Luzia必须决定是要做衣领、袖口还是褶子，便于自己选择样式和衣料。对她来说，选衣服样式就像给文章拟大纲："组成衣服样式的不同部分要精细地摆放，布料才不会打架。"同样的道理，文章各部分计划得好，才可能各部分逻辑鲜明，不至于错位。

Luzia还发现了其他相似的地方。最后动手剪裁前把衣服的布局再厘清一遍，就像最后动手写文章前要打个草稿。把样衣穿上看看"哪里有问题"，就好像是写作里的"检查"。Luzia认为，做衣服最重要的一点，是要"缝得均匀"。这一点就像是写作时要一视同仁地看待不同的学术理念："你参考每个学术理念时，都必须问同样的问题。"拿做衣服的过程作类比之后，Luzia可以利用自己的这个专长，对写作有更清楚的认识。

让它"可以理解"

Donaldson（唐纳森，1978）说，如果把任务以"可以理解"的方式呈现给孩子们，即使这些任务的难度超过了他们的发展水平，他们也仍然可以解决。同样，Victor、Roger和Luzia的例子告诉我们，Donaldson的结论也适用于成年人和他们的专长比喻。他们三个人利用自己相应的专长，解决了以前觉得自己不可能应付的难题。他们靠引申比喻的方法（或者叫作类比思考的过程）解决了问题。如果他们三人都能做到，那么其他人也可以。

学生们通常都不愿意相信自己在某方面是个"专家"。所以，学生们的第一个任务，就是找到自己的专长。有些学生可能觉得说自己有专长是"自大"的表现，其实不会。相反，找到专长会为你提供一个解决问题的工具。在某一个或很多个领域，它或它们可能分几个不同的阶段或方面，但是你都能够：

- 相对轻松地应付。
- 不用别人监督也可以做好。
- 觉得做起来很自在，甚至很享受。

运用专长比喻

在运用专长比喻时，你需要谨记的是：

- 不要担心你的专长和要解决的问题似乎没什么联系。
- 你在某一方面不用达到"奥运会"似的世界级水准，也可以是"专家"。
- 日常或者普通任务里的专长也可以算。

- 想一想，对你来说，是用要素（Victor的办法）、过程（Roger的办法）还是技能（Luzia的办法）的做法比较适合。
- 如果可能，找出你擅长的任务和你所学的内容基本架构之间的相似处。
- 不要慌，给自己足够的时间思考相似处，专长和学习内容之间明显的联系就会浮现在你眼前。
- 即使你找出的相似处并不完全贴切，但是还是可以让你更了解自己要解决的问题，这就已经很好了。毕竟运用专长比喻不是比文采，而是为了解决你的问题！

练习：发现个人专长

选出一项你可以像上文描述的那样完成的任务（轻松地应付、不用别人监督，等等）。

这个任务可以从"你的40个强项"这个练习列表里面选择（参见第65页），也可以是做蛋糕、跳舞、打台球、游泳、绘画、修电脑等，把这个任务视为你的专长。

- 在以下的表格里列出完成你专长领域的典型任务需要什么关键要素、步骤和技巧，方法和上文Victor、Roger、Luzia的一样。还要写出你一开始是如何"构思"整个任务的。特别需要注意的是你一开始分析问题、找出要做什么的过程。
- 把完成你专长领域的典型任务所需的所有技巧和素质都列出来。

（a）个人专长领域（具体说明）：

要素（组成部分或特征：参见Victor的例子）	过程（事情怎么做：参见Roger的例子）	专长领域使用的技巧（参见Luzia的例子）

分析任务

在以下的表格里列出完成你需要解决的棘手问题需要什么关键要素、步骤和技巧。

（b）要完成的任务或解决的问题（具体说明）：

要素（组成部分或特征：参见 Victor 的例子）	过程（事情怎么做：参见 Roger 的例子）	专长领域使用的技巧（参见 Luzia 的例子）

运用你的专长

在下面的表中列出你的专长和你要改进的领域之间有什么共通之处。对比的时候引申得越远越好，因为这样才能真正让你的专长帮你改进。列出你的专长和需要改进的领域之间所有的可比之处。

比如，你的专长领域是"打电脑游戏"，而要改进的方面是"公共演讲"，那就一直回到这样一个问题："公共演讲和打电脑游戏很像，因为……"当你想不出答案的时候，就出去走一走，回来继续再多想几个答案。

（c）运用专长：

在下面的表中列出你的专长和你要完成的任务之间所具有的可比之处。

专长领域（要素、过程或技巧）	任务（要素、过程或技巧）

选出最佳的对比：
- 回头看一看你列出的可对比之处。
- 把你认为最有用的对比点标出来。

本章回顾

本章提供结构性的机会，让你去反思你的经历对自己当前的性格、应对挑战的方式和学习方式有什么影响。通过本章里各种各样的练习，你可以去探索自己的个人经验、选择、强项和专长。本章一开始就让你进行自述，总观自己的个人经历。然后，让你分析了自述的各个方面，并进一步反思了自己的学习历程。最后，本章让你把焦点对准个人的专长领域，看一看可以如何利用专长应对困境，改善未来的表现。Chapter 3 会更深入地讨论管理个人表现这一主题。

我们坦诚地书写并解释自己的人生故事时，总觉得似乎只有一种讲述方式才算是"实事求是"。但是，你在做本章不同练习时，会从各种角度、在不同时间点去看待自己的经历，你会发现自己的看法每次都会发生变化。你经历的主要内容可能大同小异，但是，你书写的方式、你选择强调的细节、你在不同时间点对经历的解释，这些都会随着你经历、态度和视角的变化而变化。

正是因为我们的自述和对自述的解释一直都在变化，我们才可以随时去看自己的人生故事，从故事里看到自己的生活方式。有的人生活经历很特别，这些人讲述自己的故事时，却会去强调他们从中获得的意外收获、所遇到的人或者培养的性格。另外，有的人可能经历并没什么特色，但是他们讲述故事时却会比较夸张，好像某一次经历掌控了他们的生活一样。我们写自己的人生故事，讲述内容由我们决定，解释也由我们自己决定。我们自己的解释可能会成为自身能量和动力的来源，助我们继续追求成功。

延伸阅读

Beaver, D. (1998) *NLP for Lazy Learning* (Shaftesbury, Dorest, and Boston, MA: Element).

Cottrell, S.M. *The Study Skills Handbook*, 3rd edn (Basingstoke: Palgrave Macmilan).

Chapter 3

理解自己的表现

学习目标

本章让你：
○ 发现以前的学习和表现方式对你现在表现的影响
○ 找到最适合你学习和表现的条件
○ 了解你自己学习和表现的方式
○ 找到你的个人表现公式，让你更轻松取得更好表现
○ 反馈你在不同环境下的个人表现公式

简介

在上一章里,你思考了自己的人生旅程。通过诸如"主人公"一类的比喻性练习,或夸大人生故事里的元素形成你的"漫画"形象,让你看到在故事里你给自己的定位。通过本章,你会进一步了解,要"把事情做成",自己需要什么。"把事情做成"指能做事情、把事情做好,并且以自己最擅长的方式做好。本章引导你找到自己特有的学习和表现方式,并准备了大量材料,帮你发现自己的偏好。

通过本章练习,你可以发现促进和阻碍自己取得最佳表现的因素。练习之后,你可以找出适合自己的成功公式,用实践来检验。本章练习还引导你思考如何利用自己的偏好,或者如果有必要的话,如何围绕自己的偏好做事。

学习或表现

我们做任何事,既依赖于我们学到的东西,也依赖于我们如何学以致用。
1.学习包括如下内容:基本理论、背景信息、在职经验以及找出如何学习的过程。
2.表现包括学习,也包括如何综合应用知识、技巧、个人素质和经验到实践当中。

可能这两种我们更擅长其中一种,要么学习更好,要么表现更好。比如,我们可能对一个演讲已经学得很透彻,但是却无法把它在公众场合讲出来。也有可能,我们很难掌握演讲方法,但是一旦有了压力,却能做很好的公共演讲。总的来看,人们评价我们的标准是我们的表现情况,而不是我们自认为学到的东西。既然如此,我们就有必要去思考自己在什么条件下表现会最好。

学习者的类型

最近几十年,学习者的类型和做事方式变成了很热门的话题。比如,学习方式有视觉学习、听觉学习和运动学习等。在本章里,你可以发现并找出自己的学习方式。

既然表现力包括学习,那么本章练习提供的信息就可以帮你了解自己的总体表现。你极有可能会认识到,发现自己的表现偏好能够对你的学习方法有很大启示。

人各有不同

确实,偏好会有一些趋势,也就是学习者会分成不同的"类型"。但是,本书里的观点是,我们每个人都各不一样,尤其体现在以下方面:

- 我们学习的方式。
- 我们面对新的任务、情况、人和挑战的方式。
- 我们要取得最佳表现所需要的因素。

这些细节可能会成为最关键的因素——就算不是一直如此，至少对某些事情或者重大的任务和场合来说会特别关键。

我们工作学习都有各自的偏好。偏好数之不尽，但可能某一个偏好对你的表现会起决定性的作用。比如，Dunn（邓恩）等人提炼出了21条影响学习的因素。他们发现，有些人对某些条件特别敏感。如果这些条件不成立，他们的表现可能会大打折扣。有时候，虽然只有小小的变动，比如你的坐姿、光线或者你学习的方式稍有变化，但是它们却对你产生了巨大的影响（Dunn等人，1995）。

找到适合自己的方法

追求比"过关"更好的表现

在大部分时间里，效仿别人使用的方法，或者采用过去奏效的策略，我们做的事就可以"过关"。但是，如果我们愿意，还可以采取行动，追求比"过关"更好的表现。

我们可以去思考最适合自己的方法，进一步了解自己，看清在什么情况下自己能最从容地做好事情。这些过程会让我们有所收获。对于那些看重成功的人来说，他们都认识到了细节的重要性，认识到即便是表面很无谓的细节其实也很重要。

顶级运动员的例子

顶级运动员会琢磨如何调整自己的培训、设备和技巧，给自己更多优势。有时候这样的优势甚至只是如何让自己快零点几秒或零点几分。不管是在训练（也就是学习）时，还是在比赛时，运动员和他们的支持团队都会审视每一个方面——天气、环境的特点、饮食、着装等，即使训练和比赛所需要的条件可能会有区别。

关注重要的事件

我们需要关注风险很大的事件，而不是事事都仔细留意。不过，了解哪些因素影响了自己的表现还是很有用的。这样了解之后，当我们想获得好表现、取得竞争优势或者节省时间精力的时候，就有章可循了。

个人表现因素

下面的练习旨在让你分析不同的因素和条件对你的个人表现有何影响。有些练习会要求你评分，如果你在某个领域得分很高，并不一定就是说你属于某一个"类型"的学习者，只是说你可能有相关的习惯、风格或偏好，它们会影响到你是否能有成功的表现。

SHAPE分别是英语里意思为风格、习惯、态度、偏好和经历这5个单词的首写字母。这5个方面的差异，就是我们个人学习和表现的差异所在。

风格

每个人对风格、习惯和偏好的定义都不一样。有的人认为，学习风格就像你的性格特点，是你个人的内在组成部分，你不能指望改变自己的学习风格。按照这样的观点，你就只能调整自己的学习和表现，让它们符合自己的学习风格。但是，另外有些人认为，学习风格是你形成已久的偏好，是你大致的"舒适区"。按照这样的观点，你可能需要适当调节自己的学习风格，来实现更多方面的成功。

- 你觉得自己的学习风格已经根深蒂固、不容改变了吗？（回答这个问题的时候，你可以再回Chapter 2看一看那些涉及影响你学习因素的练习，可能会有所启发。）
- 你觉得自己的学习风格反映了自己的性格特点吗？

习惯

我们进展顺利的时候会觉得，即便自己的做法不适应新情况，保持自己以前的做法仍然无可厚非。普遍来讲，做自己熟悉的事情会比冒险尝试新策略更容易。想一想，你自己的学习方法和表现方式是不是为过去习惯所累。

- 你有没有太依赖的习惯和学习模式，它们对于你这样的成人学习者来说其实没什么帮助？
- 如果有，你从现在开始改变这些习惯，会出现什么情况？

态度

我们的态度极大地影响着自己的行为和感情，也影响着别人如何看待和回应我们。学习上是这样，生活上也是如此。不管你是否意识到，你的学习和表现都受到了你的态度和看法的影响。

- 你学习上表现好或者不好，你通常坚信不疑的原因是什么？
- 你对好学生的定义是什么？做这样的好学生，你会觉得开心吗？
- 对于自己学习各方面取得的成功，你感到自在吗？如果答案是否定的，你会因此而决定不做个好学生吗？

偏好

本章让你发现并利用自己的个人偏好以适合我们自己的方式工作，这种方法意味着不会违背我们的愿望。这样的做法往往对我们很有用，但是，我们的偏好有时候也会成为障碍。

- 如果你有偏好，那么哪些偏好对你来说不像帮助，却像是障碍？如果你想改变，你觉得改得了它们吗？

经历

上一章详细地讨论了你的学习经历。

- 你觉得，自己过去的经历从多大程度上影响了自己当前对学习或工作上的"成功"的定义？

> | **反思** | 检验一下
> - 以上 5 个方面里，你觉得哪个方面对你当前的学习和表现影响最大？
> - 这 5 个方面如何相互交织，形成你自己的"学习 SHAPE"？

| **自我评估** | 个人表现因素

1. 组织

下面一系列的内容用来评估你对"有组织"和"无组织"的方式有多大的偏好。每一对陈述只能打一次分。

打分标准：3 = 同意，对我很重要；2 = 同意，对我有一些重要；1 = 同意，但是对我不太重要；0 = 没有偏向的一方。

不侧重组织		侧重组织
1. 我喜欢创造性的骚动	3 2 1 0 1 2 3	我喜欢严格组织化
2. 我的桌子/工作地乱七八糟	3 2 1 0 1 2 3	我的桌子总是很整洁
3. 我从来不做工作计划	3 2 1 0 1 2 3	我的工作计划总是做得很细致
4. 我什么东西都靠脑子记	3 2 1 0 1 2 3	我喜欢做各种列表
5. 我从不使用书签	3 2 1 0 1 2 3	我总是使用书签
6. 我的文件放在外面过夜	3 2 1 0 1 2 3	我晚上总是把文件收起来
7. 我一有时间就工作	3 2 1 0 1 2 3	我有固定的工作时间
8. 我每天想学什么就学什么	3 2 1 0 1 2 3	我遵守严格的学习安排表

9. 我的时间观念不强　　　　　　3 2 1 0 1 2 3　　我总是会在规定日期内完成任务
10. 我很乐意"随大流"　　　　　3 2 1 0 1 2 3　　我需要看清楚最后的目标

不侧重组织得分____　　　　　　　　　　　　　　侧重组织得分____

总分____

得分情况说明：

- 总分 0～10 分表示你这方面偏好不是特别明显。
- 总分 20～30 分表示虽然你的偏好没有特别的模式，但是很明显。
- "不侧重组织"的得分如果为 20～30 分，表示你很偏好于按自己的方式、自己的时间来工作或学习。这是很有创意的、独立的工作模式，但是，你还是有必要想一想，更有组织和条理的方法对你有没有帮助。你需要注意的问题是，你可能会错过截止日期，完不成任务的要求。
- "侧重组织"的得分如果为 20～30 分，表示你很偏好于用组织和系统的方式来工作或学习。这种方式效果很明显，你最终可能会把事情做成，而且做得有条理、很及时。但是，你还是有必要想一想，你如果更灵活、开放地接受新想法，表现是否可以更上一层楼。你需要注意的问题是，你的思维和工作方式可能会太过僵化。
- 如果在哪方面得分是 10～20 分，表示你对自己的个人偏好有一定的依赖性。去试一试反方向的偏好可能会对你有好处。

2. 外界引导

下面的内容用来评估你对"有外界引导"和"无外界引导"的方式有多大的偏好。每一对陈述只能打一次分。

打分标准：3＝同意，对我很重要；2＝同意，对我有一些重要；1＝同意，但是对我不太重要；0＝没有偏向的一方。

不侧重外界引导　　　　　　　　　　　　　　　**侧重外界引导**

我更希望……

1. 不知道课程内容　　　　　　　3 2 1 0 1 2 3　　知道课程内容
2. 直接听课　　　　　　　　　　3 2 1 0 1 2 3　　上课时发一个大纲或议程
3. 开发自己的项目　　　　　　　3 2 1 0 1 2 3　　老师安排任务
4. 自己想出任务的题目　　　　　3 2 1 0 1 2 3　　老师设定任务题目
5. 自己去挖掘课题　　　　　　　3 2 1 0 1 2 3　　老师引导我进行思考
6. 探索我自己的阅读书单　　　　3 2 1 0 1 2 3　　老师推荐阅读书单
7. 按自己的方式做事　　　　　　3 2 1 0 1 2 3　　别人告诉我具体该怎么做
8. 自己慢慢学习如何使用计算机软件　3 2 1 0 1 2 3　　去上专门的计算机软件课

9. 让学习慢慢取得进展　　　　　　3 2 1 0 1 2 3　　老师早些介绍课程概况
10. 自己想出如何解决新问题的办法　3 2 1 0 1 2 3　　获得如何解决新问题的清楚
　　　　　　　　　　　　　　　　　　　　　　　　　指导

不侧重外界引导得分____　　　　　　　　　　　　侧重外界引导得分____

总分 ____

得分情况说明：

- 总分0～10分表示你这方面偏好不是特别明显。
- 总分20～30分表示虽然你的偏好没有特别的模式，但是很明显。
- "不侧重外界引导"的得分如果为20～30分，表示你很倾向于自己掌握自己手头的工作。这样你可以发展成为一个独立自主的学习者，可以承担新项目，为自己设定目标。但是，你还是有必要想一想，自己是否有必要多听听别人的看法。你需要注意的问题是，你可能在团队合作上有些薄弱，完成的任务可能不符合要求。
- "侧重外界引导"的得分如果为20～30分，表示你很倾向于接受别人的引导和领导。这样可以帮你选择正确的方向、节省时间、融入团队工作。但是，你还是有必要想一想，自己是否应该更主动地去学习，进行更多的探索，承担更多的风险。你需要注意的问题是，你的思维和计划都太过于依赖别人，自己的独立能力和领导力没有得到较好的培养。
- 如果在哪方面得分是10～20分，表示你对自己的个人偏好有一定的依赖性。去试一试反方向的偏好可能会对你有好处。

3. 与他人协作

下面的内容用来评估你对"与他人协作"和"自己单干"的方式有多大的偏好。每一对陈述只能打一次分。

打分标准：3 = 同意，对我很重要；2 = 同意，对我有一些重要；1 = 同意，但是对我不太重要；0 = 没有偏向的一方。

偏好与他人协作　　　　　　　　　　　　　　　　**偏好自己单干**

1. 我更喜欢团队协作　　　　　　　　3 2 1 0 1 2 3　　我喜欢自己单干
2. 在图书馆里我喜欢周围有人的位置　3 2 1 0 1 2 3　　在图书馆里，我喜欢自己一个人坐
3. 我喜欢和朋友对上课笔记　　　　　3 2 1 0 1 2 3　　我不愿意把上课笔记与别人分享
4. 我重视聆听别人的意见　　　　　　3 2 1 0 1 2 3　　我喜欢自己有主见
5. 我喜欢团队协作中大家的讨论　　　3 2 1 0 1 2 3　　我喜欢自己单独把问题想清楚
6. 我从讨论中学到的东西比阅读　　　3 2 1 0 1 2 3　　我从阅读中学到的东西比讨论
　　中多　　　　　　　　　　　　　　　　　　　　　　中多

7. 团队能想出更多点子　　　　　3 2 1 0 1 2 3　　我自己一个人想出来的点子多

8. 对我而言，团队协作真的很有用　3 2 1 0 1 2 3　　对我而言，团队协作就是浪费时间

9. 我喜欢和其他人讨论任务　　　3 2 1 0 1 2 3　　我喜欢单独完成任务

10. 我觉得学习的支持团队很有用　3 2 1 0 1 2 3　　我单独学习的效果最好

偏好与他人协作得分＿＿　　　　　　　　　　　　偏好自己单干得分＿＿

总分＿＿

得分情况说明：

- 总分0～10分表示你这方面偏好不是特别明显。
- 总分20～30分表示虽然你的偏好没有特别的模式，但是很明显。
- "偏好与他人协作"的得分如果为20～30分，表示你工作或学习时有很强的社交偏好。这样可以帮你接触众多的视角和观念，培养社交技巧和团队合作的能力，获得互相支持。但是你还是有必要想一想，自己如果能多花些时间独立学习，会有多大的益处。你需要注意的问题是，你可能太过于依赖别人，没有形成自己独立的观点。
- "偏好自己单干"的得分如果为20～30分，表示你很倾向于自己单独完成任务。这样可以帮你集中精力、实现目标、培养独立的能力。但是，你还是有必要想一想，你可以从与他人的协作中学到什么，综合各种意见和特点之后你可以学会什么技巧。尤其是在"现实生活"或"实用"的场景下，如果你不去接触各种视角，可能会一败涂地。你需要注意的问题是，你可能没有认可别人的工作，交际能力没有得到培养。
- 如果在哪方面得分是10～20分，表示你对自己的个人偏好有一定的依赖性。去试一试反方向的偏好可能会对你有好处。

4. 物理刺激

下面的内容用来评估各种物理因素对你工作方式的影响。每一对陈述只能打一次分。

打分标准：3 = 同意，对我很重要；2 = 同意，对我有一些重要；1 = 同意，但是对我不太重要；0 = 没有偏向的一方。

较多刺激　　　　　　　　　　　　　　　　　**较少刺激**

1. 我需要在很明亮的房间里工作　　3 2 1 0 1 2 3　　我工作的地方光线要很暗

2. 我需要音乐或电视声做背景　　　3 2 1 0 1 2 3　　我需要在安静的环境里工作

3. 周围有很多事情时，我工作起来最顺畅　　　　3 2 1 0 1 2 3　　我的注意力很容易分散

4. 我学习的时候老爱吃东西	3 2 1 0 1 2 3	我学习的时候不能想食物
5. 我学习的时候需要大量饮品	3 2 1 0 1 2 3	我学习的时候从来不喝东西
6. 我在极冷极热的时候工作最顺畅	3 2 1 0 1 2 3	我更喜欢工作环境温度适中
7. 我工作的时候老爱弄点其他东西	3 2 1 0 1 2 3	我安心工作时心无旁骛
8. 四处走走对我思考有帮助	3 2 1 0 1 2 3	我老走动就不能思考
9. 乱写乱画让我在开会或听讲座时集中精神	3 2 1 0 1 2 3	开会和听讲座时我会聚精会神做笔记
10. 我喜欢几件事情一起做	3 2 1 0 1 2 3	我必须完成一项任务，才能做另一项任务

较多刺激得分____   较少刺激得分____

总分____

得分情况说明：

- 总分0～10分表示你在任何环境下工作都能忍受。
- 总分20～30分表示虽然你的偏好没有特别的模式，但是很明显。
- 任何单项得分如果是0～1分，表示即使所提到的刺激不存在，你也可以忍受。
- 任何单项得分如果是2分，表示如果所提到的刺激不存在，你的表现可能会受到影响。
- 任何单项得分如果是3分，表示如果所提到的刺激不存在，你的表现会受到严重影响。你可能需要想一想有创意的点子，保证在大部分的学习情况下这项刺激能够存在（比如，如果你对光很敏感，可以用光线强的灯来让灯光变亮，或者戴帽子或眼镜来遮挡光线）。
- 在两种偏好的任何一种里得分为20～30分，表示你很倾向于较高刺激或者较低刺激。有了这样的偏好，如果你学习时这些刺激不存在，那么有可能你会觉得学习很困难。得分较高可能还表示你压力太大，这一点你可以去找咨询师或顾问谈一谈。

实验

试一试在你学习的时候利用或者不利用一些物理刺激，这种尝试的过程很有用。仔细观察这些刺激因素对你的表现有多大影响。比如，很多人都惊奇地发现，他们在上学时居然那么遵循某一种学习模式，就好像这是他们单独学习或工作时唯一"正确"的方法一样。你也会发现，如果找到适合自己的各种激励因素，你的学习会变得更轻松。

5. 总体把握或强调分析

下面的内容用来评估你的学习是更偏好于总体把握还是强调分析的风格。每一对陈述只能打一次分。

打分标准：3 = 同意，对我很重要；2 = 同意，对我有一些重要；1 = 同意，但是对我不太重要；0 = 没有偏向的一方。

总体把握的风格		强调分析的风格
在为某个项目学习或行动时，我更喜欢……		
1. 一开始有一个大概的了解	3 2 1 0 1 2 3	从有趣的细节着手
2. 把整个项目在图表或陈述里表达清楚	3 2 1 0 1 2 3	找出逻辑关系
3. 从完全有根据的地方出发	3 2 1 0 1 2 3	从清晰的列表出发
4. 使用"图片"笔记或有记录的讨论	3 2 1 0 1 2 3	使用关键句、点句或记录好的关键步骤列表
5. 从深刻的问题出发	3 2 1 0 1 2 3	先进行细致的规划
6. 利用直觉	3 2 1 0 1 2 3	严格遵照事实
7. 利用想象力	3 2 1 0 1 2 3	把问题论证清楚
8. 找出事情之间的联系	3 2 1 0 1 2 3	把信息分类
9. 找出共同点	3 2 1 0 1 2 3	找出差异
10. 将事情整体考虑	3 2 1 0 1 2 3	分析细节
总体把握的风格得分____		强调分析的风格得分____

总分____

得分情况说明：

- 总分 0～10 分表示你这方面偏好不是特别明显。
- 总分 20～30 分表示虽然你的偏好没有特别的模式，但是很明显。
- "总体把握的风格"的得分如果为 20～30 分，表示你很偏好于工作或学习时采取总体的措施。这样可以帮你整合信息、有创意地找到各种联系。但是你还是有必要想一想，自己的行为是否应该更有条理和系统。你可以看看，自己是否在控制清晰度、细节、条理和顺序方面比较薄弱。
- "强调分析的风格"的得分如果为 20～30 分，表示你学习时更注重逻辑和分析。这样可以让你把事情弄清楚、做事有条理。但是，你还是有必要想一想，自己是否需要创造机会，培养自己的想象力和直觉。尝试着寻找不同观点间的关系和联系，这样可能会对你有所帮助。你可能存在的问题是，不能把自己的各个想法整合成一个整体，不能找出所学内容和周围事物之间的联系。
- 如果在哪方面得分是 10～20 分，表示你对自己的个人偏好有一定的依赖性。去试一试反方向的偏好可能会对你有好处。

6.压力

下面的内容用来评估你有多倾向于在有压力或无压力下做事。每一对陈述只能打一次分。

打分标准：3 = 同意，对我很重要；2 = 同意，对我有一些重要；1 = 同意，但是对我不太重要；0 = 没有偏向的一方。

更喜欢压力大		更喜欢压力小
1.我一次性完成任务	3 2 1 0 1 2 3	我把任务分成可以几个驾驭的步骤
2.我什么都做	3 2 1 0 1 2 3	我只选择一些事情做
3.我想取悦所有人	3 2 1 0 1 2 3	我知道自己不可能取悦所有人
4.我能够有效地针对时间多少做出调整	3 2 1 0 1 2 3	我需要很多时间才能做好事情
5.我同时做多项任务时状态最好	3 2 1 0 1 2 3	我每次做一件事状态最好
6.时间紧时我状态最好	3 2 1 0 1 2 3	没有截止日期时我状态最好
7.我需要紧迫感	3 2 1 0 1 2 3	我做事时需要放松
8.没有他人支持，我状态最好	3 2 1 0 1 2 3	有他人支持，我状态最好
9.我有空的时候补餐	3 2 1 0 1 2 3	我一般都会为吃饭单独留一段时间
10.我必须要最后有完美的结局	3 2 1 0 1 2 3	最后结果"足够好"，我就满意了

压力大得分____　　　　　　　　　　压力小得分____

总分____

得分情况说明：

- 总分0～10分表示你这方面偏好不是特别明显。
- 总分20～30分表示虽然你的偏好没有特别的模式，但是很明显。
- "压力大"的得分如果为20～30分，表示你很可能在考试、竞赛和目标面前做得很好。你要注意调节好自己的压力，保证压力不会在你没意识到的时候，影响到你的表现、行为和健康。针对你觉得无聊或不重要的事情，你可能需要将它们设定为自己的目标。
- "压力小"的得分如果为20～30分，表示你可以很好地保持健康和状态，就算外界没有任何压力，你的工作仍然可以做得不错。你需要注意的是，你对压力和外界的要求与环境很敏感。

- 不管你是在"压力大",还是在"压力小"方面的得分是10～20分,都表示你对它们中的一种偏好有一定的依赖性。去试一试反方向的偏好可能会对你有好处。

7. 方法

当你要学习崭新的内容时,你会怎样规划去学习它?

在下面符合你的选项前面的方框里打钩。

我觉得通过……学习更容易

☐ 听。　　　　　　　　　　　☐ 读。

☐ 把内容个人化。　　　　　　☐ 问问题。

☐ 观察别人。　　　　　　　　☐ 以适合自己的方式调整任务。

☐ 在脑子里形成图像。　　　　☐ 把任务详尽地写下来。

☐ 写一写关于任务的内容。　　☐ 做一张列表。

☐ 把任务变成图像。　　　　　☐ 彩色标记。

☐ 把任务变成标题。　　　　　☐ 和其他任务一起解决。

☐ 把任务分类,给它贴标签。　☐ 把任务与我了解的东西联系起来。

☐ 白日梦梦到任务。　　　　　☐ 向他人描述或解释任务。

☐ 把谈论任务的过程录音。　　☐ 做家务或类似事情时思考任务。

- 上述做法中,哪些是你没试过、但可能对你有用处的?
- 有没有其他你现在还没使用过的方法?
- 把那些你觉得对自己取得好表现帮助最大的方法标记出来。

8. Honey(霍尼)和Mumford(芒福德)的学习风格

Honey和Mumford(1992)做了一个问卷,把人分成四大类。下面简单列出了这四类人学习风格的大致特点。你大概属于下面哪一类(或者可能属于哪几类)?哪一类的描述最像你?

☐ "行动型"学习风格。我更喜欢做事的时候灵活、遵循直觉、想做就做。我喜欢想新点子,尝试新内容。我大部分时间都很能说,会为任务做很多工作。我喜欢从经历当中学习。这些经历可以是去解决问题、参加研讨会、组成工作小组、进行讨论或团队协作。

☐ "反思型"学习风格。我喜欢观察和反思,收集数据,花时间权衡所有选择和办法,之后再做决定。适合我的只有讲座、项目工作和单独做事。

☐ "理论性"学习风格。我更喜欢的是透彻、有逻辑、循序渐进的学习方式,要有明确的指示,必须感觉自己已经学到位之后才能学以致用。我比较偏好于从书本、解决问题的过程和讨论中学习新东西。

□ "实用型"学习风格。我喜欢的是"边做边试",从尝试里看办法是否有效。我会一直坚持做下去,直到达成目标。我比较实际和现实。更青睐的是能做事的项目和实际的运用。

- 为了让你喜欢的学习类型符合教学和评估的要求,你选择了某种类型的学习模式或项目。你觉得这种选择会让你受益吗?
- 你能让自己的学习或工作适合你的学习类型吗?
- 把你自己看成某一"类"的学习者,你觉得对你有帮助吗?这样的视角在不同场合下,对你的表现有何影响?太早选择某种学习方法或学习风格,可能会有什么坏处?

9. 视觉、听觉和运动学习风格

按照下列内容与你的吻合程度,给它们打分。在你所选的分数上画圈。

打分标准:4 = 对,跟我特别吻合;3 = 对,跟我吻合;2 = 有点吻合/不清楚;1 = 几乎不吻合;0 = 完全不吻合。

1. 读书的时候,我会在头脑里面想象出画面	4	3	2	1	0
2. 我记忆对话的能力很强	4	3	2	1	0
3. 如果以字面的形式看过某个东西,我会记得更牢	4	3	2	1	0
4. 我站起来四处走动的时候记事情记得最清楚	4	3	2	1	0
5. 我说话的时候手老是动	4	3	2	1	0
6. 我喜欢把所学的东西想象成画面	4	3	2	1	0
7. 通过记住拨号时的动作,我可以记住电话号码	4	3	2	1	0
8. 我要记东西,就把它大声念出来或者在脑子里一遍又一遍地念	4	3	2	1	0
9. 我听别人说话时爱乱写乱画	4	3	2	1	0
10. 我做加法的时候会把加数大声念出来	4	3	2	1	0
11. 我只有在数字写下来的情况下才能做加法	4	3	2	1	0
12. 我很擅长记歌词	4	3	2	1	0
13. 在做一件事情之前,我喜欢别人在我面前演示一遍	4	3	2	1	0
14. 我喜欢在课堂上问很多问题	4	3	2	1	0
15. 我很容易就能记住最后一次看到的东西在哪里	4	3	2	1	0
16. 我会把单词写下来,去看拼写有没有错误	4	3	2	1	0
17. 我辨别颜色的能力很强	4	3	2	1	0

（续表）

18. 我擅长体育	4	3	2	1	0
19. 我可以轻松地记住东西	4	3	2	1	0
20. 我具有良好的音乐鉴赏能力	4	3	2	0	0
21. 我擅长做实际的东西	4	3	2	1	0
22. 我可以轻松地记住别人给我的一系列指示	4	3	2	1	0
23. 我工作的时候喜欢在椅子上动来动去	4	3	2	1	0
24. 我喜欢摆弄我的手	4	3	2	1	0
25. 我更喜欢看写下来的指示	4	3	2	1	0
26. 我喜欢在实践中学习	4	3	2	1	0
27. 我会想象出单词拼写，看有没有拼错	4	3	2	1	0
28. 我在头脑里放电影，看自己可以学到什么	4	3	2	1	0
29. 我更喜欢从讨论中学习	4	3	2	1	0
30. 别人必须告诉我具体细节要怎么做	4	3	2	1	0
31. 我不喜欢听指示，更愿意"直接尝试"	4	3	2	1	0
32. 我喜欢通过做实际的事情来学习	4	3	2	1	0
33. 我会记住拨电话号码时的声音，从而记住电话号码	4	3	2	1	0
34. 我喜欢从幻灯片和图画里学东西	4	3	2	1	0
35. 我经常唱歌哼歌	4	3	2	1	0
36. 我喜欢老师用PPT、黑板教学	4	3	2	1	0

打分

上述让你评分的每一条内容都代表着你对视觉、听觉、运动学习或表现的偏好。

- 如果信息是以看得见的方式展现出来，可以用眼睛或视觉想象来学习，视觉学习者就会觉得学习会更容易。
- 听到和回忆声音的内容让听觉学习者进入最佳学习状态。
- 有身体刺激的时候，比如肢体运动、触摸或感受，运动学习者学习状态最好。

为下列每条内容打分，最后把所有分数加起来。

视觉分数	听觉分数	运动分数
内容1：	内容2：	内容4：
内容3：	内容8：	内容5：
内容6：	内容10：	内容7：
内容11：	内容12：	内容9：
内容13：	内容14：	内容16：
内容15：	内容19：	内容18：
内容17：	内容20：	内容21：
内容25：	内容22：	内容23：
内容27：	内容29：	内容24：
内容28：	内容30：	内容26：
内容34：	内容33：	内容31：
内容36：	内容35：	内容32：
总分		

得分情况说明：

无明显偏好： 如果你在这三种学习方式上的得分差不多，那就说明你在学习时对感官方面没有太大偏好。如果你的得分很高（某一种学习方式达到了40～48分），那就要好好利用这种感官来帮助你学习。如果你的得分很低（在0～24分之间），你可能要更下意识地在学习时尝试使用更多的感官。

明显偏好： 你某一方面的感官越明显，你越需要找到好办法利用这种感觉，让自己的学习更轻松。想一想，你可以怎样把上述提到的内容跟这个感官相关的内容都融入自己的学习中。你还可以想一想，如果进一步去开发其他感官，是否会对自己更有利。

个人表现概况

通过本章和前一章的练习，可能你已经有了大量自己所需的信息，帮助自己完成任务。以下的练习帮你提炼这些信息，发现自己表现概况里的关键因素。

个人概况：表格

在以下的表格里，你可以列出自己在第83—93页所做练习里所有的得分和打分情况，这样你可以更清楚地看到自己各方面的偏好。

当你注意到，自己在写某些选项的时候会感到精神百倍，这就说明它们是你的表现所需要的东西。但是，在写另外一些选项的时候你会觉得精力大减，要么是因为它们对你的表现无足轻重，可以去掉；要么就是你知道它们有作用或者对你有好处，应该把它们加进来，只不过你不太喜欢它们。如果你需要它们，就把它们加进自己的表格。

个人表现概况表

方面	分数	偏好程度和方向
例子：组织（第83页）	9	对"侧重组织"的偏好很明显
例子：外界引导（第84页）	27	在"外界引导"的两个方向上没任何偏好
组织（第83页）		
外界引导（第84页）		
与他人协作（第85页）		
物理刺激（第86页）		
总体把握或强调分析（第87页）		
压力（第89页）		
视觉、听觉、运动（第91页）		

> | 反思 | 个人表现概况表
>
> 利用你在上面"个人表现概况表"的回答，分析自己的情况。想一想，自己的回答体现了怎样的偏好。尤其是：
> - 要注意你得分最高的方面。
> - 要注意你得分最低的方面。
> - 注意自己的得分是全部很高、很低或者中等，还是自己压根没有明显的偏好。
>
> 看到这样的得分情况后，你觉得自己需要做什么，才能够有最佳表现？

选择关键因素

通过上文的"个人表现概况表",你对自己的表现概况有了一定的了解。

但是,可能你已经注意到,在第83—93页的练习中,你对某一些因素的偏好很明显,但是并不是对某一大类的所有因素都有同样的偏好。比如,可能你特别倾向于"不侧重组织"(第83页)里的一两条,可是另外的选择却全是倾向于"侧重组织"里的内容。也有可能,你在两方面内容列表里所偏好的条目数量相等,以至于两者相互抵消,最后结果变成了你没有明显的总体偏好。

下面的概况练习就是帮你综合考虑每个练习里的具体信息,让你把自己的关键信息看得更清楚。再回去看看你在83—93页的练习里给出的回答。想一想,每一个练习都体现了你做事情时怎样的偏好。选出那些你觉得最能够代表自己的条目,把它们写在下面。下表里举了个例子,告诉你如何操作。

练习:个人表现概况

前面的练习	前面练习中找出的个人偏好因素
例子:组织(第83页)一般来讲,我需要很有组织地做事,但是要自己做组织。我需要工作场合个人化;我经常用列表;我工作时间和时间表都很规律。	
组织(第83页)	
外界引导(第84页)	
与他人协作(第85页)	
物理刺激(第86页)	
总体把握或强调分析(第87页)	
压力(第89页)	
方法(第90页)	
Honey 和 Mumford 的学习风格(第90页)	
视觉、听觉和运动学习风格(第91页)	
学习历程(第67—68页)	
专长比喻(第76—77页)	
其他因素	

个人表现公式

前面两个练习让你总结了个人表现方面大范围的信息。在下面的练习中,你可以进一步提炼这些信息,找出自己的"个人表现公式"。这个公式不是"科学公式",它是你经过结构性反思、分析自己的做事方式和选择对自己重要的因素之后找出来的公式。

练习:个人表现公式

从你在前面两个练习(第94—95页)找出的因素中,选出最多10个对你最重要的因素。至于你具体要选几个因素,要从哪个练习里选,你如何以对自己有意义的方式表述它们,这些都由你自己决定。

1.

2.

3.

4.

5.

6.

7.

8.

9.

10.

给它起名

你很有可能已经找出了属于自己的个人因素集合，所以它才叫作你的"个人表现公式"（PPF）。不过，这个独特的集合或公式还没有名字，给它起名是个好主意。

给你的表现公式起名，可以帮你：

- 总结出重要的表现因素列表。
- 把公式真正内化为你的东西。
- 在必要的时候记住公式。

当然，起的名字要有你自己的特色。也就是说，名字越能代表你越好。名字可以：

- 随你喜欢，可长可短。
- 让你回忆起某种有意义的声音、形象或感觉。
- 押韵，只要你喜欢就行。
- 包含你的名字，也可以不包含。
- 暗示你的表现偏好。
- 来源于某个名人或虚构人物。
- 有幽默感，也可以没有。
- 推陈出新。

练习：给你的个人表现公式起名

- 通读你在个人表现公式里列出的所有因素。
- 想出一个名字，让它能涵盖你所有的个人表现偏好。
- 把它写下来——写的方式一定要适合你！

具体任务的表现因素

个人表现公式什么时候能发挥作用

到目前为止，你找出了自己的个人表现公式。对于有的人而言，他们的个人表现公式里涵盖了一系列各种各样的因素，可以运用在他们所做的几乎每一件事上。但是对另外一些人而言，每项任务里影响表现的因素都各有不同。实际上，有的人表现不够好，原因之一就是他们顽固地坚持同样的因素。即便这些因素只适用于过去或某种特定的场景，他们却仍然把因素用在完全不发挥作用的任务或场景里。

既然你已经找到了自己的个人表现公式，就有必要想一想，可以在什么时候、以怎样的方式在现实里利用它。下面请你进行以下几个练习。

> **练习：在不同任务中检验你的个人表现公式**
>
> 下面的内容可以帮助你检验你的个人表现公式能否持续有效。
>
> - 选出两项任务或活动，它们的规模或性质可以截然不同。在后面的两个表格里对它们进行简单的描述（第98—99页）。
> - 在后面的表格里，写下最多10个你个人表现公式中的因素（第96—97页）。如果你给出了各个因素众多的细节，就简单地总结一下你写下的内容。
> - 快速地写下怎样把每个因素运用到你找出的任务或活动中。
> - 总体判断，你的个人表现公式是否适用于找出的任务或活动（在答案"是"和"否"上画圈表示）。

具体任务的表现公式（1）

检验你的个人表现公式：任务一

任务（简单地描述任务）

你的个人表现公式中的因素 （参见你在第96—97页上列出的因素）	个人表现公式中的因素 如何运用来解决任务一	个人表现公式的因素 是否适用
1.		是/否
2.		是/否
3.		是/否
4.		是/否
5.		是/否
6.		是/否
7.		是/否
8.		是/否
9.		是/否
10.		是/否
	回答为"是"的总次数	

能让我把这项任务做到最好的其他因素或条件：

Chapter 3 理解自己的表现

别担心！跟它握个手。猫科动物喜欢先嗅一嗅你身上的味道，看看你是否友善。

	具体任务的表现公式（2）	
检验你的个人表现公式：任务二		
任务（简单地描述任务）		
你的个人表现公式中的因素 （参见你在第96—97页上列出的因素）	个人表现公式中的因素 如何运用来解决任务二	个人表现公式的因素 是否适用
1.		是/否
2.		是/否
3.		是/否
4.		是/否
5.		是/否
6.		是/否
7.		是/否
8.		是/否
9.		是/否
10.		是/否
	回答为"是"的总次数	
能让我把这项任务做到最好的其他因素或条件：		

是否适用

如果个人表现公式里的因素至少有一半适用于两项任务，就表明你为自己找出的公式适用性比较强。每项任务适用的因素数量越多，你的公式可能就越完善，这也会让你的生活更加轻松！值得考虑的另外一点是，如何把你的个人表现公式运用到你觉得最有帮助的任务当中。

具体任务的个人表现公式能否做得更好

虽然你已经找到了一个适用于各种任务的个人表现公式，但还是有必要去想一想，是否有不同的公式，可以让你在完成具体任务时更加成功。

要做到这一点，你可以：

- 评估每项因素在特定任务或场景下的相对重要性。
- 思考其他因素是否对具体的任务或场景起到了决定性的作用。

如果你真的找到了这样起决定性作用的因素，就是找到了针对具体任务的个人表现公式，它的效果会更好。把它记下来，想一个办法让自己在必要的时候可以想起它。比

如，给它起个名字。

个人表现公式如果不适用

对于很多人来说，不同任务里影响他们表现的因素各不相同。比如，你在解决某个课程问题的时候，运用了一些因素让学习很成功。这些因素极有可能和用在考试或以实战为主的项目中的因素截然不同。

如果你在检验个人表现公式的时候，发现能用于解决任务的因素特别少，就意味着你的公式适用性不强，只适用于某些特定的活动。

同样，场景变化对你的影响会比较大。你要取得成功，可能取决于你有多了解自己在特定任务和场景中的表现需求。要是你没有达到预期的结果，就更有必要去仔细地规划重大的任务，发现你的需求，思考如何满足这些需求，尽量提高你成功的概率。

针对每一类重大的任务或场景，都需要你去找出相应的个人表现公式，这样对你可能会有所帮助。如果你也是这么想的，那就可以：

- 列出关键因素（概括地列出）。
- 给每种个人表现公式都起个名字。
- 想一个办法，让自己在需要的时候可以想到个人表现公式，知道它适用于哪一类任务或活动。

运用你的个人表现公式

利用你的优势

通过上述的练习，你已经了解了自己做事情的偏好和采取行动时更喜欢的方法。按照自己的偏好采取行动合情合理，因为这样做事情会让你感到最舒适，也最熟悉。如果你觉得自己很自在、很快乐，那么一般来讲，你最有可能：

- 在"利用自己的优势"。
- 愿意去着手解决任务。
- 可以全身心投入到手上的任务中。
- 避免不必要的外在和内在压力。
- 避免情绪的波动妨碍你的表现。
- 没那么容易让周围环境分散注意力。

如果你已经找到了自己的个人表现公式，那么利用它就是很正常的事情了。

让个人表现公式奏效

有时候，你把表现偏好运用在工作或学习上会比较容易。但不可避免的，在另外一些场合，你所倾向的工作和学习方式，可能不符合其他人的教学或管理方式，或者不符特定场合下对你的预期。

以下问题的答案，你要自己思考：

- 你要取得最佳表现，一定需要的因素是什么。
- 有没有办法把这些因素融入进来。
- 你可以怎样调整自己的需求或任务，从而按照自己的偏好做事。
- 如果你的个人表现公式不能用，你会怎样尽量克服障碍。

在接下来的几章里，还有更多的观点和资源，帮你更好地管理自己的表现。

找出办法

有时候，虽然你做事的条件并不理想，但是你仍然可以动动脑筋，想一想可不可以和老板或老师商量，给自己更多灵活度，便于自己运用个人表现公式。比如，做到下面的事情是可能的：

- 在家里完成部分任务，因为在家里你可以创造适合自己的条件。
- 遇到需要精力集中的任务，到更安静的房间里去完成。
- 把任务推迟，等到某个适合你做事的时间再去做。
- 从另外的任务中挤出一些时间，给手上的任务提供更充裕的时间。
- 如果任务某些地方需要互相合作，就和同事一起协作。
- 协商部分任务的截止日期。
- 把这项任务换成另外一项。

> **｜反思｜找出办法**
>
> 想出一项现在你觉得很困难的任务。你可以就任务的哪些部分或者哪些工作/学习条件进行协商，从而让你可以按照自己的个人表现公式，更轻松地完成任务？

"我所喜欢的"与"真正奏效的"

看看你的偏好是在帮忙还是碍事！虽然按照偏好做事对你有好处，但是有可能你从偏好里选出了下面这样的因素，它们：

- 让你的选择范围更加狭窄。
- 让你更舒适，但不能给你太多挑战。
- 减小了压力，但让你完不成任务。
- 降低你获得某个对自己很重要的东西的概率。
- 为了满足你的需求，给别人压力过大。

考虑这些问题时你要对自己非常坦诚。你的偏好可能没起作用，你却假装它们有作用。你有没有假装自己应该可以判断。如果你的工作和学习没有提高，别人对你的评价也没有变好，那你就很可能需要反思，找出真正可以奏效的个人表现公式。

本章回顾

通过本章，你深入地分析了自己学习和表现的各种特点。进行各种练习之后，你也了解了自己要取得最佳的表现，需要有哪些必备的条件。在这些条件的基础上，你找到了自己的个人表现公式，并思考针对具体的任务和场景，需要如何调整这个公式。你确实需要利用自己的偏好，想办法让自己的偏好变成优势。但是，你也需要非常坦诚，认识到个人偏好在什么地方可能会成为阻碍。

作为成年的学习者，我们可以调整条件，适应自己的个人需求。我们有办法高效利用自己的身体感官，更好地吸收和记忆信息。我们可以思考自己在学习上的假设和给自己增加的限制。虽然我们不可能控制所有影响自己的因素，但是仍然可以调整思维，从经历中学到更多东西。我们可以选择更好地控制自己的头脑，控制自己的学习和表现。

延伸阅读

Dunn, R, Griggs, S., Olson, J., Beasley, M.and Gorman, B. (1995) 'A Meta-analytic Validation of the Dunn and Dunn Model of Learning Style Preferences', *Journal Educational Research*, 88 (6) , 353-62.

Honey, P.and Mumford, A. (1992) *The Manual of Learning Styles Questionnaire* (Maidenhead, Berks: Peter Honey Publications) .

Lawrence, G. (1993) *People Types and Tiger Stripes*, 3rd edn (Gainesville, FL: Centre for Applications of Psychological Type) .

Chapter 4

成功的自我管理

学习目标

本章让你：
◯ 为成功的自我管理找到工具和资源
◯ 理解积极的态度对取得任何成功的重要性
◯ 评估并发展你的情商
◯ 找出妨碍你取得卓越表现的因素

简介

自我管理涉及方方面面的技巧、素质、态度和经历。它可以包括以下部分，甚至全部的内容：

- 能够分析你的处境，发现自己的强项、弱项、机会和面临的威胁。
- 找到提供支持的资源和源头。
- 管理你的时间。
- 保持有助于你实现目标的态度。
- 解决问题时要着眼考虑解决办法。
- 管理好你的情感。
- 应对低落的情绪。
- 管理好改变、不确定性和迷惑的状态。

在校大学生或在第一份工作岗位上的大学生通常都需要以上的能力。本章会就这些能力进行探讨。其他章里还有相关的技巧和策略。比如：

- 从"自己做起"（Chapter 5）。
- 给自己动力，做到有始有终（Chapter 5）。
- 采取措施，提升你的表现（每章都有）。
- 有主见（Chapter 6）。

人际交往能力

"人内"指的是你自己的内心世界。与它相对的是"人际"，指你与他人间的关系。"人内"技能让我们控制好自己的感情、回应和行动，是我们追求最佳表现的内在基础。在心理学的一些分支中，很早就认识到我们情感的健康对表现的好坏影响很大。这一点你可能在某些时刻已经认识到了。比如考试的时候，你紧张或者心里有事，就没办法集中精神记起答案。

情感的世界

"人内"世界对我们的回应、思维、行为、自我认识、感受和成就有着非常大的影响。这个世界触碰着我们最内心和自我的地方，它更是我们情感的舞台。我们带着感情做事，有时候难免会变得情绪化。大部分人都觉得这个问题很难解决，故此他们就会避免去培养"人内"技巧。如果但凡涉及感情的事件，我们都逃避，最终可能会导致自己没办法正中核心，不能有最好的表现。相反，如果我们能更加了解自己，知道自己的爆发点，培养自己的情商，我们就能够更好地控制自己遇到的任何情况。

本章简单地介绍了一个涉及面很广的话题，没有进一步探讨敏感的话题。但是，因为我们每个人的人生故事各不相同，有些练习难免会触碰到一些人比较敏感的东西。如果做了某些练习之后，你觉得自己有必要就什么东西谈一谈，可以去找学生咨询服务处。这个服务处建立的目的就是应对学生各种大大小小的问题。你去找学生咨询服务处，不一定非得有什么紧急的情况。学生咨询服务处会为你保密，并且，如果你愿意，服务处可能还会为你找到学校以外的支持。

> **练习：关注点**
>
> 请你想出一个自己的目标或处境，它是你希望进一步思考的内容。本章接下来的练习中，需要设定目标或处境的时候，你都会用到它。

SWOT 分析

SWOT 分析是一个有用的、便捷的工具，方便让你了解自己的处境。通过这个简单的分析方法，你可以分析自己对某项新任务做了多大程度的准备。这样的分析让你可以迅速地找到问题的关键。SWOT 代表的是优势（strength）、劣势（weakness）、机会（opportunity）和威胁（threat）。

> **练习：SWOT 分析**
>
> - 针对你在上一个练习中选出的关注点，利用第 108 页上的资源表，在每一类标题下迅速地列出自己尽可能多的优势和劣势。个人素质、技巧、经历、知识、资源和支持也要考虑在内。
> - 在"机会"这一类标题下，迅速地列出实现这个目标可能会出现的所有机会。长期和短期的好处也要考虑在内。
> - 在"威胁"这一类标题下，迅速地列出你觉得有威胁、让人担心、很有挑战性，或者让你有些焦虑不安的事情。

本书里的各种练习，尤其是本章的练习，应该可以帮助你更好地管理这些"威胁"。

Emily（艾米莉）为她能不感情用事而感到骄傲。

SWOT分析资源表	
目标：	
优势	劣势
机会	威胁

个人资源

我们很少有人拥有理想的资源,但是也很少有人什么资源都没有。学生尤其如此。大学、学院或社区为学生提供了一系列服务,各种传单、图书和手册上都列出了这些服务。

> **练习:找信息**
> - 列出所有学生和学生服务处可以提供给你的支持性资源,只要你觉得这些资源可能对你有用,就可以列进来。
> - 逐项去预约、尝试这些服务——把预约写入你的日记。在预约前,读一下相关指示,看看自己需要带什么文件或其他东西。别忘了带上自己的学生证,或牢记自己的学生证号。

> **练习:支持的来源**
>
> 在下面的空白处,针对每一项内容,写出你可以获得哪些支持,并在你接下来几周要寻求的支持旁边打钩。
>
> ☐ 学业咨询和指导
>
> ☐ 资金
>
> ☐ 职业/找工作
>
> ☐ 见人
>
> ☐ 找房子住
>
> ☐ 感情上的问题、需要和支持
>
> ☐ 健康问题
>
> 其他的资源需求:

时间管理

时间是你最宝贵的资源之一。你现在利用时间的效率如何？以下哪些条目和你很像？

练习：评估时间管理

选出下面最适合你的答案，在所选答案后面的框内打钩（√）。

特点	是，很像	有时候是	不是	我不知道
我觉得自己有以下的特点：				
喜欢迟到				
不知道自己该去哪里				
总记不住东西放哪里，导致总是推迟事情				
赶不上约会				
最后一刻赶任务进度				
超出截止日期				
不清楚接下来该干吗				
坐的公交车或火车太晚了				
因为有意思的事情分神				
觉得很难开始				
完成任务花的时间过长				
时间不够				
不知道自己完成任务需要多长时间				
整天胡冲乱撞				
忘记自己要做什么				

- 如果你对上述所有条目的回答都是"不是"，那你的时间管理似乎已经做得很好了。但实际上是不是你已经做得很好了呢？还是你仍然有些地方可以改进？
- 如果你对有些条目的回答是"我不知道"，你应该确实就是不太清楚自己的时间管理做得如何。去找了解你的人谈谈，看看他们对你的时间管理有什么看法。
- 如果你对上述所有条目的回答都是"是"，下面的练习和指导将会对你有所帮助。

练习：时间管理中的因素

选出下面因素中最适合你的答案，在所选答案下面的框内打钩（√）。

因素	很对	有时候对	从来不对
1. 我每天只花少量时间来整理小任务			
2. 我可以迅速进入工作状态，我有开始的动力			
3. 完成大任务的各个部分时，我会看自己用了多少时间			
4. 我不会一心追求完美，知道什么时候结束合适			
5. 我没时间的时候就会说"不"			
6. 如果可能，我会把工作分给别人做			
7. 如果可能，我会寻求帮助			
8. 我不会一味担心出问题，而是直接尝试			
9. 我不会困惑该从哪里开始，而是有开始的策略			
10. 我写日记，并有效地利用它			
11. 我做事很有条理，不浪费时间			
12. 我按照逻辑顺序规划自己的活动			

练习：找出解决方案

在上述"时间管理中的因素"的练习里，如果你在任何一条中给出的回答是"有时候对"或"从来不对"，那就找出至少三条这类你需要改进的地方。

- 下文列出了一些管理这些时间因素的策略。你认为哪些策略可以为你所用、改善你的时间管理？
- 在你的反思日记里，把要改进的条目以积极的语态写下来："我要……。"比如"我要写有用的日记。"
- 加入细节的措施，敦促你采取实际行动。比如"今天我上完设计课之后，要去学生超市买一个日记本。我会把日记本放到我的蓝包里。以后每天吃完晚饭，我都会去看一看日记里的想法，为第二天提前做计划。"

有效地管理时间

针对上文的"时间管理中的因素"练习中的所有因素,下文都给出了相应的解决办法。

1. 花少量时间来整理小任务。

这是有效管理时间的关键策略。你可以利用排队、坐公交车,甚至是等水开的时间,总结你的学习、做列表、想通某个问题等。

你需要在自己旁边放支笔和每页分开的小本,以便可以迅速在本上写下你的想法。你要留意观察一下,一天当中自己有多少时间可以像这样同时做多项任务。这个策略还可以让你在排队或做其他无聊事情的时候不那么压抑。

2. "开始"的动力。

通过 Chapter 1,我们认识到动力是成功的关键。如果你觉得自己没有动力,就可以主动去找一下动力或激励。关注你的长期目标:看它们对你是否仍然重要。提醒自己目标实现可能获得的好处。把这些好处写下来,放到你可以看见的地方。制订你可以控制的短期目标,让自己经常尝到成功的甜头。

3. 给任务分配时间。

时间管理要求你知道做某件事情要花多长时间。把大的项目分成各种小任务之后,计算时间会容易很多。很多时候,某一两个小任务花的时间会超过你的预期。这种任务可能是开始的任务,也可能是快结束的任务。你要为所有阶段做规划,看看每个阶段你需要分配多少时间。

4. 计算时间成本。

想一想自己在任务的各个阶段上所花的时间是否"有性价比"。通常情况下，超过了某一个点，回报（比如更高的分数）就会越来越少。学术上很难追求完美，因为本来问题的答案就不止一个。你多花时间去学习，就会感到很满意，但前提是你已经明白自己这段额外的时间放弃了其他的东西。

5. 说"不"。

找出你很难说"不"的背后原因。这个原因可能是你的看法，比如"好人"总是乐于助人的。如果是这种原因，想一想你要怎么做才能对自己好一点。此外，总是回答"是"会有什么负面的结果？比如，你总说"是"，没有给别人做好事或负全责的机会。当然，你总说"是"也可能是涉及主见或谈判协商（参见Chapter 6）的问题。还可能有一些长期性的或家庭的原因，导致你很难说"不"。如果是这样，你应该去寻求学生咨询师的帮助。

6. 分工给别人。

找出你不愿意分工给别人的背后原因。比如，你是不是不信任别人可以做好工作？如果是，不分工给别人对你的时间管理、压力水平和个人效率有何影响？如果你把更多工作分给别人做，对你和别人会有什么好处？如果你总是不分工，别人怎么能学会如何做事呢？能不能找到折中的办法，在短期内让你和别人共同完成任务？

7. 寻求帮助。

你要认识到自己的极限。学校之所以建立支持服务处，就是觉得会有人需要它们的帮助。学生尤其如此。如果找朋友和同事帮忙，他们还可以获得个人发展，更有自信，并培养出解决问题的技巧。你向他们寻求帮助，在他们看来就是给了他们帮助别人的机会，这种机会他们可能会很重视。

8、9. 开始的策略。

使用基本的开始策略，比如头脑风暴或做列表。从你会做的事情开始，在此基础上进一步深入。很多时候，问题在于我们没有从自己了解的内容出发，而是直接去看最终需要的成果。从小处做起，再逐步深入，你就会想出办法。如果没有想出来，也不用担心，你可以去看看 Chapter 5、Chapter 7 和 Chapter 8 里的相关内容。

10、11. 利用日记。

日记是生活必备的工具。当然有人更愿意用电子整理器。如果选纸质的日记本，你一定要选随身便于携带的，每天至少看它三次。你要养成习惯，任何内容都写在上面，避免重复记录。你要在日记本里记下所有的目标，把截止日期和你想要开始做某项任务的日期都标成截止日期。

学生日规划表				
早上（离家之前要做的）				
时间	任务	地点/房间	和谁	带/说/做
8:00—9:00				
9:00—10:00				
10:00—11:00				
11:00—12:00				
12:00—13:00				
13:00—14:00				
14:00—15:00				
15:00—16:00				
16:00—17:00				
17:00—18:00				
傍晚				
晚上				
为明天做准备（必须完成）				

12. 按逻辑顺序规划活动。

列出你白天需要完成的所有任务。按照地点给任务分类，做出一个新的时间安排列表，要为从一个地方转移到另一个地方的过程留够时间。把各个地点记在你的日记里。

学生日规划表

学生日规划表（参见第114页）按照学生最普遍的时间安排，对时间进行了分段。写下你一学期或半学年的所有课程、讲座、辅导班、研讨会、实验室课程和任务的截止日期。然后把这些日期抄写一遍。这样你就不用重复多次地抄写了。表上还可以标明房间号、讲师和你需要带的任何材料，使内容看起来一清二楚。

容易被忽略的细节

- 从一个约会地点到另一个约会地点需要的时间——一定要算进来。
- 何时开始做有截止日期的任务——不能只看截止日期。
- 新地点。这些地方可能很难找，计划的时候要为找路预留一些时间。
- 排队的时间。
- 交通延迟。这种情况一般不被接受。除非是在非常特殊的情况，才有这种特殊问题。
- 信息技术出问题。等别人用完打印机等。

学业上的时间管理在《学习技巧手册》（科特雷尔，2008）里讲得更详尽。

态度

到达一定程度之后，每个人觉得自己是什么，他就会变成什么。

F.H. Bradley（F. H. 布拉德利）

怎么想的

针对同样的问题，没有任何两个人会做出完全相同的反应。出问题的时候，一个人可能很生气，决定要采取行动；第二个人可能耸耸肩，忘记这个问题；第三个人可能觉得"这个问题就是个很好的例子，证明没必要尝试"。我们对事件的看法影响着我们对它的反应和最终的结果。我们的想法决定我们的经历，影响我们身心的感受、对事件的解释、对危机的反应和指导生活的方式。

承担责任

管理某个场景，第一步是作为场景里主动、有思想、有创意的一分子承担责任。可能确实"有的人"本来应该做得更好，或者压根就是罪魁祸首，但你去承担责任也没什么。承担责任并不意味着为他人的错误行为做替罪羊或被责怪。相反，它意味着你超越"罪责"，尽可能找到最积极的结果。你需要去承担这种意义上的责任。

很多时候，我们心里对事件进行解释，看的往往是哪里出了问题，是谁的错，而不是想去寻求最好的结果。我们会有关于"他们"或"它"的"坚定不移的看法"，比如：

大大的坏蛋"他们"
- 他们让我……
- 他们应该走出第一步……
- 他们不应该让我处于这样的境地……
- 他们不应该设定这些截止日期……
- 他们应该给我提供更多的帮助……
- 他们开始得……
- 他们设计得太差了……

大大的坏蛋"它"
- 它实在是太难了……
- 它来得太快了……
- 它实在是太复杂了……
- 它让我措手不及……
- 它让我头昏脑涨……
- 它没办法奏效……
- 它完全是浪费时间……
- 它一直的做法都是错的……

> **| 反思 | 坚定不移的看法**
> - 如果有，哪些"它"是你经常责怪的？
> - 如果有，哪些"他们"是你经常责怪的？
> - 出问题的时候，你会有什么其他反应，去逃避承担个人责任，不去追求积极的结果？

积极的看法

我们可以创造另外的信号,带来更好的结果。比如:

- 我可以做到……
- 还可以,有办法应对。
- 我们可以找到解决办法。
- 在这样的情况下,最好这么做……
- 第一步是……
- 我为这件事承担自己的责任。
- 我会试一试。

我们如果多重复这些信号,它们就会变成自己新的"坚定不移的看法",会自动跳到我们的脑子里。

> **练习:改变看法**
>
> - 写下5条你可以针对问题做出的积极反应。
> - 确保它们可以让你承担自己的责任。
> - 从中选出你最喜欢的一条,写在这一周你可以看到的地方。把它付诸实践,记录下实践后出现的情况。

自信

自信、相信自己的能力非常重要。自信心不足会导致压力,进而让大脑效率降低。同样,自信心不足还可能让你产生失败感,让你觉得做什么都"没意义"。

自信,就是相信在合理的范围内、考虑别人感受的情况下,一个人有权利做自己想做的人、有自己的想法、做自己想做的事。自信可以改善表现,它为你提供动力,助你前行。

> **练习:自信的关键事件**
>
> 在你的反思日记里,迅速地列出你所做的可大可小的事情,这些事情让你感到骄傲。然后,选出其中一件事情,深入地思考。迅速地回答以下问题:
>
> - 出了什么事?你说了、做了什么?
> - 后果是什么?这样的情况让你或其他人有什么好处?
> - 这件事情展现了你个人的什么特点?
> - 事件里你有什么发现,而这种发现让你自我感觉良好?

练习：自我描述

- 进行头脑风暴，列出30条你自我感觉良好的方面。
- 通读一遍你的列表，划出含有正面描述的内容："我是个可靠的人""我很善良""我乐于助人"，等等。
- 如果这样积极的描述不到30条，就多写一些，直到有30条。不要低估自己。如果哪条描述里有这样的话："我尝试着……"或"我非常……"，就把它们换成更确定和积极的话，重新组织一遍。

你最喜欢关于自己的哪3个描述？你有什么理由相信自己符合这些描述？

1. 个子高
2. 长得帅
3. 灵活
4. 较好地管理改变

自信也让你在别人眼中更有魅力。自信让你更有兴趣，有更多资源，获得更多支持，让你更可能成功。

自我允许

有时候，我们没办法继续前行，是因为我们不愿意"允许"自己。就好像是我们听到一个自己坚信不疑的看法在说：

- "我不被允许。"
- "我不够优秀。"
- "我没办法应对这个风险。"
- "这个后果我接受不了。"
- "我不适合做这样的事情。"
- "我不够强大，应对不了失败。"
- "这不像我。"

每个人都有这样的时候。尤其是当学校或家里对你有这样的成见，表示对你预期不高的时候，你更容易出现这样的问题。

> **练习：允许**
>
> 分别花3分钟做以下两个列表。你要快速地完成，不要在写的时候去分析自己的答案。
>
> **列表1**
>
> 我可以做……（列出尽可能多的事情）
>
> **列表2**
>
> 我不可以做……（列出尽可能多的事情）
>
> 回头看看自己做的两个列表，看看有没有任何主题。
>
> - 你"可以"做什么样的事情？
> - 你"不可以"做什么样的事情？
> - 哪个列表长一些？这个结果可能是因为什么原因？
> - 谁说"你不可以做……"？你是不是真的不可能在这些方面取得成功？

通过这个练习，你可能会发现，有些很陈旧的看法现在却仍在起作用。我们现在不"允许"自己做的很多事情，都是在很早以前就开始了。但是这些看法不应该成为我们成功的障碍。看一看你的列表，找出那些"我不可以做"这个列表上的条目，看看哪些可以转移到"我可以做"的列表上。之后，把这些条目写下来。

做事情要关注解决办法

> 无论别人什么时候问你你能否胜任某项工作，都要告诉他们：当然可以胜任！然后就开始忙碌，看看这个工作怎么做。
>
> 西奥多·罗斯福

一心想解决问题的思维与突出困难的思维

突出困难的思维

太突出困难往往会带来负面的回应：问题看起来好像解决不了。这种思维让你和他人的身心精力都大打折扣，让大家觉得疲惫不堪、毫无希望或孤立无援。这样的思维下，大家一心想的都是：问题很难，找到解决办法很难，不太可能找到解决办法。这种突出困难的思维方式会倾向于用下面这样的表达：

- "但是……"
- "我不知道怎么样……"
- "啊，天啊！""不要再这样啊！"
- "很难相信……"
- "这行不通。"
- "我不太相信。"

最糟糕的是，只看到困难的人往往会找出每项建议里的问题，在最好的解决办法里挑出瑕疵，导致大家觉得不存在合理的解决办法。

一心想解决问题的做法

有的人一心想解决问题，就会把情况描述清楚，找出困难的地方，然后迅速地找出最好的解决办法。这样的人通常会这么说：

- "是的，我们还可以……"
- "如果我们……，会有什么结果？"
- "有没有看待这个问题的其他角度？"
- "我们进行头脑风暴来提意见吧……"
- "我们再来看看所有的选择……"
- "我们看看有没有我们没想到的办法……"

- "我们检验下这个方法是否可以奏效……"
- "我们还可以做出什么调整？"
- "还有谁会了解情况……？"

这样的人主要想表达的，就是问题总会有办法解决的，即便是个过渡的办法也可以。只要把精力都放在尽快找出解决办法上，问题解决起来就会很容易。一般管理层的人会从解决问题的角度出发。因为很多大学毕业生找的工作也涉及管理责任，所以让他们培养这种以解决问题为主的思路是很有必要的。要是你周围的人都是那种突出困难的人，你要培养解决问题为主的思维可能很难，但这对你很有用。

> | 反思 | **关注解决办法**
> - 你经常说的话，是那些"突出问题的人"说的话还是"关注解决办法的人"说的话？
> - 遇到复杂的情况时，你通常会说什么？
> - 你一般会从解决问题的角度出发吗？
> - 你想培养自己"关注解决问题的态度"，需要怎么做？

应对新挑战的方式

Lazarus（拉扎勒斯，1999）提炼了应对困难的两种主要应对策略："关注问题"和"关注情感"：

- 关注问题：往外看，看具体的问题和问题的大致情况。
- 关注情感：往内看，看个人的态度和情感，它们影响到个人对事件做出的反应。

这两种策略都可以运用在一心想解决问题的做法中，只要对它们持有积极、正面的态度就可以。一心想解决问题的人觉得，凡事都可以解决，我们可以找到解决办法。有时候，通过和别人探讨，或者采取某个具体的策略，我们更容易找出解决办法。"解决办法"是指在特定的情况下，针对某个问题所能找到的最具有建设性的结果。可能我们对"解决办法"的某些地方不太满意，但是它至少让我们的精力朝着积极的方向努力，最终取得尽可能好的结果。

一心想解决问题的做法要求并不严苛，只要你有正确的态度就行。

改变你的环境

消极、相互指责、"一潭死水"的环境让人毫无动力可言。这样的环境不需要几个人就可以轻易地让消极态度传播开来。这些人甚至可以创造自己打败自己的氛围。你应该可以想得出来，自己周围谁是有这种负面气场的人（可能你自己就是这样的人）。

作为成年人，我们能认识到周围环境对我们的反应产生的影响，注意到哪些东西能让我们倍受鼓励，而哪些东西不能。我们可以采取行动改变环境，让周围的环境帮助我们达成目标。

重点不是Cuthbert（卡斯伯特）说了什么，而是他描述的方式。

找到正面的刺激

- 找出周围哪些人让你更积极看待自己的目标、方向或学习的课程。
- 这些人身上哪些特质可以让你有更积极的回应？
- 你周围还有其他什么东西能促进你实现目标？正面的刺激里也包括竞争和有建设性的批评。

把上面这些因素迅速地写下来，用"我……"这样的句式开头，想一想你怎么做，可以让周围有更多积极的方面。比如：

"我很欣赏Busola（布拉索）每次都会强调她喜欢的研讨会。我也可以找出每次研讨会自己觉得积极的地方。"

"我觉得图书馆晚上八点关门好处挺多的。我就可以在傍晚的时候多去图书馆了。"

找到负面的刺激

- 哪些人让你感到灰心丧气、紧张不安、疲惫不堪或萎靡不振？
- 周围有消极态度的时候，你有什么感想或者会做什么？
- 你当前环境中哪些因素会影响甚至破坏你的目标？
- 要降低这些因素对你的影响，你可以怎么做？

情商

评估你的情商

下面的练习帮你评估自己的情商。这个练习不是科学的测试：因为科学测试用来测情商一般都不太好用。但是，下面的练习给你提供了结构性的机会，让你去反思自己的情感生活。

练习：评估你的情商

1. 情感管理（自我管理）

在每项后面，选出最适合你的答案。在所选答案下面的框内打钩（√）。

条目	一直都是	一般是	有时候是	不是	不清楚
1. 我知道自己现在的感受是什么					
2. 我了解自己的情感					
3. 我允许自己表达情感					
4. 我会注意到自己的情感					
5. 我可以说清楚自己的感受					
6. 我会告诉别人自己的感受					
7. 我会为自己的情感承担负责					
8. 我知道哪些东西会触发我怎样的情感					
9. 我可以不为情感所累，做出反应					
10. 我在具体场合下对感情的流露有分寸					
11. 我情绪化的时候不会霸道或消极，而是有主见					
12. 我知道自己什么时候没有表达感受					
13. 如果有必要，事过之后，我会找机会表达感受					
14. 我知道自己的感受对表现有何影响					
15. 我会定期向自己信赖的人倾诉自己的感受					
16. 我会反思自己的感受					
17. 我允许自己有时候感到很"渺小"或脆弱					

（续表）

条目	一直都是	一般是	有时候是	不是	不清楚
18. 如果觉得想哭，我会哭					
19. 如果可能，我会跟着感觉走，退出某个场景					
20. 我知道周围人对自己的感受有何影响					

2. 情感管理（管理别人）

在每项后面，选出最适合你的答案。在所选答案下面的框内打钩（√）。

条目	一直都是	一般是	有时候是	不是	不清楚
1. 我知道别人现在的感受是什么					
2. 我了解别人的感受					
3. 我能接受别人有自己的感受					
4. 我能注意到别人的情感					
5. 我能说清楚别人的感受					
6. 我会跟别人谈他们的感受					
7. 当别人情绪化的时候，我会为自己的感受承担责任					
8. 我知道哪些东西会触发自己长期见到的人的情感					
9. 我知道自己对他们的情绪会做什么反应					
10. 我能接受别人表达他们觉得适合场景的感受					
11. 别人霸道、消极或情绪化的时候，我可以有主见					
12. 我知道别人什么时候没有表达他们的感受					
13. 我会创造机会，让他人表达感受					

（续表）

条目	一直都是	一般是	有时候是	不是	不清楚
14. 我知道自己会让他人的感受对自己产生怎样的影响					
15. 我会定期聆听自己了解的人表达感受					
16. 我会反思集体里经历和表达感受的方式					
17. 我能接受别人觉得他们"渺小"或脆弱					
18. 别人想哭的时候哭，我不会不自在					
19. 别人跟着感觉走，退出某个场景，我能理解					
20. 我知道自己的感受对周围的人产生了什么影响					

3. 行动中的情感

在每项后面，选出最适合你的答案。在所选答案下面的框内打钩（√）。

条目	一直都是	一般是	有时候是	不是	不清楚
1. 有人意见和我不一样时，我不会不自在					
2. 我能接受其他人有他们自己的观念					
3. 我可以生气，但是不会发泄在他人身上					
4. 我能接受别人的批评而不生气					
5. 我能表达自己的看法					
6. 即便情况看起来很糟，我仍能保持乐观的心态					
7. 我可以接受自己变得悲伤，去感受而不是远离悲伤					

（续表）

条目	一直都是	一般是	有时候是	不是	不清楚
8. 我会做决定，并为之付诸行动					
9. 在行动或说话之前，我会停下来审视情况					
10. 和与自己背景完全不同的人协作，我不会不自在					
11. 周围的人各有特色会让我很开心					
12. 我会竭尽所能支持自己认为对的东西					
13. 需要帮助时，我会开口					
14. 不喝酒、吸烟、或暴饮暴食，我也可以感受情感					
15. 危机时我很镇定					
16. 我的行为不合理时，我会发现并停下来					
17. 即便不能马上想出答案，我还是可以管理好不确定因素					
18. 压力下我仍能控制好自己的情感					
19. 我会为自己在事件里所做的一切承担责任					
20. 我会承认自己的错误并道歉					

给你的回答打分

针对以上每条"评估你的情商"里的陈述，为你的选择打分：一直都是（4分）；一般是（3分）；有时候是（2分）；不是（1分）；不清楚（0分）。

1. 情感管理（自我管理）：得分_____
2. 情感管理（管理别人）：得分_____
3. 行动中的情感：得分_____

总得分：_____

得分情况说明：

150~200 分 如果你的选择属实，这个得分表示你对自己的情感生活有比较综合的处理。看起来，你能够管理好自己的情感，也能有效应对他人的情感。你似乎能做出高情商的人会做出的反应。在几乎任何环境下，你的情商应该都会成为你的一大资产。

100~149 分 这个得分还不错。如果你没有把分数算错，这个得分表示你已经有了良好的基础，可以进一步培养自己的情商。在很多场合下，情商都是一大资产，所以培养情商还是很有必要的。看看你的哪些选择得了高分：它们体现了你怎样的优势？你得分较低的条目里，有没有什么规律？你还要看看三部分的评分里，是不是有一部分得分比其他两部分都低。找出哪些方面是你特别需要进一步培养的。

50~99 分 这个分数还可以接受。如果你是上了高中后就直接进大学，那么这个分数更可以接受。但是，这个分数表明你有很大的空间去进一步开发情商。如果你没有把分数算错，这个分数表示，你要是能开始去培养自我管理情感的能力，应该会有所收获。找出你的优势在哪些方面。你的优势就是你的资产，可以用在大部分的场合里。看你得分较低的条目有没有什么规律。你要实现自己的目标，最重要的是哪些方面？在这些方面里，挑出一个你特别想要进一步培养的。

0~49 分 如果你没把分数算错，这个得分表示你确实问题比较严重。记住，这个练习不是科学的测试。有可能你很多方面的情商很高，但是这个练习里都没提到。比如，有的人很擅长应对危机——但是上述练习里只有一个涉及管理危机的条目。还有的人很擅长与某些类型的人沟通，比如和孩子、老人、病人等沟通。也有可能是你打分的过程太草率了。尽管有这么多可能性，但是你可能还是觉得自己的情感世界有问题。你可能会觉得，你或你的动机大部分时间都会被别人误解。你有这种感受很正常，并不是只有你一个人有这种感受。但是，有这样的感受可能让你并不是很舒坦。好消息是，情商作为一种资产是可以培养的。如果你担心自己的情商有问题，就去找大学里的学生咨询服务处，他们会为你提出意见并替你保密。

情商是什么

是Goleman（戈尔曼，1995）让"情商"这个词流行起来的。渐渐地，大家认识到，情商所涵盖的内容并不局限于我们做什么，我们认为影响了自己应对、管理和成功的能力的因素，它还包括我们管理自己感受的方式。

情商包括：

- 知道什么场合下应该有什么情感。
- 什么场合就会有什么样的情感。
- 什么场合就会表达什么样的情感。
- 有的感受在原来的场合里没有得到充分表达，就找机会去表达它们。

这些听起来好像很容易。但是，通过上述的练习，你可能已经知道，你的情感很多时候会阻碍自己对场景的理智观察。情感往往会妨碍我们，让我们找不出解决问题最好或最有建设性的办法。通常来讲，人们都会夸大自己的感受（例如，过度生气、消极、压抑等），或者会为了撑过去而压抑自己的感受。不同的场合可以表达多少感受是不一样的，我们需要考虑这样的问题：

- 做出什么反应，可以带来最有建设性的结果？
- 其他人会做什么反应？
- 其他人有什么需求？

> **| 反思 | 情感反应的例子**
>
> 想出三个你的情感反应比较剧烈的例子。要选三种不同的沟通方式（小组、单独、面对面、电话、邮件）或三种不同的场合（工作、学习、和朋友一起、和陌生人一起）。针对每一种场合，迅速地在你的反思日记里回答以下问题：
>
> - 发生了什么？
> - 你有何感受？
> - 你表达了哪些感受？
> - 当时你做了什么？
> - 带来了什么样的后果？
> - 事发之后的48个小时内，你做了什么，有何感受？
> - 你当时做出的反应是否让你取得了当时情况允许的最有建设性的结果？

想一想，如果场景变了，或者里面的人变了，你的反应会不会发生变化。

没有表达的感受去哪了

了解并承认自己的感受确实很重要,但是有时候,情况不允许我们表达所有的感受。通过上面的反思,可能你已经发现自己当时没有表达的一些情感了。通常,这样的感受会很长一段时间都得不到表达。不幸的是,它们并不会自动消失。那它们去哪里了呢?

未获得表达的情感有很多表达的方式。下文列出了一些。你在阅读这些方式的时候,想想自己最经常选择的是哪种方式。如果你觉得哪一种方式自己都不会选,就说明你已经非常了不起了。

转移

情感受到了忽视,但会在你没有预期的时候又冒出来。通常,它会在你后来经历相似感受时冒出来。比如,早上你被激怒了很多次,但什么都没说。可是在白天里,因为很小的事情,你却去责骂别人。很多人都不知道自己是在经历情感转移,但是周围的人却可以看得一清二楚。

Ida(艾达)可以确保自己的怒火得到了控制。

夸张

这和转移通常同时发生。你表达的感受应该符合场景。很小的事情,别人完全没有任何反应,你却小题大做,这就是夸张的反应,别人很容易看出来。很小的事情可能让你哭泣、嘶吼、生气、使用暴力、侮辱别人,或进入极度压抑状态。

如果有感受一直在发酵,却没有得到表达,建议你去寻求咨询。咨询师能帮你恰当地释放自己的情感。

> | 反思 | 情感转移
>
> 想一想这样的情况：在某种情况下，你做出的反应太过激烈。
>
> - 发生了什么？你做了或说了什么？
> - 你转移了什么情感？
> - 导致出现这个情感的源头在哪里——是最近才出现的，还是已经积聚很久了？
> - 本来你可以做什么，避免自己把这种情感转移到之后的事情上？

扭曲的思维

未获表达的情感可能会侵蚀人的想法，产生下面这些扭曲的思维：

- 认为问题没有解决办法或出路。
- 夸大事情的糟糕程度。
- 太过概括：只基于一两个例子做判断。比如，"我写的第一篇文章很烂，所以我知道自己不应该来上大学。"
- 夸大自己在事情里的角色，比如，认为自己无能、糟糕、邪恶，甚至要为所有问题负责任。这样想的人，往往不愿意承认自己真实的作用（因为承认之后，他人往往会安慰你，说并不是你一个人的责任）。
- "所有或一无所有"的思维："如果我不能拥有这个，那我就一无所有。"
- "迷信的思维"：觉得自己是扫把星、上帝的弃儿、命该如此。
- 把感受当成事实："我觉得很可怕，所以它肯定很可怕。"
- 只看到消极的方面：只看到出问题的地方，判断问题只基于做得不好的地方。
- 找借口：找到理由，证明自己应该做自己想做的，而不是做应该做的。

> | 反思 | 扭曲的思维
>
> 我们难免有时候会有扭曲的思维。
>
> - 你自我感觉不好或工作不顺心的时候，会用上面哪个方法发泄？
> - 出现什么情况的时候你会产生扭曲的思维？
> - 扭曲的思维为你提供了什么短期的好处？一定要记住，如果这种思维没给你任何好处，你是不可能接受它的。
> - 扭曲的思维对你实现自己的目标有何阻碍作用（肯定有阻碍作用）？

管理好个人压抑

应对压抑的ABC模型

Ellis（埃利斯）、Dryden（德莱登）和Gorden（戈登）提出了"ABC模型"的大纲。该模型用于应对导致压抑的情景，帮助分析压抑的来源，把问题的核心从让问题越来越严重的观念和态度中分离出来。这样一来，人们就更容易找到解决或应对方法，看清核心问题。ABC分别代表的是：

A=触发事件：发生了什么事，导致心里很压抑？
B=观念：怎样的观念给压抑火上浇油？
C=后果：发火、生病、没办法工作、很难着手做工作或集中精神。

后文的例子（第131—133页）还加了一个"D"：

D=应对压抑：你可以怎么做，来控制整个局势？

> **练习："ABC模型"对你是否有效**
> - 通读上面ABC模型的大致情况，按照下一页的例子做一做。想想这种办法对你有没有起作用。
> - 如果可能，想出一个当前或过去的场景，它给你或你认识的人带来了内在和外在压力，或者带来了压抑。
> - 把ABC模型的每一个步骤都运用到你想象的情景中。
> - 如果运用时你产生了任何关于应对这种场景的想法，就马上想一想，以后自己可以在什么时候、如何运用这些想法。
> - 如果这个模型对你没用，就马上想一想，怎么样调整它才能让它对你起作用？

示例

应对压抑的ABC模型

A 触发事件 "触发事件"可以是这样的，学生Gareth（加雷斯）没看课程安排手册。结果，他不知道有两篇论文的截止日期是同一天。Gareth申请延期交作业，但是因为条件不允许，没有获得批准。他必须在五天内写完两篇文章。如果写不完，他就只能选修另外的模块了。情况不太妙。

B 观念 Gareth有两个选择。一个是夜以继日地赶两篇论文，可能最后分数稍微低一些。一个是推迟其中一个模块，从长远的角度看，这样可以提高他两个模块的分数。

当然第二个选择得用几个月的时间，但并不是不可能。可是，Gareth却认为，自己身处这样的境地，简直是"愚蠢之极"，他"有生以来"总是出这样的状况。他把眼前的问题和自己经历的其他困难放到一起看，最后觉得自己不仅仅是错过了截止日期（这个问题本身可以解决），而且他一直以来生活就是这样一团糟。Gareth觉得自己不可能把论文写出来，因为他已经下了结论，那就是自己不管做什么都做不成。

C 后果 结果就是Gareth的观念导致他没有采取任何行动。他只顾着一味地自责、放弃希望。他觉得自己很渺小，又不好意思跟朋友说这件事。他没有把时间花在写论文上，而是开始担忧或者喝酒，想忘掉这个问题。他已经有了压力，就很难集中精神。他没办法学习，看任何资料都会走神。他有个兼职工作，可轮到他的班时他也没去，这让他的处境更加糟糕——也让他进一步觉得，自己的生活就是个大问题。

D 应对压抑 如果你是Gareth，你会怎么做？在Gareth的情况里，是他的观念带来了压抑，导致出现了更糟的后果。你要么把视线从观念上移开，去关注问题，要么就直接改变观念。

如果你关注的是问题，就可以：

- 描述触发事件，看到它最本质的东西。承认哪里出了问题，获得了什么教训。确实，Gareth本来应该看一下课程安排手册的。但是，他应该不会再犯这样的错误了，这次错误会是很关键的一课，让他能够有长期的教训和收获。出现这样问题的学生远不止Gareth一个。

- 想想必须做什么。把所有的选择都列出来。看清楚这些选择的本质，再把它们写下来。把每个选择的好处都写下来，再考虑每个选择的可行性和结果。

- 尽可能快地进入"解决问题的状态"，利用解决问题的策略（参见Chapter 5）。进行头脑风暴，想出可以解决核心问题的选择。权衡这些选择，最后选择一个。

- 做决定。决定之后就要坚持，接受出现的结果。结果可能并不理想，但已经是这种情况下"最好的结果"了。这样的结果从长远角度看，不会要你的命，也不会带来大问题。

- 制订行动计划，然后付诸实践。

挑战没用的观念：

- 写下让你有动力的话，比如"有办法的"或"我可以做到"。

- 列出你的消极想法（或观念）。通读这个列表，进行"现实检验"。问一问，"这个观念能帮我找到解决办法吗？"

- 挑战所有以"我应该……"或"我总是……"开头的观念。

- 挑战所有这样的观念：它们与当下的问题无关，只与其他所有问题相关。

- 把所有不能帮你找到解决办法应对当前问题的观念都用粗线划掉。
- 进行头脑风暴，想出一些表达，直到你想出一条觉得有用，又符合自己真实情况的表达。给它画三条下划线，作为你的观念或看法。把其他的表达都用一条线划掉。
- 跟朋友或咨询师谈谈，让你把问题看得更清楚。

管理好改变、迷惑或不确定性

练习：应对改变的方法

在每项后面，选出最适合你的答案。在所选答案下面的框内打钩（√）。

特点	一直都是	一般是	有时候是	不是
1. 我喜欢改变				
2. 我在新场景或环境里会寻找机会				
3. 见到不认识的人不会让我不自在				
4. 我有信心应对新环境				
5. 我欢迎关于事情或问题的新观点				
6. 我会让人给我反馈				
7. 我可以最后一刻改计划，但不会觉得有压力				
8. 我在很多情况下都能学得不错				
9. 我喜欢开始学新课程或做新项目				
10. 只要得到通知，我可以立马上早班或晚班				

给你的选择打分

打分标准：4 = 一直都是；3 = 一般是；2 = 有时候是；1 = 不是。

得分 _____

反思你的得分

24~30 分　这个得分表示你应对改变有很好、很积极的方法。这种方法让你在学习上有哪些优势？它用在工作上又会给你带来什么优势？你会为了寻求改变，而放弃持续做同样的事情吗？

16~23 分 这个得分表示你应对改变有积极的方法。这种方法让你在学习上有哪些优势？它用在工作上又会给你带来什么优势？

8~15 分 这个得分表示你应对改变的方法模棱两可。你可以对改变持积极的态度。如果你更积极地应对改变，对你有什么好处？

0~7 分 你的得分表示你特别喜欢持续做同样的事情。你可能需要动点脑筋，才能找到相应的工作和环境，让你继续做现在的事情。你应该去找咨询师谈一谈，看怎样才能让你不那么抵制改变，可能会对你有帮助。你抵制改变的态度让你处于怎样的劣势？有没有一个领域里，你可以被允许有更大的灵活度？

一直在变的环境

工作里的技术和变化已经完全改变了我们工作和学习的方式。在很长一段时间里，人们从小就知道他们长大后的工作性质、人生地位、相对收入和使用的工具。人们还没出生，他们的人生就已经被规划好了，这种规划完全取决于家庭出身。

如今，一切都发展得很快，改变才是主要的趋势。更多人有机会去攻读学位，选择几乎任何专业，无论年纪多大，也无论身处何地。不出意外，我们终身都会接受关于新技能的培训。我们大部分人很可能都会从事好几份工作，岗位还都各不相同。今天学到的技能很快就会过时，就连真实的信息也不会有多长的生命周期。

改变不可避免地带来了不确定性。我们每个人正在经历的东西不同，管理改变的方式也会不一样。有些改变可能永远受你欢迎，而有些改变却总让你陷入压抑。

| 反思 | 应对改变

- 你觉得哪种改变最容易接受和应对？
- 你觉得哪种改变很难应对？
- 你会采取哪些行动管理这些改变，让你更好地应对遇到的困难？解决这个难题的时候，可以参见ABC模型（第131—132页），对你可能会有帮助。

应对不确定性

"正确的答案"

大学生活和学习可能极大地挑战了我们的世界观。很多人觉得这是应该的，认为大学教育应该拓展学生的视野，让学生重新评估自己的核心观念和思维方式。当然这样的挑战一开始可能很难应对。

在20世纪70年代，Perry（佩里）研究了美国哈佛和拉德克利夫学院（现已并入哈佛）的学生。他发现，就连表现最优异的学生，也期望老师能够给出或引导他们获得"正确的答案"。这种想法和你的想法有多一致？通过下面的练习，检验一下你的答案。

> **练习：有正确的答案吗**
>
> 这个练习可能要花半个小时甚至更长的时间。练习总共分成三部分。
>
> **第一部分　陈述**
>
> 在以下的陈述里选三个出来，在一张纸上迅速地写下你对这三个陈述的看法。
>
> （a）克隆人符合道德规范。
>
> （b）学生的每个教程里，都应该有培养他们思维能力的部分。
>
> （c）应该要求所有成年人每年至少花50个小时从事社区或环保工作。
>
> （d）为了保护环境，每个人一生中在假期里可以旅行的时间应该有一个限额。
>
> （e）情商教育应该是课程安排的一部分。
>
> （f）对所有有犯罪前科的人都应该实行宵禁。
>
> （g）科学更需要的是创造性思维，而不是逻辑。
>
> **第二部分　方法**
>
> 以下列出的各种方法，学生在考虑新问题或挑战的时候经常使用（改编自Perry的研究，1970）。对你正在思考的每一件事，看看下面哪一个描述最符合你现在的境地。
>
> **1. 绝对的答案**
>
> 我觉得这是个是与非的问题，或者觉得问题的正确答案很明显。我知道自己的立场和意见，我觉得不能有其他的答案。值得信赖的权威，比如我的老师、书、法律或专业机构，它们能告诉我这件事的正确答案是什么。
>
> **2. 短暂不可接受的不确定性**
>
> 正确的答案还没有找到，但是必须找到。专业人士、学术界或其他权威需要

说明正确答案，避免出现困惑。

3. 可以接受的不确定性

每个人都有保留自己意见的权利。所有的答案都一样可以接受。我的答案跟别人的一样好。老师和专家也不是什么答案都清楚。

4. 相对性

一切都是相对的。"正确的答案"取决于具体情况。另外的人跟我有不同的情况和经验，看法可能和我不一样，但是也没错。没有正确的答案。没有办法可以找到在所有情况下都正确的答案。

5. 深思熟虑后，坚持自己的观点，为决定承担责任

我能理解关于这件事的其他看法，但是我觉得有些答案或视角更好，我也要在各种不同的观点中做出自己的决定。我知道，选出自己的答案可能意味着我要承担责任，也会影响到我思考、说话和做选择的过程。

6. 持续不断的发展

我坚持自己的看法，理解别人的观点，也知道我的决定意味着个人要承担责任。但是，我也决定，要定期回头审视自己的看法，就算这样带来了新的不确定性也没关系。我坚持的答案对我是谁、我的价值观和我是个怎样的人非常重要。

第三部分 解释你的立场

Perry解释了每种立场背后的思维。他把这些立场分成了不同等级的反应（如下文所示）。

- 你的答案出现在哪个立场等级上？你的答案一般是在第1、第2还是第3种立场？
- 总的来说，下面描述的9个阶段哪个最符合你的情况？

立场1："正确答案立场"（上面练习里的第1和第2种方法）

1. 绝对主义阶段：有正确的答案。事情要么对、要么错。老师有责任给出正确的答案。

2. 合格和不合格的权威：有正确的答案，但是不合格的老师和领导却带来了不必要的不确定性。如果老师想让学生自己去寻找，而没有给学生提供"正确的"答案，这是可以接受的。

3. 短暂的不确定性：有正确的答案，但是还不清楚答案具体是什么。

立场2：相对主义阶段（上面练习里的第3和第4种方法）

4. 可接受的不确定性：不管老师或领导怎么想，"每个人都有权力保留自己

的看法"。至于课程作业,重要的是了解老师的看法。

5."所有的知识和价值观都是有背景支撑的,都是相对的。"至于课程作业,学生应该问:"在这样的课程条件下,对我有什么要求?"

立场3:承诺阶段(上面练习里的第5和第6种方法)

6. 个人方向:你觉得有必要接受并坚信某些观点(从一系列可能的观点里选出来),同时理解并宽容其他的观点。

7. 你已经承诺要支持某些观点。

8. 你已经体验了自己承诺带来的影响,认识到自己的决定意味着什么责任。

9. 你把自己对观点的坚持看成一场"持续不断、慢慢揭开序幕的活动",这个活动表达了你的生活方式和身份。

| 反思 | 管理好不确定因素

- 你对老师有什么预期吗?你希望他们给你提供或者引导你找到一个"正确的答案"吗?
- 一想到对自己很重要的问题可能没有"正确的答案",你会觉得有多不自在?
- 你有多愿意去听跟自己不同的看法?

如果你对"正确的答案"这个话题感兴趣,可以去问问自己的老师,看你所在的学科里有没有关于"真相""事实"或"正确的答案"的研究资料。

改变立场

Perry发现,学生要在第7至第9阶段感到自在,可能要花好多年。你会发现,事情不一样,你所处的立场等级也会发生变化。

你没必要相信Perry的立场等级适用于每一个问题。但是,它至少可以用来评估你对事情做出的反应和你有多愿意接受事情的不确定性。你自己的看法处于哪个阶段,这种状态让你自在还是不自在,你应该感受得到。要改变自己的立场等级,你可能需要进一步看清坚持同一种立场所涉及的方方面面和造成的后果。

你在有些问题上处于第4至第9阶段可能觉得很困难,除非你的自我认识、观念和价值观发生了变化。改变我们的思维方式并没有"捷径"。不过,了解自己的思考和反应方式会帮助我们去改变。

通过Perry的立场等级，你还可以看清他人的观念。了解他人的想法非常重要：你不能把观念强加在别人身上。

过渡学习和"不平衡"

高等教育教授的很多内容可能都没有"正确的"答案。因为答案可能不止一个；或者答案取决于如何评估具体的事例；又或者没有足够的事例证明，得不出有说服力的结论。高等教育在这个阶段讨论的很多话题会直接挑战你以前所学的内容，或者这些话题似乎跟你和你熟悉的人所坚持的观点相互矛盾。这种感觉让你惴惴不安、充满困惑。

> | 反思 | 困惑
> - 进入大学阶段的学习之后，你有没有觉得学习越来越困难？
> - 你有没有这样的经历：进一步去了解一个问题，却越来越困惑？
> - 你有没有觉得自己越学越多，却好像在倒退？
> - 这种感觉让你有何感受？你认为自己是真的在"倒退"吗？

"平衡"

Saven-Baden（塞文–巴登，2000）提出了"过渡性学习"这个说法，指的是学生的参考源或"生活世界"受到学习的挑战时所经历的"转折"，这种转折在学生进行批判性反思的时候尤为明显。你进入更高阶段的学习时，可能也感受过这种转折。Saven-Baden是这样描述这个阶段的："它充满了失望、困惑和自我迷失的感觉。"

所以，我们可以认为，一定程度的困惑很正常。困惑表示我们在把我们自己，我们的学习、知识和技能推向更高的水平。也就是说，我们没有停滞不前。Piaget（皮亚热，1975）认为，这个平衡的过程对我们的自身发展非常关键。平衡过程会经历三个阶段：

1　　　　　　　　　　2　　　　　　　　　　3

1. 平衡：首先我们对自己当前的思维和做事方式感到很满意。

2. 失去平衡：然后我们认识到，自己越来越不满意当前的思维和做事方式所存在的局限。这个阶段里，我们感到困惑和担忧。

3. 更稳定的平衡：最后，如果我们能持续追问，就能培养更全面的思维方式，克服之前思维和做事方式的局限。

Siegler（西格勒，1991）举了一个孩子的例子，这个孩子认为只有动物才有生命。可是当这个孩子听到别人说植物也"有生命"的时候，她就开始对自己对"生命"的定义感到不确定。这种不确定虽然只是让她感到短暂的不自在，但仍然是个必要的阶段，让孩子进入认识世界的新阶段。不满意让我们内心产生疑问，疑问又让我们去探索新的选择。

学生培养更全面的思维方式，需要接受不平衡的状态，并有能力管理或"控制"好短期的困惑。如果做不到，学生可能会固守之前让自己"感到安全"的平衡。

> | 反思 | 应对不平衡
>
> - 想想以前这样的时候：你觉得自己肯定什么也学不到，最后却学到了东西。你当时很难学到的东西是什么？
> - 你为什么能够从"困惑"或毫无斗志的状态进入实现目标的状态？
> - 最后成功了，你有何感受？
> - 你觉得作为学生，自己有多大把握可以管理好"不平衡的阶段"？怎样的支持会对你有帮助？

接受不确定性

我们感到不确定或困惑的时候，就会失去平衡感。自然而然地，我们会想再找回自己的"平衡"。容易出现的问题是太快行动，急着想找解决办法，让自己好受些。很多时候，这种做法意味着鲁莽的行为，会限制我们的潜能。

去感受不自在的感觉，这样做会让我们觉得很不舒服，但是却很有必要。这个过程中，我们可以进一步去了解情况。我们需要：

- 承认不自在或紧张不安的感觉。
- 让自己在鲁莽行事之前先等一等。
- 如果需要，去寻求帮助和支持——跟别人谈一谈可能会有所帮助。
- 进一步了解挑战我们的观念或情景。
- 下决心认清我们觉得很有挑战的东西，并寻找潜在的机会。

- 考虑我们的选择，最好用解决问题的策略。
- 权衡各个选择之后，采取行动。

Gary（加里）在仔细地权衡了所有选择之后，所有人才认可了他接受不确定性的能力。

| 反思 | 管理不确定性

在你的反思日记里，迅速地回答以下问题：
- 最近你遇到过怎样的不确定因素？
- 你做出了什么反应？
- 现在看来，当时应对这个不确定因素，你还可以采取哪些不同或更具建设性的方式？
- 在应对过程中你是否有寻求支持？如果没有，为什么？
- 你可以怎么做，让自己可以更好地管理不确定性？

利用激励因素和阻碍因素，管理个人表现

我们都会受到各种改善或阻碍我们表现的因素的影响。通过 Chapter 3 "理解自己的表现"，你已经找出了一些这样的因素。通过这节的内容，你可以利用一个框架，在之前的基础上分析更多的影响因素。通过分析，你会对自己有进一步的认识，可以好好利用它们，更好地管理自己的表现。

Dilts（迪尔茨）等人提出了一个六层框架，用于分析阻碍或促进学习的因素。下面分析表现的八层框架就改编自 Dilts 的六层框架。

阻碍和激励的层次：

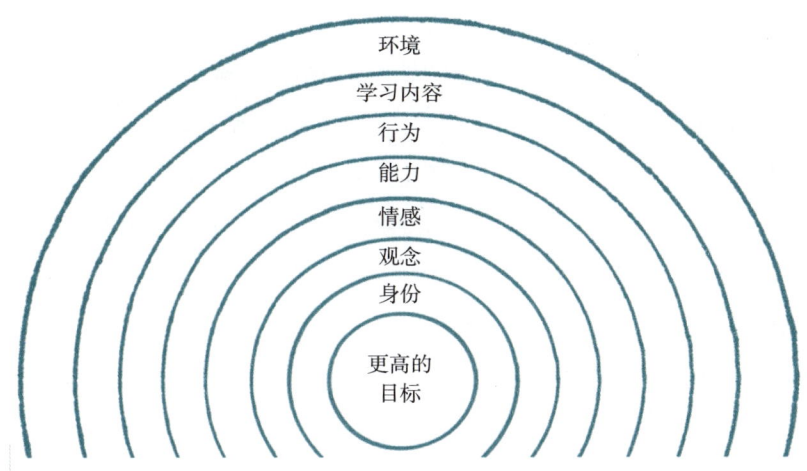

八层框架

八层框架让我们从不同的视角看待表现。越接近圆心的层次，比如"更高的目标"和"身份"，我们认为对表现影响越大，也就被划为"更高的层次"。如果能把它们真正利用起来，可以有效地打败低层面的负面影响或"阻碍因素"。就好像是"圆心"处的层面对我们精力有更大的拉动力。按照这个框架分析自己在任何任务里的精力时，你就可以弄清以下的内容：

- 你觉得"阻碍因素"会出现在哪个层面上。
- "激励因素"会出现在哪个层面上。
- 如何控制阻碍因素，让你有更好的经历和更优秀的表现。

1. 环境因素（地点、时间、和谁一起）。

Chapter 3 "理解自己的表现"已经告诉我们，我们学习和行动的环境可以产生很深远的影响。这里的"环境"指的是更广义的社会、文化或意识形态背景，和周围诸如灯光或背景打扰一类的实际环境因素。如果环境这个层面对你的激励或阻碍最大，那么比较明显的佐证就是你会在说话的时候强调以下内容：

"在这个房间、这样的灯光下、跟这样的人一起、在这样的单位，我喜欢做这件事/我没办法做事。"

管理环境层面的表现

如果你会说上面这样的话，想一想，你可以做什么去改变环境，让它符合你的需求。考虑时，你可以参照自己在 Chapter 3 的练习中给出的答案。对环境敏感可能是因为过去的创伤或当前的压力，所以仔细思考这些内容也会对你有所帮助。

> **｜反思｜ 环境激励和阻碍因素**
> - 在某个具体的领域，环境因素对你取得优异表现有多大的激励或阻碍作用？
> - 环境因素以什么方式对你的表现产生影响？
> - 你可以怎么更好地控制负面的影响，或者更好地利用积极的影响？

2. "任务的性质"或"内容"（是什么）。

如果你在给定的环境下能够好好表现，但是要学某个具体的学科或做某项具体的任务时却做不到，那你的问题可能就不在环境层面上，而是在学习的内容或任务的性质层面上。如果是这样，你会经常说这样的话：

"我学不了那个东西""这个东西是要干吗""这就是我所称的无稽之谈"。

管理"任务"层面的表现

要是你改变不了总体任务或学科，就想办法改变它们的框架或表达方式。比如：

- 寻找看待这个任务的不同方式。
- 把任务分成可以完成的不同部分。
- 重写指示。
- 把它们用自己的语言描述一遍。
- 想象自己在把问题解释给比自己小的人听。
- 寻找现实生活里类似的事例。
- 把问题做成一张表格或图画。

> **｜反思｜ 具体任务的激励和阻碍因素**
> - 在某个具体的领域，任务的性质对你取得优异表现有多大的激励或阻碍作用？
> - 任务的性质会激励还是阻碍你获得优异表现？
> - 任务的性质以什么方式对你的表现产生影响？
> - 你可以怎么做，去更好地控制负面的影响？

3. 行为（我们做什么）。

你可能觉得自己需要某个东西，但是你的行为又让人感觉你好像需要另外的东西。比如，一般的学生都希望自己拿高分。但是，他们学习的方式却可能没办法有效地积累知识、加深理解。学生们会这样，可能是因为攀比心理、坏习惯、草率选择了某个工作或课程、对自己的预期不了解等。这些形形色色的理由都可以解释为何行为的结果会事与愿违。但是，如果行为的改变能给你激励，那你在行动时就该关注它们。如果对你而言，主要问题是出在行为层面，那你很可能会在说话时强调这些动词（动作的词）：

"我不能学或做那个东西""写作文太痛苦了""做那件事情花我的时间太长了"。

如果你在行为层面很容易获得激励，那可能会注意到自己的话里总有这样的表达："我会做的""我会试一试""我想继续做"。

管理行为层面的表现

管理行为层面的表现，不是让你分析自己为什么有这样的行为，来找出前行的办法，而是让你直接以行为为对象，想办法改变你行动或回应的方式。如果你可以通过改变自己的回应，带来自己期望的结果，就会让你感到备受激励。你可以采取以下的行动：

- 意识到自己自相矛盾的行为——这一点可以问你的朋友、伙伴或兄弟姐妹。
- 找出触发点——表明你或他人不想看到的行为或习惯即将出现的标志。
- 决定自己在这个触发点要做什么，从而带来不同的行为。
- 为你行为中具体的改变想出恰当的奖励。
- 你如果没发现触发点，就让朋友提醒你。
- 自己成功改变行为后，一定要兑现奖励。

适得其反的行为可能意味着没有实现最终目标的动力。如果你在行为层面的方法没奏效，就有必要在其他层面去寻找解决办法。比如，可能关键的阻碍因素是出现在环境层面，那么直接解决环境层面出的问题会直接让你有不同的行为。当然，解决办法也可能出现在下文即将提到的更高的层面上。

| 反思 | 作为激励或阻碍因素的行为

- 在某个具体的领域，你的行为对你取得优异表现有多大的激励或阻碍作用？
- 你的行为以什么方式对你的表现产生影响？
- 你可以怎样改变自己的行为，从而提高自己的表现？

4. 能力（我可以怎样）。

如果你完成任务主要的困难是在能力方面，你可能说话的时候会强调和能力相关的表达：

"我没能力学那个""我不知道怎么学那个""我怎么会做那东西呢"。

如果你在能力层面容易受到激励，你可能会强调自己做事情的能力——或者至少表达要试一试的想法：

"我可以的""我什么事情都可以做""让我做吧""以前我做过这个"。

管理能力层面的表现

如果你觉得因为缺乏知识、能力、技巧或经验，导致自己有困难，就想一想自己为何做不到想做的事情：

- 可能是缺乏耐心。
- 可能是因为你还没有花足够的时间，储备足够的知识和思维能力。参见 Chapter 7，里面讲了如何培养大脑学习新的内容。
- 你可能需要改进自己的学习技巧。
- 你可以受益于前文讲"态度"的小节（第 115 页）。
- 你可能处于前文所提到的"过渡阶段"（第 138 页）。
- 不同的做事节奏会让你做得更好：很多学生都觉得大学课程太多了。
- 外界的支持和引导可能会帮助你。

给自己足够时间去了解任务。把大任务分成更小、可以完成的小目标。找到或建立支持团队或行动小组（参见 Chapter 6）。

> **｜反思｜作为激励或阻碍因素的能力**
>
> - 在某个具体的领域，"能力"对你取得优异表现有多大的激励或阻碍作用？
> - 能力以什么方式对你的表现产生影响？
> - 要提高自己的能力，你可以做什么，让自己表现得更好？

5. 情感（我对……有何感受）。

如果你的主要问题出现在情感方面，你可能会使用强调情感的表达：

"我觉得自己永远也学不会""这个让我发火、生气、不安""我对情况的感觉不妙""这篇文章要让我火大了"。

当然，你也可以靠眼泪或行为表达情感。情感可以直接导致当前学习出现困难。但是，情感很多时候都和你以前感到压抑的学习经历有关。

相反，积极的情感对学习很有帮助。对自我、学习环境、课程和可能的结果有积极的感受，会让人更有动力，学起来更容易。

管理情感层面的表现

管理情感的关键，是要能认识到你的情感带来了消极的影响，认识到需要解决这个问题。假装情感没有什么影响对你没什么好处，除非是有其他层面的行为原因，让你的情感发生了变化。回过头再去评估情商的内容（第123—127页）可能对你有帮助。

如果你觉得自己的感受已经阻碍到你获得最佳表现，可以采取以下基本的做法：

- 别逃避情感；要关注它们，和它们"相处"一会；看看你注意它们之后，它们是否会发生变化。
- 想一想，有没有让你感觉更好的处理任务的办法。
- 思考自己的情感激烈程度是否得当。这样的情感你可以"抛到脑后"吗？
- 想一想，自己有没有在转移情感（参见第129页）。如果有，真正的情感问题可能是什么？
- 考虑使用ABC模型（第131—133页）来解决问题。
- 如果这种感受一直困扰着你，就去找人谈谈。

> **｜反思｜作为激励或阻碍因素的情感**
>
> - 在某个具体的领域，你的情感对你取得优异表现有多大的激励或阻碍作用？
> - 你的情感以什么方式对你的表现产生影响？
> - 要更好地控制自己的情感，你可以做什么，让自己表现得更好？

6. 观念和价值观（为什么）。

我们的各种观念严格地控制着我们的学习，是行为的基础。影响力比较大的，是我们对自我价值和个人潜力的判断。有些学生一直坚定地认为，大学不是他们"应该来的地方"。你有没有这样的想法，觉得你"不够优秀"，或者"像我这样的人根本学不好大学阶段的课程"？你觉得自己所学的课程真的值得学吗？如果你的问题主要出在观念方面，你可能会说这样的话：

- "在这个学科上我不太可能会有优秀表现。"
- "这个没什么含金量。我更需要关注其他模块。"
- "只不过是讨论小组，我没必要去。"

价值观和行为之间还可能会有冲突："音乐对我很重要，也是我想学的内容。可是，学习结束后我还要找工作，所以我就来学商了。"

管理观念和价值观层面的表现

- 看看你能否重新认识到这项任务的价值，激励你做完任务。
- 找到动力的来源，符合你的价值观和动力（第26—34页，第38页）。
- 看看你的价值观、观念和行为之间是否保持一致（参见第47页上的相适性）。
- 挑战消极的想法（第116页）。
- 有人可以给你提出实在、有建设性的意见，让你实现目标，你应该去找这样的人谈谈。
- 切记，改变观念这么根深蒂固的东西需要一定的时间。

| 反思 | **作为激励或阻碍因素的情感**

- 在某个具体的领域，你的情感反应成了关键因素，对你取得优异表现有多大的激励或阻碍作用？
- 它们以什么方式对你的表现产生影响？
- 要更好地控制自己的情感，你可以做什么让自己表现得更好？

---

7. 身份（我是谁）。

有的学生遇到困难时，会遇到身份层面的问题，他们觉得自己是不能学好或做好的"那种人"。他们在描述困难时，会特别强调"我"："我学不会它……"，甚至说"像我这样的人不可能……"。

我们的身份感是很强大的存在，所以如果主要问题出现在这个层面，优先解决它就很有必要了。

管理身份层面的表现

- 考虑你身份的积极方面：你作为个体，有什么特质？
- 你可以怎样利用自己身份的积极方面，帮你完成具体的任务或实现具体的目标？
  你有什么内外在素质，让你可能取得成功？
- 你会觉得自己：
  是个"坏学生"。
  是个"迷失的人"。
  "平庸"或"表现一般"。
  "集体里的小丑"。
  "总坐在后面的人"。
  "不是科学家的料"。

你有类似上面的负面身份吗？

如果你有这种判断，你从哪里得出了这样的判断？现在你可以做什么，挑战自己的这类看法？

如果你弄不清楚自己的"身份"，可以再去读一读Chapter 1和Chapter 2里的内容，比如你对生活的愿景、你的价值观、你的自述和你在人生故事里扮演的"主人公"角色（参见第58—63页）。注意在这个时候，不要太过沉迷于抽象的身份。

> | 反思 | 作为激励或阻碍因素的身份
> - 作为关键因素，你的身份对你取得优异表现有多大的激励或阻碍作用？
> - 你的身份以什么方式对你的表现产生影响？
> - 你可以怎样更好去利用自己对自己的看法，获得更好的表现？

8. 更高的目标或使命。

"更高的目标"和"使命"指的是敦促一个人前进的总体方向和动力。它们可以是你预期学位完成后会出现的好状况，比如，给家庭提供更好的物质条件、成为别人的榜样、更加独立、进入自己喜欢的行业等。"更高的目标"这个名字本身就指在某个方面的雄心壮志，它超越了以自我为中心的欲望。也就是说，它"超越了我们自己"，它主要是指：

- 做好事。
- 帮助他人。
- "让你的生活有意义"。
- 为你的社区、家庭、机构、国家、运动等做贡献。
- 创造力或艺术的追求。
- 精神追求。

通过"更高的目标"管理表现

如果在你所做的事情和你认为重要的"更高的目标"之间，你能找到有意义的联系，就更有可能让你感到动力十足，度过危难。相反，如果你每天做的任何事和你珍视的东西之间没有任何关系（甚至不会让你思考自己珍视什么东西），那你就没有必要的动力，最后可能会觉得生活让人沮丧、黯淡无光。

- 你"真正看重的"是什么？是什么样的目标，会让你在必要的时候去完成最艰难的任务？
- 现在的生活里，你以什么方式、在什么时候为这个"更高的目标"提供空间？

- 你以什么方式、在什么时候可以给你真正看重的东西更多时间？
- 针对现在你觉得很麻烦的问题，想一想你可以有哪些看待和完成它们的方式，这样的方式让你可以把它们和你看重的东西联系在一起。

> **｜反思｜ 作为激励或阻碍因素的"更高的目标"**
>
> - 有"更高的目标"或使命对你取得优异表现有多大的激励或阻碍作用？
> - "更高的目标"或使命以什么方式对你的表现产生影响？
> - 你可以怎么做，让任务和更高的目标之间产生联系，让自己表现得更好？

> **｜反思｜ 找出你需要改进的主要层面**
>
> - 前面的8个层面中，你觉得哪一个对你的学习和表现影响最大？
> - 哪些层面对你的学习或表现有正面的影响？
> - 哪些层面是你最需要关注的？

本章回顾

本章涉及了很多内容。作为涉及"人内"方面的内容，不建议你仅对本章快速浏览，就觉得自己已经"掌握要领"了。

本章里很多练习都可以重复用在你所思考的具体事件或问题上。哪天你醒来充满自信、心情愉悦，说明练习给出了答案；另外一天你感觉很脆弱，也说明练习给出了答案。你会发现，这两种答案截然不同。这种差别没什么可奇怪的。本章涉及的内容提供了有用的材料，供你在反思日记里进一步去探索。

本章简单地介绍了个人自我管理的一些内容。作为一名学生，或者刚步入第一个工作岗位的毕业生，本章里面的练习和策略可能包含了你会面临的所有问题。通过本章，你掌握了各种工具，可以迅速分析情境、找到资源、管理你的时间、探索你的思维和看法。本章还提供了策略，让你培养一种从解决问题入手的积极思维方式。它可以运用到几乎所有情况里，并且不局限于学习领域。此外，本章还为你提供了工具，使你开始去分析并理解情商。

学生尤其容易感到不确定。激励人心的高等教育肯定要带来挑战，你在高等教育阶段觉得自己需要有进一步的发展，你有时候还应该觉得自己的立场开始动摇。你从"稚嫩"的思维阶段进入到更专业和全面的思维阶段时，肯定会经历困惑和不确定性。知道这一点之后，面对不确定性，你就不会觉得出了很大的问题，而是可以直接应对。

你的"人内"生活为你提供了大量丰富的信息。它也是你能学习的最重要和最有价值的学科之一——你不可能完全了解自己大脑里的"内在生活"。不管你从事什么行业，了解自己、知道如何控制好自己的态度和思维过程，都会让你有更优异的表现。

延伸阅读

Cottrell,S.M.（2008）*The Study Skills Handbook*,3rd edn（Basingstoke:Palgrave Macmillan）.

Cottrell,S.M.（2010;new edition annually）*The Palgrave Planner*（Basingstoke:Palgrave Macmillan）.

Covey,S.R.（2004）*The Seven Habits of Highly Effective People:Powerful Lesson in Personal Change*,15th Annversity edn（London:Free Press）.

Fennell,M.（2009）*Overcoming Low Self-esteem:A Self-Help Guide Using Cognitive Behavioural Techniques*（London:Robinson）.

Goleman,D.（1995）*Emotional Intelligence*（London:Bloomsbury）.

Heron,J.（1992）*Feeling and Personhood*（London:Sage Publications）.

Neenan,M.and Dryen,W.（2002）*Life Coaching:A Cognitive-Behavioural Approach*（New York:Brunner-Routledge）.

Chapter 5

成功地解决问题和管理任务

学习目标

本章让你：
○ 理解解决问题的内涵
○ 培养成功解决问题的技巧和方法
○ 培养接手任务、问题和项目的信心
○ 做个擅长"从自己做起的人"
○ 清楚基本项目管理的过程
○ 评估自己的"竞争力"

简介

雇主很重视解决问题的能力。他们希望，不需要太多监督，应届毕业生就可以"立刻着手做事情"，把技能运用到新的环境里，应对新任务。几乎每项活动、任务或问题都会涉及以下的过程和技巧：

1. 策略：做法和总计划。
2. 技巧：要使用的方法。
3. 交际能力：恰当地与他人协作，实现目标。
4. 自我管理：管理你的时间、个人问题、感受和表现。
5. 创造力：想出点子，帮助找到最终的解决办法。

擅长解决问题的人，往往会在任务中体现好的交际能力、自我管理能力和创造力。这三个因素都非常重要，本书为它们各安排了一章内容。本章会介绍一些基本的解决问题和管理任务的技巧。

任务和问题

"任务"涵盖很广泛的内容。在本章里，"任务"的意思很灵活，可以指项目中的任何活动或小部分。"问题"这个词在本章里也用得很灵活，它可以指：

- 需要找出答案的任何问题。
- 需要解答的谜。
- 需要做出反应的情况。
- 需要应对的挑战。

我们有必要分清楚"解决问题""困难"和"麻烦"之间的区别。解决问题当然可以指解决比较难的问题，但要解决的问题不一定都很困难。只要某个情况带来了挑战或包含了新做法的机会，都可以把它看成需要解决办法的正式"问题"。

练习：选择关注点

想出一个个人目标或处境，它是你希望进一步思考的。在本章接下来的练习中，需要设定目标或处境的时候，都用它。

练习：自我评估：解决问题和任务管理

在下面的每一条陈述后面，给你的自信程度打分，分数为0~4分。

打分标准：4 = 很自信；3 = 自信；2 = 比较自信；1 = 不太自信；0 = 完全没自信/不知道。

我有信心的是	打分	参见页码
1. 利用基本的解决问题的方法		154—156
2. 知道"详细说明"问题是什么意思		158
3. 用类似的方法解决问题		158
4. 运用策略解决问题		159
5. 用不同的办法解决问题		163
6. 评估不同的解决办法		166
7. 制定标准，评估解决办法		168
8. 找到优先事项		168—169
9. 制定具体目标		170
10. 制订行动计划		172
11. 组织项目时间		173
12. 有能力着手完成任务		176
13. 有能力做个从自己做起的人		178
14. 有能力坚持，直到完成任务		179
15. 有能力完成任务		179
16. 自己对"项目"的理解		180
17. 自己对学生论文和项目之间的区别的理解		181—182
18. 管理项目		182
19. 使用表现指数		185
20. 使用软标准评估我的表现		186
21. 使用参数		187
22. 我对个人"竞争力"的了解		188
23. 我领导项目的能力		234
24. 优化利用项目团队各个成员的优势		197—206
25. 有能力找到有创意的解决办法		259

> 得分 _____
>
> **得分情况说明：**
>
> 如果你如实打了分，那么得分情况说明的是你解决问题的总体能力。得分可能与你的实际能力有差距，它只是个粗略的指标，说明你对自己这些能力有多大信心。得分超过40分代表不错，超过55分代表挺好，超过70分代表很好，超过85分代表优秀。但是，你看待自己的得分情况时，要考虑：
>
> - 你开始课程有多长时间。
> - 你在项目工作方面有多少经验。
> - 项目工作上你获得了多少指导。
>
> 你在本章最后或有了项目工作经验后，可以再次测试一下算出自己新的分数。把新分数和这次的得分比较一下。

解决问题的基本方法

> ### 练习：你当前的方法
>
> 解决以下问题，你会怎么做？花几分钟时间把它们解决。你可以独立解决，也可以找个帮手。迅速地写下你头脑里想出的解决办法，直到找出让你最满意的一个。
>
> 1. 你想去阳光明媚的地方度假，但不能超过预算。你还没决定到底要去哪里，但是无论去哪里，你都不会当地语言。你必须要考虑哪些方面，才能保证去度假的时候能玩得开心？
>
> 2. 你过生日的时候，想给三个朋友做顿饭。有一个朋友可能会带孩子过来。还有一个朋友对果仁过敏。你有三天的准备时间，希望自己的大餐能让朋友们都喜欢。你也要确保自己有足够的钱来准备这顿饭。你会做什么菜呢？你还会做什么，来保证自己做一次成功的大餐？
>
> 3. 老师刚刚说明，你的论文周五要交上去。你之前都没意识到这一周要交两篇论文，而且两篇都不能缓交。你会怎么做，保证在截止日期前完成任务？
>
> 把你想到的方法都列出来。然后把你的列表和下面的基本方法列表进行对比。

基本方法

你的列表可能包括下面方法的一部分或者全部内容：

和别人谈谈

你很可能会去咨询其他人，让他们提供个人意见、个人经历和他们所了解的相关人和地方。人是解决问题的关键资源。故此，成功的企业才会特别注重"社交能力"。看看自己可以从别人身上学到什么，这种做法又叫作"非正式学习"，是美国大部分公司里专业发展的主要形式（Rossett and Sheldon, 2001）。

列表

很多人安排自己的生活时都会用列表。列表作为一种方便快捷的工具，是着手解决问题的首选。

寻找信息

你的方法里可能包括上网找资料、查目录或看书。寻找信息、权衡信息和筛选信息都是解决问题的好办法。

计算

很多问题都涉及数字，比如要算出预算和花销。有些问题靠数学公式计算会更容易解决。你计算两篇论文不同部分所需要的时间，或者怎样让你的大餐或度假费用不超过预算，这些过程可能都使用了计算的方法。

按规则做事

有时候，按照活动既定的程序实行会容易很多。比如，为具体任务混合化学物质时，需要对具体化学物质的量有精确的计算。如果你不太擅长做饭，那就按照菜谱一步一步来，这样会对你有帮助。你熟悉做事程序之后，就会知道可以怎样、在什么时候调整规则，最后取得你想要的结果。

反复摸索

你喜欢的方法可能是一头扎进去，直接尝试不同的做法，直到找出正确的方法。有些人很适合用这样的办法。但是，如果不是已经别无选择，最好不要用这种费力的做法。你可能会发现，自己擅长在某些领域（比如做饭）采取"反复摸索"的办法，但是不擅长在另外一些领域（比如园艺）这么做。有时候这被认为是直觉，但是也可能是长期积累经验的结果。

视觉化

你可能已经在头脑里想象过具体问题的情境，比如想想自己度假可能去的地方，或想象大餐看起来会怎么样。你可能在头脑里分别想象了自己做这些事情的具体场景。成功的运动员也经常想象他们使用技巧的场景，想一想自己获得胜利的各种细节。生活众多方面都可以利用视觉化的方法。

制图

你可能用了图表、流程图或其他图形方法把问题画出来，直观地解决问题。

借鉴相似的经历

你可以想象自己最近几次做饭的情况，看看可以怎样进行调整，满足孩子的需求，或满足对果仁过敏的朋友的需求。如果你完成了论文，很可能已经借鉴了过去的经验，来思考写作的步骤和分配每部分的时间。利用过去的经验，你甚至可能已经找到了节省时间的办法，保证在截止日期前完成任务。

很多问题都像写论文一样，相对比较简单。我们可以同时采取不同的解决问题的策略，在必要的时候做出不同的选择。比如，要在截止日期前写完论文，你得做出安排，你可能：

- 寻求学业咨询师或老师的意见。
- 跟别人商量，工作或烹饪轮到你的班时，让他们替你。
- 参考你上其他课程时写的相似的论文。
- 计算下你做事情有多少时间。
- 在你的日记里把你所有的时间记在表格里。
- 脑子里回想你把笔记放在哪里的场景。
- 把你对论文所有的构思放到一起或做成大纲的形式。
- 搜集更多的信息。
- 去散散步，让你的头脑变清醒。

任务管理的 7 个重要建议

1. 认清任务：完全弄清你需要做什么，为什么要做。
2. 其他条件相同的情况下，从有精力的地方开始。
3. 不要等到你觉得必要的时候才开始，而是提前开始。这样你有更多回旋的余地。
4. 提前思考好几个步骤：把到达终点需要经过的所有步骤计划好。
5. 总是去找多种解决办法……这比一门心思寻找特定的一个答案容易得多。
6. 把截止日期提前，给自己制订很紧的时间表……否则，任务好像总是会变得越来越重，把你所有的时间都吃掉。
7. 了解项目的背景信息。这样一来，你更有可能实现项目的目标。并且，了解过后的你成了"专家"，这样的身份会让你觉得项目更有意思。

在信封背面解决问题

简化

解决问题时，如果你觉得要考虑的东西实在太多，就可以简化这个问题，直到看到它最本质的特征。看看你能否在信封的背面把你的策略总结成下面的 10 个步骤。

解决问题的基本方法

1. 看清问题：问题到底是什么？
2. 想要的结果：我想要什么？
3. 选择：有哪些可能的结果？
4. 可行性：我可以做的选择里哪个最好？
5. 感受：如果我按照这个选择做，我会有什么感受？
6. 决定：我的决定是什么？
7. 步骤：我要做什么，什么时候、和谁、在哪里做？
8. 障碍：我可能会遇到什么障碍？我会如何应对？
9. 行动：采取行动！
10. 评估：行动是否成功。

找出自然的顺序

有可能,你在完成任务的时候,要按照特定的顺序处理不同阶段。这可能意味着,你要先解决一些次要的问题,再去解决关键的问题。

使用解决问题的模型或框架时,你可能会在某些阶段上来回穿梭,或者在上面信封里列出的不同阶段间来回穿梭,直到你到达做决定和采取行动的阶段。在上述10个步骤中,数一数有几个是关于在你没采取任何行动之前应该思考的问题。

说明问题

研究表明,人们如果一开始能花更多时间弄清楚任务的具体情况,最后会做得更好。比如,数学成绩优秀的学生,会花大量的时间思考,自己在解决的是什么类型的数学题目。他们会去看当前的题目和自己以前做过的题目之间有什么共同点。他们会考虑不同的解法,进行权衡,然后才开始计算,把题目做出来。数学成绩一般的学生,往往在没弄清楚题目的性质和不知道该怎么做的情况下,就已经匆匆忙忙开始做了。

有时候,早期的规划阶段被称作"说明问题"。说明问题时,要从全面的角度分析任务,对任务有清晰的定义。相似的解决方法就是早期规划的一个优秀例子。

解决问题的"相似解决法"

Butterworth(巴特沃斯,1992)认为,如果我们能够看到任务和过去任务之间的相似之处,成功完成任务的概率会大很多。如果我们看不到这些相似之处,那么即便我们本身有能力解决问题,仍然会觉得自己能力不足。故此,我们有必要花时间思考,自己在哪些场景下取得了什么成就,这种经历可以运用到其他哪些场景中。

1. **看清核心问题**。

尽可能简单地描述一下核心问题。去掉不必要的词,只剩下问题最本质的地方。这样做之后,你就会更容易找出现在的问题与你熟悉的问题之间有何相似之处。

2. **找出同类的问题**。
- 问题的核心特点或组成部分是什么?需要运用什么技能、方法或技巧?
- 你当前的任务和你自己应对过的问题或做过的事情之间有什么相似之处?
- 借鉴之前解决问题的经验,它们可以如何帮助你,让你思考解决现在的问题需要什么?
- 要解决手上的问题,你应该如何运用之前的技巧和经验?

3. 认识类比的局限。

列出当前问题和之前任务之间的差异。现在的情况不可能和以前的问题一模一样，所以以前的策略可能会没有效果。找出差异同找出相似之处一样重要。

4. 判断重要性。

- 权衡相似之处和差异的重要程度。
- 根据这些差异，你会对策略进行怎样的调整？
- 你还需要知道或做些什么？

管理任务的OPAL策略

OPAL策略（Cottrell，2010）如下面的循环图所示。它提供了固定模式，用于分析问题、管理任务，最终找到解决办法。它既可以运用于项目管理，也可运用于作为项目内容的任务。反思是整个循环的核心部分，贯穿于整个完成任务的过程（在行动中反思）；反思也处于循环圆圈之外，意味着它能够退后一步，有自己的优势（反思行动本身）。OPAL四个字母分别代表的是：

- 定位（Orientation）。
- 计划（Planning）。
- 行动（Action）。
- 学习（Learning）。

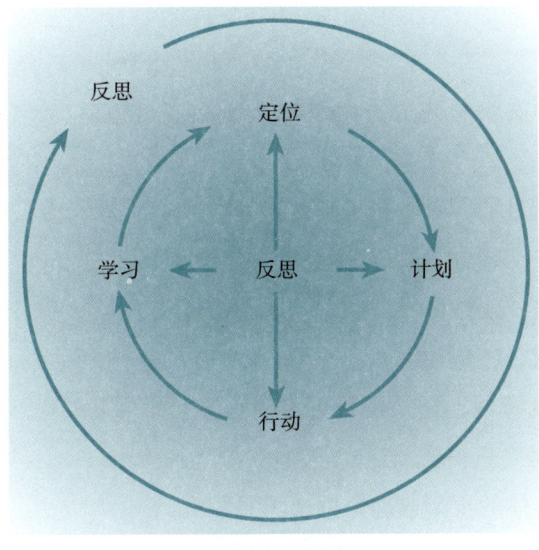

OPAL策略

定位

循环从定位开始,包括说明问题和事先制订良好的计划。定位阶段就像是开始旅程。在启程之前,你会把任务搞清楚,考虑旅途的目的、起点、路线、交通方式和如何判断到达目的地等问题,从而说明自己到底需要做什么。同样地,要解决问题或管理任务,你需要考虑以下内容:

- 看清任务和它的目的——你希望实现什么?你可以用不同的话描述问题,让你看清楚需要做什么。
- 预期的终点是什么——什么标志着你已经完成了自己预定的目标?
- 你现在处于什么阶段——距离预期的终点还有多远?
- 总的来讲,你会怎样从现在的阶段走到自己需要到达的地方?
- 你有没有其他看待任务的方式?要实现预期的结果,还有其他办法吗?你可以想出多少种解决办法,为自己前行的道路提供更多选择?
- 你需要什么资源才能完成任务?你能获得这些资源吗?
- 你能带来什么专长?你可以再去看看第76—77页上你的专长,想想如何运用专长来解决问题。

多用些时间,按照上面的方法去说明问题。这个过程的效果会在你解决之后的问题时显现。

计划

在采取行动之前,为实现目标制订一个策略,再把你需要做的事情分成几个不同的阶段。

策略

你要实现目标,采取的基本方法是什么?在制订策略时,下面的一些问题可能对你有用:

- 你要使用以前用过的方法,还是尝试新方法?
- 你会先制订一个试行方案或草案吗?
- 你会一次性做完,还是慢慢做?
- 你是自己单独做,还是和别人一起做?
- 你只需要已有的资源,还是需要更多的资源?如果需要更多资源,是要进行某种筹款活动,还是要获得贷款?
- 你会运用某个具体的模型或理论框架吗?
- 你的策略有自己的特色吗?比如有具体的关注点或重点?

行动、具体目标、截止日期

首先计划你要做什么，按什么顺序做。接着你要思考下面的问题：

- 主要有哪些步骤或阶段。
- 为每个阶段制定具体目标和时间表。
- 制定 SMART-F 目标（参见第170页）。
- 你会如何实现这些具体目标？
- 把所有这些内容做成行动计划（参见第172页）。

制订行动计划，看清自己的各个小目标和它们的截止日期。你可以把行动计划写得很具体，也可以制作成简单的列表。这取决于问题的复杂程度和适合你的方式（第172页上是一个行动计划的简单提纲）。

优先步骤

- 找出优先步骤：你需要做的事情有哪些？
- 哪些是必要的？哪些可以不做？

监督点

- 制定具体的时间点，监督你应对任务的进展。把时间点写进你的行动计划里。

在计划的最后阶段，你应该觉得自己进行了有效的计划，考虑了所有可能的角度。计划之后，你应该清楚现在要采取什么行动。

行动

这是"做事"的阶段。通读你的行动计划，看看你的具体目标。行动是对你的计划和策略的第一次检验。

监督和评论你的进展

比照你的行动计划，看看你现在追求的具体目标是否会带你实现最终的目标。

- 为了让计划更符合实际，你有必要对它进行一定的修改吗？
- 你的目标和截止日期都是可行的吗？如果不是，你是否需要对它们进行修改？
- 你的动力还在吗？如果不在，你可以做什么来改善现状？
- 你的资源和预算够完成任务吗？如果不够，你必须做什么？
- 你需要修改自己的总体策略吗？

进行记录

- 想一想，你按照计划行事、反思自己的进展、修改计划。如何证明这些阶段你都完成了？在完成任务的过程中积累记录，就可以帮你做出证明。
- 把你做的事情和取得的结果记录下来。

学习

任务或项目结束的时候，不要立刻去做下一个任务，也不要在这个任务下面划线表示已经做完了。你可以先停下来，想一想你从这次经历中可以学到了什么东西。这个阶段包括：

- 反思（参见 Chapter 8）。
- 评估。
- 为未来积累经验教训。

反思

你一旦完成了总体的任务，或者采取具体的行动后，取得了特别棒或者比较差的效果，都要先退一步，进行思考。你可以在 Chapter 8 里找到材料和模型，帮助你进行反思的过程。

评估

如果设定了清晰的目标，评估会容易很多。通常，评估就是看你的目标实现得如何。但是，评估总体的策略也很有用。

成就

你是否：

- 实现了自己的目标？
- 在整个项目的截止日期前完成任务？
- 实现总体的目标？
- 超出预算？
- 保持了良好的工作关系？

策略的有效性

- 你在哪些方面做的效果比较好？
- 你在哪些方面可以改进？
- 什么可以证明你的表现、反思和成就？

后文提供了一个空白的评估表（第166—167页）供你使用。

为未来积累经验教训

想一想，从整个项目或者从项目的某些方面里，你学到了什么东西。比如：

- 你提前计划的方式是否有效？这样计划是否让你获得了自己想要的东西？
- 解决问题的整个过程中，有没有哪些方面是你需要进一步培养或练习的？
- 你做事的时候，有没有意外的结果？
- 你是不是目标设置得太高了？还是太低了？

- 参考你学到的经验教训，它们会让你现在有什么不同的做法？你在哪些方面做得很好，可以用在将来的项目里？

> **练习：解决那个问题**
>
> 把你在第152页练习里想出的问题作为这个练习里的"目标问题"。按照以上列出的步骤，使用OPAL策略来解决它。你要进行记录，最后对练习进行评估，总结经验教训。你也可以在电子版资源库里完成这个练习，这个练习还会用在后文第165—166页的练习里。

> **｜反思｜ 利用你的经验**
>
> - 你以前的经验和专长对你找出并执行这个问题的解决办法有多大的帮助？
> - 你哪些方面做得很好？
> - 你哪些方面可以做得更好？

解决问题的"多重解决办法"方案

如果你能想出多种解决办法，就更有可能找到最好的方法。"多重解决办法"方案强调的是，针对同样的问题，想出多种不同的方案。当你比较熟悉上文提到的OPAL模型时，就可以在定位阶段加入评估多种解决办法的内容。

提出最初的解决办法

通过上文提出的"相似解决法"（第158—159页）或"专长比喻法"（第72—77页），你可以找出一个最初的解决办法。这个办法没必要十全十美，因为你之后还会想出更多的办法。你要快速地描述：

- 最初的这个办法在哪些方面可以符合情况的需求。
- 最初解决方案里的不足之处或者需要进一步探讨的地方。

进行头脑风暴，想出更多点子

- 快速地写下尽可能多的点子。头脑风暴的阶段，暂时不要想"现实"或"合理"这样的标准——要释放你的想象力。

- 头脑风暴时还要想出如何解决你最初解决办法里的不足之处。

寻找"种子"办法

在每个解决办法里,都去寻找某个积极方面的种子。整个解决办法可能不着边际("搬到月球去""彩票中奖""绑架教授"),但是它可能暗示着某种行得通的做法。比如:

- "搬到月球去。"搬的这个想法可能会起作用。换个房间或大楼,会不会有帮助?所有的选择你都考虑了吗?
- "彩票中奖。"可能有其他资金的来源。去寻求当地企业或慈善机构的资金支持会有用吗?
- "绑架教授。"老师、学生或当地的雇主会为你提供建议或指导吗?

评估解决办法

运用下面的标准,权衡你的每个解决办法的利弊:

- 成本:花费负担得起吗?
- 时间:能在规定的时间内完成吗?
- 专长:是否具备必需的专长?
- 合适度:是否适用于具体的场合和具体的人?
- 价值:哪个办法的成本和付出最少,效果却还不错?
- 风险:办法会奏效吗?它有什么风险?
- 目标:哪个办法最符合项目的目标?

整合最好的方面

- 选出两到三个解决办法,进一步考虑。

- 找出每个办法里最好的方面。
- 想想如何把每种办法的最好方面整合在一起。
- 把最好的方面融入同一个策略之后,看看它们是否还能继续起作用?

认清关键的标准

- 需要符合哪些标准(时间、成本、设计等)?
- 把这些标准按重要顺序排列出来。哪项标准是你最需要满足的?
- 你想用哪个解决办法?这个办法是否符合你列出的标准?如果不符合,你可以做什么或进行什么调整,让办法符合标准?

做决定

- 选出最符合关键标准的解决办法。
- 把这个办法进行小的调整,让它完全符合关键标准的要求。

资源表

你可以用下一页的列表来权衡各个解决办法。

练习:多重解决办法:再一次解决那个问题

利用你在"解决那个问题"(第163页)里找出的问题,再从不同角度思考这个问题,看看有没有更好的办法解决它。

定位

1. 用不同的话,再次说清楚问题。

计划

2. 进行头脑风暴,想出尽可能多的办法来解决这个问题。头脑风暴的过程不要过多考虑办法是否会起作用。

3. 找出每个解决办法中的好办法。

4. 选出两到三个解决办法,进一步思考。

5. 按照你制定的标准(成本、时间等),评估每一个解决办法。

6. 把所有解决办法里最好的办法都整合在一起。

7. 选出最符合关键标准的解决办法,把它进行微调,符合标准的所有要求。

8. 如果有机会检验你选择的解决办法,就可以制订一个行动计划(参见第172页)。

行动

9. 如果有机会，把解决办法用来解决问题，执行你的行动计划。

学习

10. 你该如何解决问题，如何改善自己总体解决问题的方法。就这些问题，你从这个练习里得出了什么结论？

评估多重解决办法

考虑新问题或新项目时，你可以在书上或电子版里做完这个评估的内容。此外，你每想出一个可能的解决办法，就要去填一遍下一页里的内容。

要解决的问题（简单陈述）：

成功的标准：
评估你想出的解决办法时要考虑下面列出的因素，这样可以让你在自己很重视的因素上做标记或画圈。然后，你就可以找出关键因素了。

1. 解决办法里必须包括的某些细节。
2. 原创性。
3. 最高成本。
4. 获得融资/资金支持的可能性。
5. 市场。
6. 可持续性。
7. 时间多少。
8. 预期的完成时间/截止日期。
9. 质量问题。
10. 设计特点。

11. 需要或拥有的具体专长。
12. 解决办法带来的新机会。
13. 需要管理的风险。
14. 分配标准。
15. 客户的标准。
16. 健康和安全问题。
17. 包容性/文化问题。
18. 道德问题。
19. 法律事宜。
20. 其他。

关键标准（从上面的条目里选出，按照重要程度排列）：

1.

2.

3.

4.

5.

6.

（续表）

方面	解决办法编号或名字
解决办法的大致介绍	
解决办法的优势	
解决办法的漏洞、弱势或风险	
"种子"办法：解决办法里比较有意思的方面	
时间因素：	
成本：低，高还是可以做到？	
解决办法有多符合你制定的其他关键标准（第166页）？	
解决办法的哪些部分可以保留并整合到最终的解决办法中？	

解决问题的技巧

本小节包括了解决问题的一些常用技巧，包括：

- 制定目标。
- 制定标准，评估解决办法。
- 排列先后顺序。
- 制定具体目标，拟订行动计划。
- 计划项目时间。
- 着手解决问题。
- 擅长"从自己做起"。
- 完成任务时要坚持不懈。
- 完成任务。

制定目标

在策略的定位阶段，制定目标是很重要的内容。你思考目标的时候：

- 要想象实现目标之后会出现什么场景（参见第33—34页，Chapter 1）。

- 确定自己如何知道已经实现了目标：目标实现后哪些地方会不一样？
- 评估目标是否现实。
- 知道想实现目标自己要牺牲什么。这种牺牲是否值得？
- 想一想你的观念和价值观。是"你"制定了这个目标吗？

制定标准，评估解决办法

虽然评估要到任务或项目结束的时候才进行，但是，你需要一开始就考虑清楚，你要用什么标准评估自己的成功。制定的标准一定要遵从你内心的想法，还要有可行性。

理想的解决办法

从最完美的办法开始。Chapter 1里就强调，追寻自己的"愿景"非常重要。但是，愿景只能告诉你自己想要什么，你不要为它所累，只要用它引导自己就可以了。

现实的选择

有些比较好的结果，既让你受到鼓励，又可以实现。它们中的哪种是你可以接受的？选择的这种结果有哪些主要的特点？

找出具体解决办法的相关标准

针对每一个问题，你都可以利用第166—167页上"评估多重解决办法"里的做法，对比不同方面的相对重要程度。针对在具体的任务和问题里特别重要的标准，迅速地提供这些标准的细节。通过这些细节，你可以在不同的方案之间做取舍，或者从可能的所有方案里选出最好的方面进行整合。

排列标准的重要程度

你把所有标准都找出来之后，需要把它们按照重要顺序排列，最重要的排在前面。
- 哪些是关键标准，必须满足？
- 相对而言，哪些标准可以灵活处理？
- 哪些标准可以很灵活地处理？

你只能选出少数几个关键标准，做好把其他因素变成灵活标准的准备。你选的关键标准越多，就越难找到解决办法。

排列先后顺序

你没开始解决问题或做项目，有一个很普遍的原因是，你的精力有限，但要考虑的东西太多。你可能害怕做不完，或者怕让某人失望后觉得愧疚。如果被这些想法困扰，会让人很难分清楚哪些事情可以先放一放，哪些事情需要立刻解决。

Neenan（尼南）和Dryden建议把任务分成四大类，便于分清任务的先后顺序：

1. 紧急又重要。

2. 不紧急但重要。

3. 紧急但不重要。

4. 不紧急也不重要。

利用第171页上的资源表，把不同种类的任务用不同颜色标记，这对你可能会有用，因为这样你更容易看清楚哪些是紧急任务。比如：

1. **红色——第一类：紧急又重要。**

截止日期，危机，今天要完成的任务，一系列事情中首先要完成的任务。

2. **黄色——第二类：不紧急但重要。**

第二类任务列出来后，会提醒你提前进行规划。在这些任务没变成紧急任务之前，先去解决它们。给这类任务排列先后顺序时，要么看它们发生的先后顺序，要么看长期搁置它们会带来多么严重的后果。

3. **橙色——第三类：紧急但不重要。**

如果可能，在完成第一类任务之后才去管这些任务。你本来可以不用完成第三类任务的，但是因为它们看起来很"紧急"，可能会让你的精力受到不必要的干扰。邮件就是典型的第三类任务。你一周的任务当中，还有哪些是比较典型的第三类任务？

4. **蓝色——第四类：不紧急也不重要。**

这样的任务往往都很浪费时间。完成这些任务时，我们觉得自己很忙，就不会着手做真正应该紧急完成的事情。读垃圾邮件、整理旧报纸或者清理橱柜都可以归为第四类任务。

练习：排列先后顺序

针对你正在处理的问题：

- 进行头脑风暴，列出你需要做的所有事情。
- 按照第171页上的资源表，把你列出来的事情分成四类。把最重要和最紧急的内容写在左上角的方框里。这个方框里的左上角应该列出的是最紧急的任务。
- 在右下角的方框里，记录最不重要的任务。
  完成资源表的内容之后，根据里面的内容，按照你的逻辑重要性来组织安排任务：

- 重新组织你原来列出的任务先后安排表，新的列表代表你现在将会按什么顺序完成任务。
- 给每个要优先完成的任务都制定具体目标（参见下文的"SMART-F目标"）。

制定SMART-F目标

制定了清晰、可实现的目标后，你的大部分任务都会更容易解决。SMART目标让你把要做的事情看得更清楚，还可以用来评估成功。它允许恰当的灵活度，让你为意外情况也做了计划。SMART-F每个字母分别代表：

- 具体："我会在傍晚之前完成论文的第一部分。"
- 可衡量："我会在傍晚之前打完论文的前三页草稿。"
- 可完成："我已经做完研究，整理了笔记，还写完了计划大纲，所以任务应该是可以完成的。"
- 现实："我应该能写出三页的内容，因为我以前一天还曾经写过十页内容，并且这次我还做了准备工作。"
- 有时间限制："我会在晚上八点半之前完成。"
- 灵活："如果有必要，我可以继续做到晚上十点半。要是发现还要针对这些页的内容做研究，我会腾出明天上午九点到十一点的时间。"

这些目标应该为行动提供清晰的指导，并加入到行动计划中（参见第172页）。但是，不能把目标看成一纸空文。随着项目的进行，可以审视和回顾目标，保证项目能按时完成。

评估目标

> **练习：评估目标（第173页）**
> 后文提供的例子里有很多具体目标，让你按照SMART-F标准进行比对，看看自己的回答。这个例子能让你看清自己对制定SMART-F目标的理解。

评估你自己的目标

在开始做项目前，先暂时停一停，去评估下自己制定的具体目标是否会有帮助。第

174页上提供了固定结构的评估表,供你进行评估。你可以把这个表抄下来,供以后使用,或者在电子版资源库里使用这张表。

排列先后顺序表

把你列表里的任务分成以下四类。然后给每一类任务都制定具体的目标(参见第168—170页上"排列先后顺序"一节的内容)。

1. 红色 紧急又重要	2. 黄色 不紧急但重要

3. 橙色 紧急但不重要	4. 蓝色 不紧急也不重要

行动计划

目标:			完成日期:		
目标	阶段（需要采取的步骤）	截止日期	由谁做	表明阶段完成的标志	完成（√）
	1.				
	2.				
	3.				
	4.				
	1.				
	2.				
	3.				
	4.				
	5.				
	1.				
	2.				
	3.				
	4.				
	5.				
	1.				
	2.				
	3.				

练习：评估目标

评估下面每一个目标，在目标符合的标准的框内打钩（√）。哪些目标制定得很规范？每个目标有多符合SMART-F目标的要求？找出每个目标的不足之处。

目标	具体	可衡量	可完成	现实	有时间限制	灵活
1. 每个人都会喜欢我。						
2. 这篇论文不能有错误。						
3. 戒烟。						
4. 在今晚六点前做完一件事。						
5. 在今天下午3点之前，写一篇250~300字的论文简介。（论文必须在两天后的下午六点前交。）						
6. 在接下来的24小时内，写一篇1000字的报告。						
7. 从10月开始，多去听讲座。						
8. 这学期所有的学习任务，分数都要提高5%。						
9. 在下学期开学前，在零售行业找一份3个月的工读课程机会。						
10. 9月之前在英国广播公司找一个工读课程机会。						

在你的日记里，迅速地写下这些目标里你发现的任何不足之处。完成评估之后，把你写的内容和第190—191页上的反馈作对比。

规划项目时间

项目计划表

要有良好的时间管理，可能需要你同时使用好几种时间管理的工具。

- 行动计划：制定每一步的具体目标和截止日期。针对不同的任务制订不同的行动计划。
- 计划表：按照完成任务和步骤的先后顺序把它们组织起来。针对大型的项目，有专门的软件可以用来组织工作计划表。
- 日记：细节地组织记录一周或一天内的任务。

练习：评估你自己的目标

通过下面这个表格，评估你自己制定的目标有多规范，有多符合SMART-F目标的要求。每个目标用一行来评估。考虑每个目标是否具体、可衡量、可完成、现实、有具体的时间限制、灵活等。把你的回答"是"或"否"写在方框内。最后一类里可以写你的反思。

目标（写在下面）	具体	可衡量	可完成	现实	有具体的时间限制	灵活	评论
1.							
2.							
3.							
4.							
5.							

工作计划表举例

安排	1月1日	1月2日	1月3日	1月4日	1月5日	1月6日	1月7日	1月8日	1月9日	1月10日	1月11日	1月12日	1月13日	1月14日
团队会议		×		×	×		×		×	×		×	×	×
说明问题	×	×	×											
分配团队任务和角色	×													
分配研究任务		×		×	×				×	×				
制定最终策略				×										
研究				×	×	×	×	×	×	×				
讨论研究进展					×		×		×					
分析和讨论数据									×	×	×			
分配写作任务				×					×					
团队的第一份草稿												×		
对第一份草稿的建议												×		
其他														

工作计划表和项目日记

项目计划表里每段时间分配的内容可能都不一样，有可能几天都需要用来做项目的同一部分。有了计划表，项目团队的每个成员就知道自己在做什么。项目日记记录的是每天时间的具体安排情况。对你的项目而言，你可能觉得有必要通过日记的形式把具体任务的细节方面记录下来，看清任务何时可以完成。下文举例说明了项目日记的写法。

由于时间安排表没有灵活度，或者没有留出"空白的"时间段，经常会导致项目出问题。一般来说，最后的截止日期是板上钉钉的，最后去改这个日期不太可能。所以，在项目早期做比较细致的计划表就很有必要，它能够提高早期的工作效率。制定中期的截止日期，不仅可以让你在中期尝到成功的果实，还可以让你判断项目是否在按期运行。有了中期的目标，要在最终的截止日期前完成任务，会轻松很多。

项目日记的例子

周二	1月2日
9:00—10:00	Jane（简）买长途汽车票。
11:00—12:00	Jane 和 Miko（米科）去小学，和校长讨论项目。
10:00—12:00	Paul（保罗）去查找各种文献。
12:00	Jane 和 Miko 坐长途汽车回到大学里。
12:00—14:00	Paul 和 Raphaela（拉斐尔）搜索类似项目的文章。
14:30	所有团队成员会面，讨论自己的成果。
16:00—18:00	说明问题，界定研究领域。

着手解决问题

你迟迟不肯开始解决问题，是因为：

- 你很容易分心，去做无关要紧的事情？
- 时机不对？
- 你需要更多的经验？
- 你临到最后一刻效率会更高？
- 明天做会更好？
- 担心结果会出问题？
- 你觉得有什么地方会出问题？
- 其他的问题比这个问题都更加重要？

如果你有以上情况，拖延就是导致你不能按照行动计划行事的主要原因。

拖延可能是种慢性病 Sapadin（萨帕丁，1997）。你如果觉得自己总是很难开始做事情，你可能需要去寻求专业帮助。不过，如果问题还没这么严重，下面的一些做法可能对你会有帮助。

项目的截止日期越来越近，Michael（迈克尔）却越来越觉得有必要让自己的笔和格林尼治子午线保持平行。

找出关键问题

- 承认你自己在拖延。
- 你更擅长着手开始做哪些事情?
- 你总是迟迟不肯做哪类事情?
- 找出你总是推迟不做的事情之间有什么共同特点:它们是否有一定的规律?
- 你是不是在有些任务上拖延的心理更严重?你的拖延情绪是不是有时候严重,有时候没那么严重?

检验你的动力、愿景和目标

- 检验你的动力。每完成一个阶段的任务,给自己更多的奖励。
- 检验你的"愿景"(参见 Chapter 1)。它可能给你提供的动力不足。找出任务和你的长期愿景间更多的联系。
- 把总体目标和具体目标分成一个个可以短期实现的小任务。

找出阻碍区

- 看清你对这项任务的感受(无聊、恐惧、恼火、生气、沮丧)。你能够下狠心,控制自己这些负面情绪,直到完成任务吗?怎样的帮助可以让你控制好这些情绪,直到完成任务?
- 自己想出更多关于任务积极的方面。
- 想出不同的方法描述任务,让它看起来更有意思。
- 把任务和你喜欢的东西结合起来,比如和音乐结合起来。
- 远离任何一个会让你拖延的人。
- 找出"阻碍因素所在的层面"(第141页)。

寻求支持

- 安排结对或以小组形式完成任务。如果有其他人一起,通常要拖延做事就没那么容易了。
- 让朋友监督你。允许朋友提醒你开始。
- 参加行动小组(参见第209页)。

创建不可避免的提醒

- 列出20条"必须做完"的事情,指导自己今天要开始着手完成某个具体的任务。把列表放在明显的地方,让你不可避免会看到。
- 列出20条"必须完成"的细节,说明完成项目你会有什么成果。
- 把你要做的更细节的事情写进你的日记里。

> **反思｜拖延**
>
> 在你的反思日记里，想一想，可能是哪个原因导致了你的拖延。
>
> - 这种拖延行为什么时候开始的？
> - 是什么导致你拖延？是因为你担心？疲惫？工作过度？担心结果？夸张任务的规模？还是因为你是完美主义者，为了开始完美一些，花的时间过多，导致后来其他步骤都没时间了？
> - 你和他人可以采取哪些行动，改变这种拖延行为？

擅长"从自己做起"

很多工作都要求员工擅长"从自己做起"。即便没有太多的帮助，有的人自然而然就会开始做事情。但是，大部分人都可以培养"从自己做起"需要的特点。擅长"从自己做起"的人，一般都：

- 有很大的动力；他们对任务有清晰的愿景，会为自己制定具体的目标。
- 能使用"开始做事"的策略。
- 欣然接受成功的概率。
- 关注解决办法：他们会搜集有助于找到解决办法的信息。
- 做事有组织：他们会制订策略，充分地利用自己的时间。
- 自信：他们相信自己可以比较好地处理任务。
- 擅长在必要的时候获取支持和寻求帮助。
- 具有良好的交际能力（这种能力很有必要，因为任务开始的时候，他们通常都会需要信息和援助）。
- 清楚自己的局限：这种自知之明很重要——擅长从自己做起的人，会坦白承认自己不知道和不会做的东西。他们要么会进一步培养自己的能力，要么去寻求他人的帮助。

这样的素质往往是人们在完成其他任务的时候培养出来的。其他任务包括团队协作、领导团队、管理较小的项目、参与大项目等。不过，你每次承担一项任务，都可以尝试运用"从自己做起"的人所用的技巧。

> | 反思 | 变成一个擅长从自己做起的人
>
> - 上面的特点中,哪些已经是你的强项?
> - 哪些方面需要你进一步培养?
> - 你觉得自己擅长从自己做起吗?如果是,有什么事例可以说明?
> - 利用第429页上的能力表。
> - 你如果觉得自己不太会从自己做起,那上面列出的做法里,哪些是你可以率先培养的?找出本书里提到这些做法的章节。

完成任务时要坚持不懈

Chapter 1当中提到,成功人士的特点中,有一条就是"愿意不惜一切代价",并要培养自己的耐性,即便这意味着每天工作很长时间。下面的练习里引用了托马斯·爱迪生的话。爱迪生之所以名垂千古,是因为他的发明为电影和电灯泡的发展所做的贡献。还有让爱迪生家喻户晓的一点是他的至理名言:"成功是95%的汗水加5%的灵感"!

> | 反思 | 坚持不懈
>
> 任何成功都有三个要素。第一,勤奋努力;第二,坚持不懈;第三,常识。
>
> 托马斯·爱迪生
>
> - 总的来说,为了有始有终,你坚持不懈的态度有多好?
> - 哪些任务或项目会让你坚持到底?
> - 针对你在第152页练习里找出的目标,想一想爱迪生提出的3个要素有多符合这个目标。

完成任务

要坚持不懈把任务完成,往往需要你有以下的特点:

- 热情。
- 看清"最终成果"或把它概念化的能力。
- 坚持不懈。

- 耐心。
- 自信：相信自己可以做到。
- 愿意为完成任务分配足够的时间。
- 愿意尝试。
- 愿意坚持思考不同的解决办法。
- 接受有建设性的批评。
- 找出自己有兴趣的地方。
- 谨记目标和作用。
- 为任务圆满完成感到骄傲。

> **｜反思｜完成任务**
>
> - 上述的特点中，哪些在你身上最明显？
> - 你可以举哪些事例，说明自己体现过这样的特点？
> - 哪些特点你需要进一步培养？
> - 你有没有其他特质，让你能够完成任务？
> - 想出5件你可以做的事情，去培养自己"完成任务"的能力。
> - 你会以什么方式、在什么时候运用这些特点，实现当前的目标？
>
>   如果你觉得要具备这些特点很难，可以去找学生咨询师谈谈，可能会有所帮助。

项目

什么是项目

项目是指"为创造独特的产品和服务所做的一段努力。"

项目管理是指"运用知识、技能、工具和技巧到项目活动中，符合项目需求。"

（项目管理学会，2000）

项目的特点

项目有以下特点：

- 一个目标：项目有目的，即预期的结果。

- 独立的焦点：项目有一个方面是"截然不同的"。它不是日常生活里所做的事。
- 强度：完成项目，就要专门留出时间，聚焦某个特别、重要或需要完成的事情。项目意味着要聚集努力和资源。
- 时间限制：项目必须在给定的时间范围内完成。项目完成要有清晰的标志。项目的定义就已经说明，项目只是"一段"努力。
- 管理：项目需要管理、组织和计划，要在给定的时间内取得结果。
- 独特性：项目本质上是一次性事件，会带来独特的结果。

项目规模

任何有规模的活动，都具有项目的特点。比如，一篇论文就有：

- 目标：切合题目，获得高分。
- 独立的焦点：每篇论文都是独立的作业
- 强度：写论文也需要聚集努力和资源。
- 时间限制：论文作业都有截止日期。
- 管理：写任何论文，都需要经历多个过程，包括把问题说清楚、阅读文献、信息管理、信息筛选、组织想法、打草稿、编辑、微调、校对等。所有这些步骤要好好协调，才可能最终把论文写好。
- 独特性：虽然上同一门课程的学生都写的是同样的论文作业，但老师仍然希望每个学生在自己的文章里有独特的视角。

写论文可以培养项目工作里需要的一些技能。

学生项目

但是，论文通常和学生项目还是有所区别的。比如：

- 目标：学生项目的目的，是进行比论文更深入的研究。做项目的预期结果，不仅是要完成项目的要求，还要培养学生管理项目的能力。
- 独立的焦点：项目一般都是一次性完成的工作，项目会和课程相关，但是具体涉及的领域由学生自己决定。
- 强度：项目一般不用写很多东西，强度主要体现在需要承担的个人责任。
- 时间限制：给项目分配的完成时间往往比论文长。
- 管理：项目通常会比论文更复杂，需要学生花更多精力管理各个过程。
- 独特性：学生可以控制项目的内容和过程，所以一般项目会比论文更独特，更多元。

雇主对学生项目技能的兴趣

雇主感兴趣的是：

- 和项目管理相关的技巧和素质。
- 承担项目的经验。
- 你参加过的最大的项目有多大规模。
- 你独自管理过的最大问题有多大规模。

项目的规模大小可以通过以下因素来对比：

- 有多少人参加了项目。
- 时间长短——预期项目会持续多长时间，项目最终实际用了多长时间。
- 是谁"委托"了这个项目——是你自己、老师、雇主，还是机构。
- 预算的规模。
- 项目有多少受益人（有谁受益）。
- 结果的重要性。项目产生了什么影响？

学生项目往往不可能全面地培养以上的技巧，也不太会有很大的规模。不过有些工读课程安排具备这样的特点。学生会和志愿者工作也是获得项目经验的好办法。

成功的项目管理

第153页上提出的技巧既可以运用到大部分项目里，也可以用来进行一般的任务管理。

解决问题

解决问题的技巧可以成功地运用到项目中。

说明

说明问题对项目工作非常重要，因为错误的策略会浪费时间和其他资源。Heerkens（海尔肯斯，2002）就警告过不要"急着找出解决办法"："人们有这样的趋势，即还没有充分分析情况，就在讨论该如何做；还没有完全看清楚问题，就想找出解决办法。"

试验方法

先在小范围尝试或试验你的方法和资源，然后再把它们用在整个项目中。看看哪些方面需要调整。尝试之后做调整，比整个项目都开始之后再作调整要容易得多。

"不惜一切代价"

承诺要实现某些具体的目标。你可以下定决心，要"不惜一切代价"，让这段关系走下去，在课程里要拿高分，学懂你完全不了解的学科，在某个行业找到工作，或者自己创业。

"不惜一切代价"可能意味着，为了实现目标，你大部分的时间、精力、思考和资金都会投入进去。这种做法不一定就很好。但是，它不会让你最后接受妥协的结果，而是会让你取得圆满的成功。至于你愿意接受多少妥协，这是你自己要决定的问题。

因为项目有严格的截止日期，涉及的是新领域，它们往往会需要比预期更多的时间和思考。项目负责人尤其如此。如果项目已经没能按期完成，或者需要找到新的解决办法，那极有可能，项目负责人只要睁着眼睛就在琢磨自己的项目。

"不惜一切代价"的做法很难同时用在超过一个目标上。

> | 反思 | 决心
>
> - 你觉得，自己从多大程度上会做一个"不惜一切代价"去实现目标的人？
> - 哪一类任务让你最有可能会付出自己最多的努力和下定最大的决心？
> - 在什么条件下，你会下更大的决心？
> - 你的极限在哪里？

清晰度

清楚说明问题和进行良好计划之后，需要做什么、谁做、在哪里做和什么时候做，这样的问题应该都一清二楚了。有了清晰的计划，团队就可以更高效地做事。模糊不清会导致多做功，可能让任务没办法按期完成，置整个团队于压力下，并推高成本。

做决定

项目已经开始做之后，遇到要做决定的时候，可能会要求你很果断。如果你考虑了不同的解决方案，或者为紧急情况做了提前计划，可能会觉得容易很多。因为你已经牢记主要的目标，清楚可以做出哪些妥协。

你还需要去权衡不同方面的相对重要性。比如以下方面：

- 成本。
- 截止日期。
- 对他人的影响。

- 是否有专长。
- 质量方面。
- 客户或委托机构（老师）可以接受哪些变数。

"彻头彻尾"地了解项目

要在压力下做出判断，你需要对项目有"彻头彻尾"的了解。你需要敏锐的感觉，知道自己的客户（作为学生，你的客户可能是自己老师）可以接受什么。花时间去了解项目的背景，比如，哪些是项目里公认比较重要的内容？有没有道德或政治问题需要考虑？过去做过的项目里，哪些跟你的项目最类似？这些类似项目结果如何？了解更多信息后，你可以做出更好的计划和决策。

牢记最终目标

记住截止日期和按照预算行事确实很重要。但是，人们很容易忘记项目的主要目标。好的项目负责人会让团队既关注中期目标，又牢记最终目标。

整个团队必须清楚项目的背景，了解委托人（你自己、你的老师或客户）心中的目标。这样，团队成员会更有团队感。同样，每个成员也了解了更多信息，选择的中期决定才更可能和总体的"最终目标"保持一致。引导所有项目决定的不应该是短期目标的需求，而是最终目标的要求。

项目领导人爬到最高的树上，俯瞰整个情况后，喊道："走错丛林了！"可是忙碌、雷厉风行的制造商和管理者一般会怎么回答呢？他们会说："闭嘴，我们已经有所突破了！"Covey（科维，1999）

团队协作

工作里的大部分项目都是团队协作的结果。如果整个团队没有向心力,项目就会"生病":团队成员不高兴,不太愿意付出额外的努力去完成任务。成功的管理者往往把自己的成就归功于良好的团队协作和对团队的信任。

团队协作中,既要求成员可以做出良好的配合,又要求成员在必要时领导团队。这就要求成员具备一系列的交际能力。Hallows(哈洛斯,1997)认为:"项目里的人的因素比技术的因素更重要,虽然这一点很难承认。"正因为交际能力非常重要,本书才专门利用了一章内容来讨论它(参见Chapter 6)。

表现指数(PI)

你如何判断自己在做的事情是否成功?"表现指数"就可以用来监督和评估你的表现。这些指数"表明"你哪里做得好,哪里需要改进。表现指数要便于衡量,这样你才可以对比自己不同时间的表现,或者把自己的表现和别人的表现进行对比。下面是表现指数的一些例子:

- 截止日期前完成95%的目标。
- 完成项目只用5%的项目预算。
- 在反馈问卷里,75%的参与者会选对结果"非常满意"这个评价。
- 每次作业都要拿60分以上。
- 出勤率至少要达到95%。
- 至少有95%的时间要准时出勤。

符合标准

表现指数要和项目早期制定的成功标准(参见第166页)相呼应。因为有的成功标准可能无法衡量,所以表现指数不一定和这些标准一模一样。可能你已经达到了项目的标准,但是自己却不觉得在项目各方面做得不错。你个人或者团队的表现有可能不符合各个项目的标准要求。

> **练习:符合标准**
>
> 完成手上的某个项目后,回头去看看你在项目之初制定的标准(参见第166页)。想一想:

> - 你是否达到了自己制定的关键标准（"底线"）？
> - 制定的标准现实吗？
> - 如果有，你觉得怎样的标准更好一些？

利用表现指数

你在学习或项目工作里可以使用的表现指数有：

- 你按时完成任务的频率。
- 你成功做到某件事情的次数和比例。
- 你做完某件事情要花的时间。
- 你达到目标的频率。
- 他人给你的回馈。
- 你实现了多少自己制定的阶段性目标。
- 成本是否超过预算。
- 相比以前的表现，你现在的表现有多大比例的提高。
- 等级和分数。

> **练习：利用表现指数**
> - 选出一个你可以利用表现指数的领域。
> - 针对你选出的领域，选出至少三个表现指数。
> - 保证你选择的表现指数可以衡量或检验。也就是说，这些指数里面要包含某种形式的测量方法或数字。

软标准

有的项目标准很难加入数字或"可衡量"的部分。比如，要量化下面的东西就很难：

- 创造力。
- 道德做法。
- 灵活度。
- 你处理困难任务做得有多好。
- 果断程度。
- 创新。
- 敏感性。
- 情商。
- 反应快慢。

软标准，是指你要培养自己客观评价自己表现的能力。你要培养出一种"感觉"，可以判断事情是否进展顺利。如果有可能，这种"感觉"还是要用具体的标准和表现指数来评估，让你全面地了解自己所做的事情。下面把你的自我评估和他人给你的回馈作对比。

> **练习：利用软标准**
>
> 针对下面的场景，你会用哪类标准或表现指数来评估自己的表现：
> - 与他人协作。
> - 管理好自己的工作。
> - 应对艰难的情况。
> - 进行某种创造的时候。
>
> 你会如何评估自己在这些情况下的表现质量？
> 其他人对你的表现有何评价？

参数

参数就是参照点。比如，运动员可能会把自己的速度或准确度和自己所在体育项目最好的表现相对比，电视节目可能会参照其他节目的收视率，组织和项目会把自己的表现和其他公司或项目作对比。

好的参数会把同类的东西进行对比。比如，如果你的项目是要为大众写一份信息手册，好的参数会选出另一个类似的项目，这个项目也是针对类似的事情，要在大致相同的时间内完成差不多数量的手册。在这样的项目里，表现指数可能包括以下内容：

- 发行一份手册的成本。
- 调查时，有多少读者认为手册起了作用。
- 调查时，占多大比例的读者认为手册起了作用。
- 独立得分（由第三方评估人或老师打分）。
- 评估手册对观点或行为产生了多大影响的衡量标准。

通过好的参数，你可以把自己的结果和具有可比性的项目或参数进行对比。

比如，你做了问卷，预期会有90%的回馈，但最后却发现只有35%。最后结果离目标悬殊，你可能会觉得自己彻底失败了。但是如果你把自己的问卷和在相同情况下做的其他类似问卷对比，可能会发现一般（参数）的回馈只有20%。对比后说明，你的目标可能不太现实，但是你做问卷的效果还不错。

> **练习：使用参数**
> - 对于你正在做的某件事情，哪个参数可能会比较有用？（考虑现在已有的表现数据统计和书面记录）
> - 按照这个参数，你可以如何设定自己的目标，以改善自己的表现？
>
> 参数有一点不好，就是如果类似项目都做得一般，那整体的参数水平就会很低。为了确保项目成功，你可能需要制定高于参数的目标。

竞争力

竞争力是工商业中用于促进和评估成长能力的概念。很多商业项目在早期就已经失败。雇主们越来越觉得有必要去思考自己公司或所在领域的"竞争力"。竞争力可能涉及以下的要素，当然不同行业可能会有一些不同：

- 员工的技能和经验。
- 是否有衡量表现的指标。
- 借鉴他人的反馈。
- 质量和效率的提高。
- 对该领域发展情况的了解。
- 在竞争中能够有前瞻性的思考和计划。

人在任何项目里都是最重要的资源。故此，对于企业或项目的竞争力和成功，员工的素质非常关键。你去应聘工作的时候，雇主考虑的可能就是你对提高他们公司或整体项目的竞争力有何作用。

第189—190页上的练习是个人的"竞争力评估"。评估总分为100分，你最后算出自己的得分，用后者除以前者，就是你的"竞争力比例"。这个练习仅仅是进行大概估计。但是通过练习，你就会知道，自己在与别人竞争中大概处于什么位置。如果你得分还不错，就要相信自己在求职面试时可以有很好的表现。如果得分一般，你就可以明白，要培养自己的能力，拓展自己的经历，以及自己下一步的着眼点应该在哪里。

本章回顾

解决问题是最终把事情完成的关键，所以在很多情况下都需要去解决问题。如果培养了这方面的能力，那么不管要承担什么任务，你都会有一个比较好的起点。

本章讨论的是成功解决问题和管理任务所涉及的技能和过程。本章里谈论了一些普适技巧，它们可以促进任何形式的"项目"取得成功。这些项目包括写论文、做学生项目、承担工作里的项目，或者个人生活里承担某个任务等。解决问题和管理任务的过程里，有看清任务、具体说明问题、排列先后顺序、制定合适的策略、制定SMART-F目标、拟订行动计划、用目标和指数来监督表现、最终完成任务。对于任何环境下的任何项目，这些过程都非常关键。

解决问题和管理任务会让我们超越之前的极限。比如，在大学里，我们从大一或第一阶段进入下一学年或阶段的学习后，学习内容往往会越来越难。在工作岗位上，毕业生遇到的问题和项目，难免会有一些方面是其他同事以前没有涉足过的。如果你有解决问题的好策略，交际能力也不错，那么你会更有信心，去挑战这些新的任务。

竞争力评估

根据你的实际情况，给每一条陈述打分。
打分标准：4 = 很像我；3 = 像我；2 = 比较像我；1 = 很少是这样；0 = 从来不这样/不知道。

	得分
1. 我很清楚自己的技能、个人素质和专长	☐
2. 我知道该如何把自己的优势运用到新情况中	☐
3. 我会积极行动，学习新技巧和专长	☐
4. 如果需要帮助，我会开口	☐
5. 我对自己要实现的目标有很清晰的认识	☐
6. 我会给自己设定很有挑战的目标	☐
7. 我很乐意接受别人对我表现的回馈评价	☐
8. 我会留意自己收到的回馈，用它来改善自己的表现	☐
9. 我总是很主动去进一步改善自己的表现	☐
10. 我会采取措施，去发现并满足我个人发展的需求	☐
11. 我知道如何衡量自己的表现	☐
12. 我能够把做事的先后顺序分清楚	☐
13. 我很擅长于进行前瞻性的计划	☐
14. 我很注重细节	☐
15. 我能找到做事的捷径，同时不影响做事的质量	☐

（续表）

	得分
16. 我不需要太多的指导，就可以着手做新任务	☐
17. 在需要做什么这个问题上，我会迅速地做出决定	☐
18. 我很擅长管钱和控制预算	☐
19. 我做事一般都不会超过截止日期	☐
20. 我可以让自己的工作和别人的工作协调起来	☐
21. 我能管理好自己的责任	☐
22. 我会接受别人给我的任务	☐
23. 我很擅长为问题找到解决办法	☐
24. 根据实际需要，我会进行调整和灵活应对	☐
25. 为了完成任务，我已经做好准备要"付出一切代价"	☐
你的"竞争力"得分	总分 100 分，你得了 _____

延伸阅读

Davidson,J.(2000)*The Ten-Minute Guide to Project Management*(Indianapolis:Alpha Books).(A basic introduction to project management.)

Heerkens,G. R.(2002)*Project Management*(New York:McGraw-Hill).(A readable introduction that also covers the 'softer' aspects of project,such as personal qualities.)

Mingus,N.(2002)*Alpha Teach Yourself Project Management in 24 Hours* (Indianapolis: Alpha Books).(An advanced test.)

练习的反馈：第 173 页上的"评估目标"

- 目标 1：这目标太模糊，没有限制，不太可能会实现，也很难衡量。这个目标不现实。
- 目标 2：论文里的"错误"很难界定，所以这个目标不太可能会实现，也很难衡量。论文不太可能会十全十美，这个目标不现实。
- 目标 3：对个人而言，这个目标现实，可以实现。可以衡量目标是否完成。目标的执行时间范围没设定，所以它不算是个 SMART 目标。
- 目标 4：目标有具体的时间，实现的可能性很大，方便衡量。但是，目标太模糊，导致它毫无意义。
- 目标5：目标很具体、可测量、有时间限制。它很可能会实现，方便测量。如果不现实或不能测量，在论文上交日期之前，还有足够的时间来调整截止日期。
- 目标6：目标很具体、可测量、有时间限制。你要进一步了解作者和具体情况，才能知道目标是否可以实现，是否现实，是否有足够的灵活度。
- 目标7："多听"这个概念太模糊。"十月开始"只设定了开始的时间，没说明这个过程会持续多久。
- 目标8：目标具体又可测量。分数提高5%有可能实现，也很合理。当然，如果你的分数已经很高，就需要另当别论了。制定的目标涉及所有的学习任务，挑战性较大：没有允许一定的灵活度。除了这个目标之外，还需要其他具体的目标说明如何做，才能让分数真正提高。
- 目标9：这个目标很可能属于SMART-F目标。
- 目标10：这个目标过于明确，在选择工读课程时没有任何灵活度。目标不太现实，也不太可能会实现。

Chapter 6

社交能力

学习目标

本章帮你：
○ 与他人建立良好的关系
○ 做一名更好的团队成员
○ 组织一个"行动小组"
○ 提出并采纳建设性的批评
○ 学会果断
○ 和难应付的人打交道
○ 谈判协商
○ 培养领导力

简介

社交能力包括一系列良好的交际能力（能和他人一起融洽地工作）和人内能力（能控制好自己的态度和感情）。在众多的职业中，社交能力都已经成了成功的关键。这样的能力和知识、信息与技术能力一样，对于现代经济都是不可或缺的。

在过去的课程教学中，社交能力往往是被忽视的部分，可能是因为以前并不需要对人与人之间的关系有太深刻的理解。但是，我们的工作性质、技术、电信、社会结构和全球经济都发生了重大的变化，已经改变了我们相互交流的方式。现在大家对良好的交际和沟通能力有了更高的要求。

和祖辈相比，我们有一点尤为不同，即我们更有可能在全球化的格局下，遇到不同背景的人，和他们共事。过去，大部分人成长和工作都局限在很狭小的世界里，遵循着非常简单的社会准则。你该做什么都有章可循，连生活里的小事也是这样。人一生下来，差不多就知道自己该说什么、对谁说、什么时候说。他们遇见的人一般也就来自周围的地域，大部分时间遇见的都是自己村里或镇上的邻居。那时候人们的视角非常狭小。

如今，大部分的社会准则正在消失。社会环境也比过去更加多元化。任何一种场景下，人们都有了更广泛的选择。这样的转变意味着，在对待别人的态度上，在社会背景下管理自己的观念和价值观上，在对多元化的反应上，我们都更加需要深思熟虑。发展良好的社会关系，让各种关系维持下去，对任何情况下恰当的行为形成自己的判断，这意味着个人要承担更多的责任。同样，对我们自己的决定和行为，我们还要承担法律责任。

"社交能力"这个领域涉及面广，发展迅速。本章从学生或刚毕业大学生的角度出发，探讨培养社交能力的一些关键方面。

> ### 练习：自我评估——你现在的社交能力怎么样
>
> 把下表抄写两份。一份现在完成，一份等你课程进展到一定阶段再来完成。
> 按照下面的打分标准，给每条陈述打分：
>
> 打分标准：3＝非常同意；2＝同意；1＝部分同意；0＝不同意/不知道/没机会。
>
> | | 得分 |
> | --- | --- |
> | 1. 我已经和很多来自不同年龄段和不同背景的人一起做过事 | |
> | 2. 别人跟我说，我很擅长与他人协作 | |

（续表）

	得分
3. 和自己不熟悉的人说话，我仍然觉得很自信	
4. 其他人在思考的时候，大家都不说话，这不会让我不自在	
5. 我可以轻松地开始跟别人对话	
6. 我觉得周围人都很有趣	
7. 我清楚自己的肢体语言，也清楚它们给周围的人会留下什么印象	
8. 对我讨厌或鄙视的人，我仍然会提供帮助，对他们很礼貌	
9. 从我一周里见到的大部分人身上，我都可以看到他们的优点	
10. 有人很爱侃侃而谈，我不会打断他们，会好好听	
11. 我很容易和他人之间建立互信	
12. 我在团队里时，可以轻松地说出每个成员的优势	
13. 我在团队里时，可以轻松地说出谁最适合分配到什么任务	
14. 我作为团队成员，可以做得很好	
15. 我很清楚自己给小组或团队协作带来了什么优势	
16. 我可以给他人提供大力的支持	
17. 在小组或团队工作出现问题时，我很擅长去解决	
18. 我知道自己需要别人提供什么样的帮助	
19. 我能够开口寻求自己需要的东西	
20. 我很果断	
21. 我能够和难应付的人打好交道	
22. 我敢在公共场合承认自己在任务出问题的地方应该承担什么责任	
23. 我可以巧妙地给他人提出建设性的批评	
24. 我可以很好地接受别人对我有建设性的批评	
25. 我可以很好地接受表扬	
26. 我擅长和别人谈判协商	
27. 我知道最后如何选择较好的折中方案	
28. 我知道需要领导层给自己怎样的指导	
29. 在任务里担当领导角色，我不会觉得不自在	
30. 我很清楚别人需要什么	
把你的分数加起来	总分

练习：自我评估——你现在的社交能力怎么样

得分情况说明：

70~90 分 这个得分很棒。如果你是如实打分，你应该可以很好地管理自己与他人的关系。这就意味着你拥有非常宝贵的社交能力。想一想，自己还可以怎样进一步培养这些能力。在你感兴趣的职业领域，你可以怎样运用这些能力。

40~69 分 这个得分不错。如果你是如实打分，这个得分表明你的社交能力培养得还不错。看看哪条陈述里你打分比较低。哪些领域的社交能力是你可以提高的。

20~39 分 如果你是如实打分，这个得分表明你已经培养了一些社交能力，也清楚自己当前哪些地方没有优势。看看哪条陈述里你打分比较低。把你的课程需要和职业兴趣考虑进来，你需要优先去培养的技能在哪个方面。

0~19 分 如果你是如实打分，这个得分表明，你已经知道自己在社交能力方面有所欠缺。去问问了解你的人，看看自己打分是不是太草率。还有一点很重要，需要你看清楚，即考虑自己课程的要求和职业兴趣，哪些社交能力对你特别关键。你可以考虑去找职业咨询处或者老师，找出自己需要优先培养哪方面的社交技能。这个得分还表明，你可能大部分时候都觉得跟别人相处很困难。这样的困难可能给你带来压力。如果你真有压力，可以去找学生咨询服务处，他们会给你提供建议，让你能够跟他人更好地交流沟通。

| 反思 | 社交能力需求

以下方面，需要哪些社交能力：
- 你感兴趣的职业领域。
- 满足你课程的需求。
- 你个人的需要和兴趣。
- 如果你不太确定，可以去找大学里的职业咨询处或找老师谈谈。
- 哪些方面的社交能力是你需要优先培养的?

建立良好关系

建立良好的关系是和别人相处的核心部分。要建立这样的关系,需要以下步骤:
- "建立联系"。
- 真正关心他人。
- 有技巧地聆听。
- 培养互信、建立合作。

建立联系

建立联系只需要小小的努力。建立联系之后,这种联系可能成为互信或终身友谊的基础。建立联系最基本的要求,是几个很简单、很基本的示好做法:
- 目光接触。
- 真诚地微笑。
- 别人请你帮忙时要尽量帮忙。
- 友好地打招呼。
- 表现你对他人的贴心考虑。
- 保持友好、礼貌的姿态。
- 作评论或问问题时,要表明你的兴趣,但不能太突兀。
- 不管对别人是友好还是敬而远之的态度,要保持前后一致。

这些都是细节而明显的做法。你可以想想,跟那些你觉得很难相处的人,你尝试过怎样的沟通?不管是你第一次还是长期见到这样的人时,上面有哪些做法你没尝试过?你比较看重哪些做法?虚伪的笑容、突兀的反应、难听的语调,这些细节都可能让一段关系走上错误的方向,以后你想再次建立这个关系就很难了。

真正关心他人

通常来讲,我们认可的是和自己有类似价值观和观念的人,这样的人不会挑战自己的世界观或物质兴趣。"不同"可能会让人不安,意味着做事或做人有不止一种方式。我们的生存机制就不允许这样的想法:因为这意味着别人可能是"对的",我们自己可能是"错的"。我们一般都接受不了这样的看法。在我们还没意识到怎么回事的时候,脑子里就早早地扔出了自保的话,说"那个太无聊了""他是个笨蛋""那就是胡说",这样我们就根本没必要去思考自己的感受到底是什么了。

我们在培养社交能力的过程中,会逐渐更乐于接受别人更多的不同点。我们能学会在不同中发现有意思的地方，看到多样性的价值。我们不再认为世界只分是非对错，会觉得世界是个丰富的舞台。

看到别人身上有意思的地方，有这样的好处：
- 我们会觉得周围的世界更有意思。
- 我们不再觉得无聊，会有更丰富的人生阅历。
- 和陌生人相处时，我们会感觉更自在。
- 别人在我们周围会觉得更自在。
- 我们会更理解周围的世界和别人的动机。
- 我们可以更好地处理涉及其他人的任何场景。

练习：热气球游戏

在你的日记或笔记本里，给下面每个人留一页（总共10页）。

人物

首先，把每个人的名字写在每页的上方，你写的人有这些：
- 两个你真正了解、喜欢或者崇拜的人。
- 两个你不太了解、没什么想法的人。
- 两个你觉得跟你一点不像、你不太喜欢的人。
- 两个你很了解、但很讨厌或鄙视的人。
- 两个你根本不认识的人（因为你不认识他们，所以你可以给他们起个名字）。

动力

现在，想象你自己正在参加一个电视挑战大赛。你和这10个人同时站在空中的一个热气球里。如果你能把10个人顺利带回地面，就可以获得自选的大奖（最高为500万英镑）。如果带不回来，你一年的收入就会被罚掉，其他人就会获得这个大奖。

挑战

但是，只有你说服观众，让他们认为每个人都值得拯救，你才能把其他人带回地面。你必须要证明，自己了解气球上的人，你对他们的叙述要展示他们最优秀的地方。

针对每一个人，请你在他们相应的纸页上回答以下问题：
- 这个人身上我喜欢、重视、崇拜、觉得有意思的地方在哪里。
- 现在我不喜欢这个人是因为什么。
- 这个人为世界带来了怎样的价值。
- 我可以问什么问题，进一步了解这个人。
- 要进一步了解这个人，我还可以做什么。

| 反思 | **热气球游戏**

在你的日记或笔记本里，回答以下问题：
- 这个游戏里，你不太愿意做哪些事情？什么地方很难？为什么？
- 总体来说，你更有可能认为哪类人"和你不是一路人"？你会忽视谁？在这样的思维方式下，你可能会错过什么东西？你现在的思维方式会不会在以后以某种方式对你产生影响？
- 你的行为对他人会产生什么影响？

有技巧地聆听

要和他人建立良好的关系，优秀的聆听技巧不可或缺。如果觉得"自己的话没人听"，或者"有人在认真听"，大部分人都会做出比较明显的反应。这一点，在人们感觉很脆弱时（刚加入某个团队、很压抑、生气、听到了不好的消息等）尤其明显。

| 反思 | **被听见**

在你的反思日记里，快速地回答下面关于场景的问题。

想一想最近的某一次场景。在这个场景下，你努力想表达自己的观点，但就是没办法让别人认真听你讲话。
- 是什么场景：发生了什么？
- 你有何感受？

- 你做了什么？
- "听你说话的人"（可以是一个或多个）怎么做，会让你觉得自己的话被他们听见了呢？
- 如果听你说话的人更有技巧地听你说话了，他们会有何收获？比如，因为他们的聆听技巧很烂，导致你对相关人的态度或反应受到了什么影响？

我们都觉得"聆听"是个再正常不过的过程。但是，有技巧的聆听不仅仅是要"听到所说的话"，还要理解话里传达的信息，理解整个场景和讲话人。

听的人如果有良好的聆听技巧，讲话人就会感到很自在，愿意信任听话人，更轻松地表达自己想要表达的看法。

搞清楚讲话人到底要传达什么信息的能力，本身是一门艺术，要经过多年的磨炼才可能至臻完美。下面的做法可以作为你开始锻炼这门艺术的出发点。

肢体语言

通过恰当的肢体语言，清楚地表示你在听。一般来讲，这意味着你可能要稍微夸张下平时的动作。比如，一定要和讲话人有眼神交流，但别老瞪着人家。

你可以使用这些肢体语言，表明自己在听：身体稍稍前倾，头稍微往一边倾斜，间歇性地点头表示你在听所讲的内容。如果真的认真在听，大部分人自然而然就会有这些肢体语言，但是有些人可能不会这么做。

让讲话人说完

不要打断讲话人，让他们把自己的观点表达完整。你想打断发言，可以利用暂停或者讲话人调整呼吸的时间。如果你必须打断讲话人，也要考虑别人的感受——即便你觉得他们没有考虑你的需要。如果你实在没办法，比如你时间有限，必须打断讲话人，那也要为自己打断讲话道歉。要有礼貌地说明自己打断讲话的原因。一定要提及刚刚讲到的内容，哪怕只是简单地带过，然后才转移话题或者离开。

听懂隐含的意思

"隐含的意思"可能和讲话人表面所说的不太一样。讲话人到底什么意思？他们想让你听到或了解什么？他们是不是在说某个东西，但实际上想表达的却是另外一个东西？比如，讲话人可能会说"我很好！"可是他们看起来或听起来却很生气或压抑。把讲话人这些矛盾的地方记下来。如果你觉得可以说，就直接表达你认为自己接收到的信息："你听起来很郁闷"或者"你看起来特别生气"。

把意思问清楚

讲话人可能不能很好地表达清楚自己的意思。当然，也有可能你会误听或误读讲话人的意思。要把意思搞清楚，唯一的办法就是去问讲话人，看他们如何回答。然后把你自己理解的意思总结一下。通常最好的做法是，讲话人在调整呼吸的时候，你用简单的短语、总结或问题的方式提出来。这样做的时候，你一定要表明自己在试图理解讲话人的意思：

- "他们说你今天必须填完表格？"
- "你不是这个意思吧？"
- "你不想再继续往下讲了吧？"

弄清细节

- 问问题，把细节搞清楚，表明你的兴趣。
- 如果有些地方不清楚，直接指出来，说自己没弄懂。让讲话人重述一遍，或者以不同的方式讲解一遍。
- 要把你不懂的地方表达清楚。你之所以会感到很困惑，有可能是因为讲话人本身没搞清楚。你的问题一出来，也有可能会帮助讲话人理清自己的思路。

留下空白时间

有的人觉得空白时间很尴尬，就会想一直讲话，避免留下空白时间。但是，空白时间有很大的作用：

- 它清晰地表示你话已经说完了。
- 它让别人有机会来提出自己的看法。
- 它为你提供了反思的时间。
- 它让大家有时间思考自己的看法。
- 它让大家有时间调节好自己的感受和情感。
- 它为非语言交流提供了机会，这种交流往往比说话更有力。

｜反思｜ 聆听技巧

在你的反思日记里，从上面的聆听技巧中选出你觉得最容易的技巧。

- 你觉得哪种技巧最难学会？
- 你可以进一步培养哪些技巧？
- 你能想出最近自己在哪些情况下使用了这些技巧吗？

建立互信

> **| 反思 | 培养信任**
> - 你真正信任谁，愿意和他分享自己的秘密？
> - 你真正信任谁，愿意让他帮自己管钱？
> - 你信任谁，觉得他会把他自己的秘密告诉你？
> - 你信任谁，觉得你会把你的真实情况告诉他？
>   在上面的情况中，是谁带来了这种信任？

回答上面练习里的问题后，你可能发现，信任要从认识的基础上发展而来。信任需要时间建立。信任很容易被破坏，破坏之后再恢复也要很长的时间。你不可能逼别人信任你。你逼得越紧，别人反倒会觉得你越可疑。要"赢得别人的信任"，你真正需要的是实实在在的行动。

如果工作上没和同事建立互信，要建立良好的工作关系就很难。与他人合作、分享看法、分享个人信息、协商折中办法、委托工作、提供合同等，这些日常事务都会因为有互信的存在而省事不少。

> **| 反思 | 丧失对他人的信任**
> 在你的反思日记里，想出一个你对某人丧失信任的情况。
> - 发生了什么？
> - 丧失信任让你有何感受？
> - 出现了什么结果？
> - 丧失信任后，这个人的行为给你造成了什么影响？
> - 那人需要做什么，才能重新赢得你的信任？
> - 怎样的行为会破坏信任？

> **| 反思 | 丧失别人对你的信任**
> 在你的反思日记里，想一想这样的场景：你做了某些事情，影响到了别人对你的信任。

- 发生了什么?
- 你心里是什么滋味?
- 出现了什么结果?
- 之后你和那人的关系受到了什么影响?
- 你过去做了什么/现在需要做什么,才能恢复别人对你的信任?
- 这样的经历让你对信任有了什么新的认识?
- 怎样的行为会破坏信任?

　　头脑风暴:
- 怎样的行为可以让别人对你产生信任?
- 你可以做哪些事情,培养自己的能力,让别人对你产生信任?

如果你能像下面这样,就可以建立信任:

对自己能做和不能做的事情一清二楚。

说到做到。

不要开空头支票。

不泄露私密信息。

行为前后保持一致。

可靠,承担自己的责任,准时出现。

团队协作

小组里的学习比正式的讲座或展示能学到更多的东西。在小组学习中，学生有更多表达自己的空间，能够与老师和其他小组成员建立实在的关系，还可以培养一系列的技能，比如团队协作。

技巧和企业网络（2001）

在选择成功的要素时，首席执行官选择最多的一条就是，"找到并维持一个好的团队"（Taylor and Humphrey, 2002）。尽管团队协作在工作中非常重要，还是很少有人培养出了优秀的团队合作技巧。具有团队精神的人，一般都会受到雇主和同事的欣赏。可是，我们往往会受到自身需求、情绪、观念、欲望和感情的左右，很容易伤害到自己所在的团队或小组。

伤害团队

你可能会列出好多伤害团队的例子。比较典型的回答有：

- 嫌麻烦，不想去了解有些团队成员。
- 没有尽心尽力。
- 说某些团队成员的坏话。
- 不愿意为需要完成的任务承担责任。
- 置个人利益于团队利益之前。
- 没有最好地利用每个成员的优势和特质。
- 不关心其他团队成员发生了什么事。
- 在小组里很霸道。
- 让某一两个人负责所有的工作。
- 想把团队成员分成"好人"和"坏人"。
- 迟到，甚至压根不出现。
- 不愿意听他人的意见。
- 混日子。
- 不能接受别人的批评。

练习：伤害团队

在你的反思日记里，用两页纸完成这个练习。

- 在第一页纸上进行头脑风暴，列出人们可以做什么事情来伤害团队。人们可以怎么做，让团队变得令人不愉快、没有成果、让人愤慨。列完之后，把你的列表和上面给出的典型回答进行对比。
- 在第二页纸上，列出人们可以做哪些事情让团队变得成功。把你这个列表和下文的"建立一个好的团队"后面的列表对比。
- 以上的两类行为里，哪些行为是你做过的？要诚实回答。你可以做什么，让自己为小组或团队做更多的贡献？

建立一个好的团队

好的团队会有以下的特点：

同心协力

- 团队成员有着同样的目标，有清晰的目标定位。
- 置既定的团队目标于首位，成员利益其次。
- 有清晰的具体目标和重点，并且团队成员能就它们达成共识。
- 会共享信息。
- 能做出决策。

充分利用优势

- 团队每个成员都有各自的特色，能分别做出不同的贡献。
- 花时间去探索发现每个成员的经历、技能和兴趣，并更好地利用它们。
- 分享专长。已经建立起来一段时间的团队，如果成员们可以相互分享知识和技能，团队会更强大。

考虑到每一个人

- 团队会努力，保证不会有成员感到自己被排斥在外或被低估。
- 团队会给每个成员自己的空间。团队协作并不意味着要让每个成员都一模一样，有同样的想法。相反，多样性和差异可以成为很好的优势。要做一名优秀的团队成员，方法其实有很多种。

尊重团队成员

- 通过以下这样的方式尊重每个成员的时间：准时开会，按时完成各个目标，清楚一个成员的工作对其他成员的成果有何影响，控制单个成员在会议上获得的时间——这样避免成员滔滔不绝或离题。
- 尊重团队的意见，想办法让所有成员都可以表达自己的看法：会议开始时征求大家的意见，给每个成员同样的时间就同一件事情发言，请还没有发言的成员表达他们的看法。

我能为团队带来什么

随着自身的发展，你能给团队带来的技能和素质也会越来越丰富。但是，如果你还不太适应团队协作，那就有必要去想想你现在已经有什么素质可以带进团队。想清楚之后，你在刚进入团队时就会更有信心。通过下面的练习，你可以发现自己现在能够为团队带来什么。

练习：为团队做贡献

针对下面每一种为团队做贡献的方式，都在右边和你相符的方框内打钩（√）。

贡献	愿意做	有经验	你很擅长	想要培养
听取他人的意见、想法和建议				
聆听他人讲话				
权衡各种选择				
基于事实做出决策				
找到办法有效地工作				
寻找解决办法				
行政技巧				
找出重点				
表达自己的看法				
有用的专业技能				
在讨论跑题时及时发现并纠正				
努力工作				
遇到困难仍然坚持努力				
有成员被排斥在外时及时发现				
吸引更多的人进入团队				
逻辑思考能力				
数字和统计学				
图表和绘画				
搜索信息				
写成果报告				
组织事务				
建立人脉				
计时				
其他方面：				
（1）				
（2）				
（3）				
（4）				

练习：团队表现里的短处

在团队中，你现在的表现如何？通过下面的陈述来评估你的表现，引导你进行反思。

如果符合你的情况，请在陈述前面的方框内打钩（√）。

- ☐ 我话太多。
- ☐ 我总是迟到。
- ☐ 我会打断别人。
- ☐ 我讨论的时候占了太多的时间。
- ☐ 我让别人去负责团队。
- ☐ 我总觉得自己是对的。
- ☐ 我总是表现得自己好像团队领导人一样。
- ☐ 我喜欢什么事都按照程序走。
- ☐ 我总是跑题。
- ☐ 我会被细节困扰，看不到全局。
- ☐ 我想法很多，但好多都没什么用处。
- ☐ 我会变得太情绪化。
- ☐ 我没办法在截止日期前完成任务。

其他方面：
- ☐（1）
- ☐（2）
- ☐（3）
- ☐（4）

练习：化短处为优势

- 上述对自己的评价有多真实？
- 你有信心把这个评价结果和别人讨论，并能接受别人的评论吗？
- 要改变上面某一方面的表现，你可以给自己设定什么目标？
- 如果有，你的"短处"有什么积极的方面吗？这些方面表明你可能有哪些潜在的优势（比如灵活、关心他人、勇于承担责任、自信地表达自己的看法），你可以对这些优势进行调整，让团队受益吗？
- 至少选出一个短处，想想可以如何对它进行调整，或者把这个短处变为优势。比如，如果你总是出勤率很低，你可以通过其他什么方式来弥补自己总是不在场的缺点？

Belbin（贝尔宾）团队性格分类

Belbin和剑桥工业培训研究组对团队有很重大的发现。他们反复进行了试验，每次实验参与人员都不一样。最后发现，成员全是优秀商业人才的团队，居然远远比不过成员来自不同背景的团队。Belbin根据他们各自的性格，进一步提出了成员可以在团队中扮演的不同角色。在本页的练习中，简单地介绍了Belbin每类角色的大致性格特点。

- 你觉得自己跟哪几类角色比较像？
- 你觉得自己跟哪一类角色最像？
- 你最希望自己的团队里有哪三类角色？

练习：发现你的团队性格

Belbin 分类	好的特点	潜在的缺点	在所有符合你的描述后边打钩，在最符合你的描述后边画三个星***	在我最希望团队里有的三类人后面打钩
执行者	稳重，可靠，理智，能做事情。有组织、有纪律地做事。	可能不欢迎改变和新观点。对他人的期望过多。		
协调者	精力集中，寻找共识，试着让每个人都参与。分配工作；擅长主持会议。可以接受或拒绝他人的观点。	智商不算高；可能被人觉得超纵欲过强。老把自己的工作给别人做。		
推动者	外向，精力充沛，不乱说话，直接；坦诚地表达看法；愿意克服困难；把事情做起来。	不耐心，易怒，不注意他人的感受；可能在错误的时间说出错误的话。		
播种者	有创意而推陈出新的思考者，想出办法，享受寻找解决办法的过程，爱发明。擅长看清"大局"。	为自己的才华过分骄傲；忽略了团队目标和细节；处于自己的梦想世界里；不擅长向别人表达自己的看法。		
资源调查者	好奇，容易被吸引，外向。喜欢探索和寻找信息，喜欢遇到新的人、挑战和尝试新玩意。	兴趣或注意力持续不长；关注某样事物之后很快又被其他的东西吸引了；可能会盗用他人的观点。		
监督者-评估者	考虑问题全面；不情绪化；从多个视角看问题；擅长权衡证据，做出判断；擅长做决策。	观念僵化，太执着"逻辑"；不愿接受创造性或新颖的想法；批判性过强。不擅长想出新点子。		

(续表)

Belbin 分类	好的特点	潜在的缺点	在所有符合你的描述后边打钩，在最符合你的描述后边画三个星***	在我最希望团队里有的三类人后面打钩
团队黏合者	善于观察；擅长聆听和做出反应；顺利解决冲突；老练，社交技巧很好；体贴他人；把团队放在首位。	会被任何意见所动摇；很容易受到影响；含糊其辞；很难最终做出决策。		
完成者	注重细节；有责任心；负责人；可靠；完成目标；对最后的做法进行小的调整。	不擅长分工给他人或信任他人；老爱挑毛病；太过完美主义。		
专家	一心一意，倾尽全力，提供特有的技能；慢慢完成任务；自己动力十足。	对全局不感兴趣；不融入团队；视角很狭隘。		

最佳组合

Belbin发现，有的性格组合效果比较好。如果团队里有以下的角色，会表现得更好：

- 协调者——领导整个团队。
- 好的"播种者"——一个有想象力的人，能够带来项目所需的创造技能。
- 一个监督者–评估者，他可以发现并权衡办法的优劣。
- 其他类型的组合。有个执行者或完成者尤其有用。不同性格类型的平衡特别重要：内向和外向，想办法的人和评估办法的人，带来改变的人和维护稳定的人。

你在上面练习里组建的四人团队（包括你自己）里，有怎样的平衡个性存在？

这样的团队会展现何种优势？又有哪些劣势？

你如果想做完Belbin自我审视的所有内容，可以到你学校的大学职业服务处领取一份测评表。

行动小组

"行动小组"（Mcmil and Beaty，1992）是一种具体的团队，是半正式的。通过它们，你可以了解到其他小组成员提供的信息和选择，获得结构性的支持。

从名字就可以看出来，行动小组重视的是把事情完成。但是，行动小组和其他的团队有一点不太一样，即建立行动小组的目的是帮助小组成员找到他们所认定的问题或困难的解决办法。小组成员会进行头脑风暴，在给定的较短时间内，想出各种办法，讨论不同的解决方案。在下一次的小组会议上，小组成员会回顾头脑风暴之后采取了哪些行动。行动小组本身不是采取行动的主体，它只是应小组成员的邀请，来负责提出意见，监督行动。

行动小组的优势

行动小组的优势有这些：

- 有便于遵守的规则。
- 所有成员一律平等。
- 提供支持性的环境：一般来讲，进入行动小组都是你自愿的。
- 一个你可以潜心于某个困难的问题、找出解决办法的场合。
- 有自己的关注点。
- 会为你选择出来讨论的问题提供众多的视角。
- 想出各种点子和解决办法。
- 要求快速地做出决策，也就是让所有小组成员都可以进一步培养自己做决策的能力。
- 让成员们尝试在很短的时间内找到解决方案。
- 提供一种新的激励：下一次小组会议上你要汇报自己的行动，这会敦促你采取实际行动。
- 小组成员之间非常了解，知道每个人最适合什么。

根据Belbin的性格分类选出自己的行动小组，这可能会你对有所帮助。要是果真如此，一定要谨记行动小组的目标。要解决你项目里遇到的问题，看看哪些类型的人结合在一起可能取得最好的效果。

行动小组的局限

通常，行动小组不是：

- 提供精神支持的小组。
- 讨论组。行动小组严格限制谈话时间。
- 社交小组。
- 项目小组。在会议之外，行动小组不会"执行"必要的行动，去解决个人的问题。

行动小组会议指南

在理想的情况下,要给每个小组成员提供至少十五分钟的时间。如果你每周只有一个小时的时间来参加小组会议,那最好组成一个四个人的行动小组。如果每周有两个小时的时间来参加会议,最好就组成一个六人的行动小组。组员人数最好是偶数。下面的时间分配安排针对的是持续两小时的六人行动小组会议。会议有十五分钟休息时间,每个成员有十七分钟的时间。

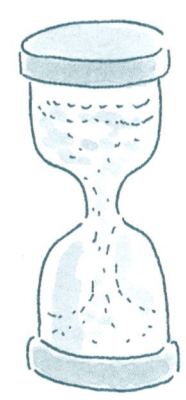

对每个小组成员:

第一阶段(三分钟)

- 给每个成员固定的时间,让他们讨论自己想要改进的领域。因为时间有限,所以每个成员必须要直入主题。
- 某个小组成员在说话时,其他人不能打断,要认真听。
- 让一个小组成员计时。
- 一旦时间到,说话的成员必须马上停下来。

第二阶段(两分钟)

小组其他成员可以简单地问一个问题,把情况弄清楚。

第三阶段(三分钟)

在讨论问题时,其他成员进行头脑风暴,想出可能的解决方案,提出看待问题的思维方式。同样,这个阶段也只有固定的时间。

第四阶段(四分钟)

在给定的时间内,提出问题的人和其他小组成员简单地厘清问题并讨论不同的选择。

第五阶段(两分钟)

在给定的时间内,提出问题的成员要说明自己在下次会议之前会采取哪些行动。所有小组成员都要记下这些达成共识的行动,并在下一次会议的时候检查相关人员是否采取行动。

第六阶段(三分钟)

在下一次会议上,每个成员都汇报自己采取了哪些行动。行动小组会认可成员的成功和进步。如果有成员没有按照计划采取行动,这可能就会成为这一次会议的焦点。每个成员的回馈报告时间也要有所限定,计入分配给他们的总时间里。

组织行动小组会议

理想情况下,行动小组就是小组成员举行会议,会议中每个人都承担同样的责任。

按照各个成员的优势，让成员轮流做不同的任务，或者给每个成员分配不同的任务：
- 联系并布置会场。
- 给成员打电话，提醒他们下次开会和达成共识要采取的行动。
- 在会议上计时。
- 保证小组严格按阶段和所选的问题进行讨论。
- 维持会议的氛围。
- 确保每个成员都做出贡献。
- 确保每个成员获得同样多的时间发言。
- 确保每次会议上由不同的人来做最先或最后的发言人。

角色

如果你能给小组成员分配不同的角色，可能会发现行动小组效果更好。可以分配的有效角色有：
- 协调者或执行者：确保小组不跑题，遵守固定时间，给每个成员同样多的时间。每个阶段都要严格计时。
- 播种者、推动者或资源调查者：这样的人可以带来看待问题的不同方式。
- 团队黏合者：改善小组的社交技巧。
- 监督者–评估者或完成者：让小组能够继续前进，帮助小组在不同选择间做出选择。

建设性的批评

> **｜反思｜建设性的批评**
>
> 在你的反思日记里，快速地写下一些你对"建设性的批评"的理解。

批评并不是指出"哪里错了"。严谨地说，批评是为了弄清什么是好的、坏的和让人满意的。建设性的批评更加具体：这样的批评以积极的方式表达出来，会提出清晰而实用的"下一步"做法。建设性的批评会为你带来进步：这样的批评要产生效果，就必须以一种易于"入耳"和容易理解的方式表达出来。

提出建设性的批评和反馈

需要反馈的原因是要让他人看清楚自己可以如何改善自己的表现，或者以新的方式看待自己的工作。批评的焦点是批评的人，是这些人的需求。批评并不是让你去炫耀自己的小聪明，去证明自己很容易从别人的行为或话语里"挑出毛病"。

之所以会有"建设性的批评"这样的名字，是因为它提供真实但巧妙的反馈，包含了如何改进或进步的反馈。直接的反馈意见很容易伤害别人，也不会有任何作用，这就需要批评的人提供良好的反馈。

良好的反馈意味着要：

- 等到让你表达看法时才发言。
- 认可别人的努力。
- 深入了解情况：提出反馈之前，确保你已经了解了事情的大概、目的和要求。
- 反馈要清楚而真实，但不能太直白或伤人。
- 说清楚对方哪里做得对，以后他们就会坚持这些对的做法。
- 说明哪些方面已经得到了改进。
- 说明几个可以实现的进步目标。
- 就需要做什么给出具体的例子：

"我觉得，如果可以……，看起来会更好。"

"我喜欢这个做法。你有没有想过……"

"前一半做得很好。后一半如果……，会更好。"

良好的反馈本身：

- 要积极地表达：作为可以采取的行动，改善表现，而不是作为错的东西。
- 会激励人前进，而不是简单又模糊地指导别人采取不同的做事方式。
- 要实际：提出的反馈要为听意见的人所用。
- 有选择性：会针对重点，而不是面面俱到。
- 要善意地表达——要以一种让人易于接受的语调和方式做反馈。

不恰当的反馈有：

- 过多的评论和批评。这样的做法会让对方不快。对方不会继续听下去，可能还会变得压抑。
- 负面的反馈。对方如果觉得自己的努力没得到承认，就会忽略听到的反馈。
- 模糊不清的反馈。比如"不清楚"或"需要更多的细节"。要说清楚到底哪里不清楚，或者需要哪些细节。
- 让人泄气的评论。比如"这简直是胡说""深奥难懂""你本来可以做得更好"。
- 难以辨认的反馈。遇到难以辨认的字迹，一般人都不太会花心思去细看，除非他们知道写的东西是在夸他们。

> **｜反思｜提出建设性的批评**
>
> 想一想最近的一个场景。这个场景中，你给某人就他的学习或工作提出了建议。快速地回答以下问题：
>
> - 当时是什么情况？
> - 你做了或说了什么？
> - 在上文提意见的积极方面当中，你体现或者没有体现哪些？
> - 你本来还可以说或者做什么，让自己更好地提出意见？

建设性的问题和回应

通过建设性的问题，发现对方做出选择或采取行动的原因，并思考对方的下一步行动。比如：

- "你觉得你在哪些地方做得不错？"
- "下次你会不会在其他方面采取不同的做法？"
- "你当时这么做，是受了什么激励？"
- "你觉得这个做法有效果吗？"
- "这个做法有些不同寻常。我想知道，你为什么会这样做？"
- "你有任何关于如何运用这个做法的建议吗？"

Jane开始认识到，即便自己的建议很有用，也并非人人都能接受。

接受批评

无论别人如何提出批评,都要优雅地接受它。并不是每个人都擅长提出批评。

- 仔细思考所有批评,就算批评很难让人接受也要思考它。
- 在别人的话中找出真实的部分。如果你花时间进行思考,会更容易发现哪些话是真的。
- 不管是积极还是消极的反馈,都要听。而有些人只听消极的反馈。
- 审视自己是否听明白对方的话。误听很容易,尤其是话不中听的时候。
- 认可反馈意见。对方给你提出建议,可能也下了很大决心。
- 说"谢谢"。
- 再想一想你听到的话到底什么意思。你可以采取哪些行动,改善自己的表现。

> **| 反思 | 接受批评**
>
> 想一想最近的一个场景。这个场景中,有人就你的工作或表现提出了建议或批评。
>
> 在你的反思日记里,快速地回答以下问题:
>
> - 当时是什么情况?
> - 别人说了或做了什么?
> - 你如何反应的?你本来还可以做什么,更好地利用对方给你的批评意见?
> - 通过这次的经历,你对更好地提出和接受批评有了什么新的认识?

有主见

什么是有主见

有主见意味着你要敢于坚持自己的观点,而不表露出怒气。有主见的人会寻找适合双方的解决办法,尊重双方的权利。

> **| 反思 | 果断的人的特点**
>
> 你一想到果断的人,脑子里会浮现出怎样的形象?在你的反思日记里把这个形象快速地描述出来。

有主见就是要：

- 尊重你自己和他人的权利。
- 尊重你自己和他人的需求。
- 向他人清楚、直接地表达。
- 掌控自己的生活，为改变你不喜欢的东西负责任。

权利

Palmer（帕尔默）和Dryden列出了和有主见相关的一系列权利。这样的权利包括：

- 说"不"。
- 犯错误。
- 认为自己的需求重要。
- 在不伤害他人权利的情况下，以恰当的方式表达自己的感受。
- 为自己的行为承担责任。
- 尊重自己。
- 决定自己的重点。
- 毫不愧疚地坚持自己的主见。

你还可以自己加入其他的权利，比如你有权利：

- 追求理想的生活。
- 询问自己需要了解的内容。
- 如果决定影响到你，就要求把你的想法考虑在内。
- 要求公平与正义。
- 保证个人安全。
- 去爱。
- 去思考。
- 不论种族、肤色、国籍、性别、性向、健残、出身、工作经历和个人信仰，不受侮辱和歧视。
- 表达自己的看法。

> **练习：你的权利**
>
> 对你而言，你还想把哪些重要的权利加入上述内容当中？

> 1.
> 2.
> 3.
>
> - 哪些权利对你来说最重要？
> - 在你经常遇到的情况中，你知道自己有哪些权利吗？
> - 据你观察，自己最经常维护的权利是什么？
> - 你觉得自己的哪些权利最难维护？

尊重你自己和他人的需求

"权利"并不普遍适用，也不遵守同样的规则。有的权利并不是国际协定所达成的"人权"，在一些国家里或一些情况下也不适用。比如，服刑的罪犯不可能自己决定要先做什么事。有些权利受到法律保护，有的法律是就人权达成的共同信仰。在你所处的环境下，哪些权利属于合理和合法的范畴，这个问题要你自己来回答。

个人的利益要与他人的利益和具体的情况相互平衡。医生可能"有权利定期犯错误"，这样的说法我们一般都很难接受。有表达看法的权利意味着你有持有这种看法的权利，但是不一定非得因此而侮辱或伤害别人。

有主见并不是说你可以不顾给自己和别人带来的后果，不考虑具体的情况，也要坚持维护自己的利益。你在坚持主见的时候，要保证：

- 你看到了全局，这个全局中包括你自己。
- 你清楚自己的观点。
- 你可以认识到自己的需求和利益。
- 你要本着实际的原则，衡量在这样的情况下自己维护自己的权益是否恰当。如果我们还没能获得支持，没有确保自身安全，就去维护自身权利，有时候可能会很危险，或者风险过大。

向他人清楚、直接地表达

我们如果冷静、清楚和直接地表达自己的需求，就表明我们既尊重自己，又尊重他人。他人知道你的立场之后，就可以做出恰当的反应。你也能把他人的立场看得更清楚。

有主见并不是：

- **咄咄逼人** 有主见并不包括：愤怒、咆哮、逼迫他人按照你的想法做事、威逼、威胁、攻击性的肢体语言或威胁。你有生气和私下咆哮的权利，但是不能靠愤怒或咆哮，逼迫他人按照你希望的方式做事。

- **操纵**　有主见并不包括：利用心理游戏的诡计，让别人按照你希望的方式做事。比如，羞辱他人，让他人感到愧疚或紧张，提醒他人欠的债务，利用他人的怀疑和恐惧，这些都不算有主见。
- **消极**　有主见并不包括：对自己的需求和利益只字不提；做个"牺牲者"；让他人各取所需，你自己空手前行；你想发言的时候保持沉默；抹平自己的印记，没人看见你，听见你说话，或者考虑你。这样的行为会让别人很反感，也意味着别人要为你的需求负责任
- **假装被动的咄咄逼人**　有主见并不包括：清楚地表明自己已经生气了，但表面上还装得很被动。假装被动的咄咄逼人会让别人很不自在，会让情况变得更复杂，更难解决。这种咄咄逼人的方式包括以下行为：说"我不在乎""你想做什么就做吧"或"随便"的同时，却通过表情、肢体语言或语调来表达愤怒。还有其他一些表达的方式：气得不说话，冲出房间，发出噪音盖住他人的讲话声音，不准时赴约，总是不合作。

> **| 反思 |　评估个人坚持主见的程度**
>
> 　　很少有人能够一生都坚持主见，永远表现得公正、理性。对我们大部分人而言，在有些或所有时候，为了达到目的或避免不好的情况出现，都会至少选择上述一两种方法（咄咄逼人、操纵、假装被动的咄咄逼人，或者消极）。在你的反思日记里，想一想：
> - 为了达到目的或避免不好的情况出现，你最常用的是什么方法？
> - 了解你的人是否也认为这是你最常用的方法？

掌控自己的生活

　　我们采用与主见相关的技巧，是为了更好地掌控自己某一方面的生活，但同时也要为自己的行为负责。

> **| 反思 |　反复出现的场景**
>
> 　　想出这样一个场景：在这个场景下，你觉得自己的看法、需求和利益应该得

到考虑和尊重，但是现实却并非如此。想出一个会反复出现的场景，很快你就会面临这样的场景。

- 具体发生了什么？
- 你做了什么？
- 你说了什么？
- 这个场景中，有争议的是什么权利？
- 这个场景中，其他人有什么权利？
- 你觉得自己的方式不太可能被选择的时候，会有什么样的行为（咄咄逼人、操纵、假装被动的咄咄逼人或者消极）？
- 做出这样的行为之后，你获得了什么？
- 你的行为对他人产生了什么影响？

坚持主见的技巧

> **练习：坚持主见的技巧**
> 把下面关于坚持主见的技巧和上述反复出现的场景联系起来。

1. 找出阻碍坚持主见的因素。

迄今为止，是什么阻碍你使用与坚持主见相关的技巧？

- 弄不清楚咄咄逼人、消极、操纵和有主见之间的区别。
- 有主见不是我家人的作风，或者不符合我的文化背景。
- 害怕他人的反应。
- 害怕失败。
- 为出现的情况自责。
- 不想伤害别人的感受。
- 我想过平静的生活。
- 我现在的做法可能不公平，但至少可以让我达到目的。

2. 把你自己考虑其中。

这一点就要求你：

- 看清楚"整个局势"。明白各方的利益，包括你自己的。
- 保证考虑了你自己。如果你总有消极应对的倾向，可能会觉得自己没有权利考虑自己。
- 想一想，你自己是应该处于大局的核心地带、中间地带还是边缘地带。被动的人可能会觉得，把自己置于大局的边缘，会显得自己有礼貌、善良或有修养。但如果他们总这么做，就会让别人显得自私、贪婪或不体贴，这种感觉谁都不喜欢，所以别人可能会生气。咄咄逼人的人则可能总是会找到理由，把自己置于大局的核心地带。

3. 做"我……"这样的陈述。

没有主见的人，往往很难说出"我……"这样的话，比如：

- "我想要……。"
- "我需要……。"
- "我要为……负责。"

有时候这样的毛病很容易显现，因为这些人会把自己的个人需求说成是大家的需求：

- "每个人都需要……。"
- "我们都需要……。"
- "……很重要。"
- "你们必须……。"
- "每个人都必须……。"

> **练习：做"我……"这样的陈述**
>
> 针对你在第218—219页上选出的"反复出现的场景"做"我……"这样的陈述。
>
> **分类　"我……"的陈述**
>
> 你想要什么？　　　　我想要……
>
> 你需要什么？　　　　我需要……
>
> 你有何感受？　　　　我觉得……
>
> 涉及哪些权利？　　　我有权利……
>
> 你要担负哪些责任？　我要为……负责任。
>
> 我的行为。　　　　　我会（做）……
>
> **在你的反思日记里，迅速地回答以下问题：**
>
> - 这个练习对你来说有多难完成？
> - 为了不说"我……"这样的话，你会用什么话来代替？
> - 在所有"我……"这样的话中，你觉得哪一个最难说出口？
> - 你在什么时候会说"我……"这样的话？

4. 选择恰当的时机。

要保证：

- **恰当的时机。**这并不是说，要等到完美的时刻，因为这种时刻可能永远都不会有。恰当的时机意味着选出可能的最佳时机。跟别人约好时间，或者开会的时候，保证腾出单独的一段时间来讨论某件事情。要说清楚你具体需要多少时间。
- **别人在全身心听你说。**如果必要，可以提醒别人注意。选出别人有精力来注意你说话的时间段。大家如果在看电视、听收音机或者大声放着音乐的时候，不要奢望自己能盖过这些声音。

5. 说明情况和期望的改变。

如果你告诉别人自己接受不了他们的某些行为，就要为自己的这种做法承担责任。告诉别人的时候，要冷静，不要听起来像是在责怪对方。说清楚是什么行为让自己接受不了，为自己在事件里的行为、感受和反应承担相应的责任。说清楚你想要什么。

例一

要说：

"每天早上我跟你打招呼，你都没反应，我觉得很受伤。我希望你能够跟我说早上好。"

而不是说：

"你每天早上都很没礼貌。你这样的行为，让我觉得自己被忽略，会很生气，影响我一天的心情。"

例二

要说：

"我需要在下午四点前拿到价格表。如果你四点以后才把它寄出去，我们今天就没办法看到最新的价格表了。"

而不是说：

"你知道邮局每天下午四点发所有的单子。你自己不尽力把价格表准时送到邮局，还期望我们把事情完成，这简直是自相矛盾。昨晚上我很不开心，都是你的错——你真的让我们压力太大了。"

6. 使用主动的语言结构。

你在说"我……"这样的话的时候，要使用主动的语言结构。主动的语言结构会尽量避免使用"不"或者"不是"这样的词语。这样的结构还很清楚，说得到位，表明你要做的事情。不要使用"试一试"这样的字眼，这样的字眼往往意味着过程很艰难或者结果会失败。也不要使用限定词，比如"一些""可能""有点""非常"。

主动的语言结构	不要说
• 我要让别人带我一程。	我会试一试，看看能不能让人带我一程。
• 我有资格拿这个钱。	我真的觉得，我应该拿自己应得的部分。
• 我希望不再听到这样的闲言碎语。	这样的闲言碎语少一些，我觉得会好很多。
• 我会完成比赛。	我打算尽力去完成比赛。
• 能不能请你帮我一起抬下这个东西？	我自己扛不动这个东西。你可以帮我！
• 我想少说两句。	我从来都没机会表达自己的看法。
• 我生气了，还很郁闷。	我尽量不在这里大发雷霆！

7. 咨询他人的意见。

你说清楚自己的问题之后，要去看看就这个问题有没有其他的观点。问问别人，看他们怎么看待这个情况，对这个情况有什么看法。要让别人看到，你是真心想听取他们的意见。他人在表达看法时，不要打断。

8. 承认感受。

很多时候会看到这样的情况，即便已经气得咬牙切齿，有人仍然坚持说："我不生气！我不生气！"但别人都知道他已经生气了。像这样的情况，人们不承认自己真实的感受，会让问题更难解决。

讨论自己的感受总会让人很不自在，很难启齿，但这样的讨论往往会有很好的效果。即便你口头上不表达自己的感受，至少要了解自己的感受。否则，别人可能会比你更加了解你自己。

- 想一想自己当前的感受是什么。
- 自己心里要承认这样的感受。
- 针对这样的感受，造出"我……"这样的句子。例如，"我觉得……"。
- 注意千万别让自己的感受影响到周围的人。你有权利感到生气，但是没权利逼别人跟你有同样的感受。
- 愿意聆听他人的感受，思考这样的感受意味着什么。你可能不喜欢听他人所说的东西，但是他人有权利表达自己的感受。

9. 提出和征求建议。

有主见意味着你要找出最适合双方的解决办法。就下一步如何走，提出建设性的意见，向双方指出好处所在。咨询他人的意见，要愿意协商（参见第229页）。

10. 厘清达成的共识。

确保双方对达成共识的细节已经达成一致。这样可以避免以后出现争议。把共识以书面的形式写下来，会让双方更加尽心尽力。看看对方写下的共识，看看你是否同意对方写下的细节。自己也留一份。

如果你不是个很有主见的人，你可能要调整一段时间，才能改变自己的习惯和思维。你可以寻求值得信赖的朋友或者学生咨询师的帮助，"演练"坚持主见的场景，以此树立信心。记录下你有多少次坚持了主见，便于总结自己的进步情况。

> **| 反思 | 有主见**
>
> 在你的反思日记里，迅速地回答以下问题：
>
> - 更有主见之后，你会有何收获？
> - 要运用和坚持主见相关的技巧，你遇到了哪些困难？
> - 你会如何解决这些困难？
> - 你可以使用以上的哪些技巧？

和难相处的人打交道

关于做个魔鬼

我们每个人都难免会有时候很难相处。大部分人都有自己的"讨厌之星":它们是一些我们处理不好或者会让我们变得不理智的情况和人。面对一个很难相处的人,将心比心可能会是个不错的出发点。我们有必要这样想,可能这个很难相处的人,在其他的情况下,还是很理性的。

> | 反思 | 做个难相处的人
>
> 在你的反思日记里,快速地写下一个你表现不理性或"不正常"的场景。在这个场景下,你乱吼别人,过多地抱怨,给局势火上浇油,或者让局势失控。
> - 为什么偏偏是在这个场景下,你有这样的行为?
> - 你从这个经历中吸取了什么经验教训,让你在别人表现得不可理喻、难以相处的时候,可以尝试去理解他们?
> - 列出所有会让你变成"魔鬼"的情况。对于你认识的难相处的人来说,这些情况是不是也适用?

是不是只有我

如果在多种情况下,你都觉得同一个人很难相处,你可能会觉得这个人确实很难相处。事实可能如此,但你还是可以找到一些办法,缓解你和这个人的关系,这样你自己的日子也过得舒坦一些。想一想:

- 其他人觉得这个人难相处吗?
- 仔细观察一下,是哪些人和这个人的关系处得最好?这些人是怎么做的?
- 这个难相处的人身上,有什么东西总是让你看不惯?
- 这个难相处的人身上,有什么东西让你觉得自己很难冷静并合理地做出反应?
- 你做了什么,让情况变得更糟糕?你可以做什么,让局势变得更明朗一些?

> **| 反思 |** **和难相处的人打交道**
>
> 想出这样的场景:你和难相处的人打交道,对你产生了重大的影响。简单地写下当时发生了什么。
>
> - 你当时有何感受?
> - 这件事对你产生了什么影响?比如,你觉得很难专心工作、享受夜晚时光、入睡或者保持冷静?
> - 你把这件事向别人讲述了多少次?讲述花了你多少时间?如果这些时间没有用来讲述,你本来可以做其他什么事情?
> - 现在看来,不管是事情发生当时还是之后,你本来还可以有什么不同的反应,让这件事情对你的影响不至于那么大?
> - 改变你和这个人的相处方式后,你最想获得什么结果?

对我的影响

难相处的人对他们周围的人可能会产生很重大的影响。这些人可能会成为大家讨论的对象。和他们相处,谈论他们,回顾和他们相处的场景,计划下次跟他们相处时你要说或者做什么,所有这些都会耗费时间和精力。但这些时间本来可以花在更有意义的事情上。计划如何应对难相处的人固然很重要,但是也要保证,他们不会成为你浪费时间和转移注意力的借口。

不管难相处的人做了什么,你都有责任控制好他们对你产生的影响。

控制好局势

只认行为

和他人相处有一条黄金法则，即"对事不对人"。这一点说起来容易做起来难。你想到某个人的时候，要下意识地关注他们的行为。比如，说"那种行为让我生气"，而不说"她让我生气"。做到对事不对人，以后你在和这个人相处的时候，会容易很多。

找出刺激源

针对你上述找出的难相处的人，快速地列出他们让你愤怒或影响到你的行为。比如，他们是不是：

- 老打断你？
- 打断你的学习或工作？
- 占光所有的讨论时间，表达他们的看法？
- 不让你表达自己的看法？
- 每次讲座或会议都迟到？
- 做了其他的事情？

找出难相处的人行为积极的一面

在这个难相处的人身上，找出你真正欣赏的优点。他们的行为可能让人不舒服，但是要看到这种行为积极的一面，比如他们是想取悦别人、想做贡献或为了制造幽默的效果。

考虑难相处的人的需求

一般来讲，行为都有其目的，即便行为在具体情况下显得不太恰当，也是如此。有时候，人们受到误导，鲁莽地去达成自己的目标。你觉得难相处的人，他们这样做也是为了达到自己的目标。他们的目标可以是：

- 获得注意。
- 获得尊重。
- 让自己的意见被听到。
- 交朋友。
- 获得关注。
- 感到别人认为他们很聪明。
- 转移他人对其他事物的注意力。

想一想，你（或者整个团队）可以通过怎样的方式，在一定程度上满足这些人的需求。这样一来，他们的要求就不会那么苛刻，他们也会更好相处。

认可难相处的人

人们的需求如果没有得到满足，就会有不理智的行为。你要聆听他们所表达的内容，让他们知道你已经听明白了。比如：

他们的情况	你的反应
他们情绪低落。	"我看到/听说你不太高兴。"
他们在生气。	"我看到/听说你在生气。"
他们想要被注意。	"这个想法不错。""这一点很有意思。"

认清难相处的人的需求

- 问他们想要什么。
- 把他们提出的需求重复一遍,让他们知道你在听,并且听得很准确。
- 考虑他们的需求是否可以满足。
- 让他们知道你可以满足哪些需求。
- 如果你提出的建议被拒绝,你要保持冷静,再重复一遍你可以满足的需求。

承认你自身的感受

- 认识到你自己的感受。这样你可以更好地控制自己的反应。你是生气?情绪低落?不开心?暴怒?感到愧疚?被惹恼?
- 看一看,你把自己的情绪控制得如何?你是否需要冷静下来?
- 清楚简单地表达你的感受,让他人看清楚。

陈述不可争辩的事实

不要发起对错难分的争吵,要关注事实。

- "他们要关门了。我们必须现在走。"
- "这只是个讲座。现在不可能把问题解决了。"
- "我们还没有拿到发票。等我们拿到发票的时候再来讨论这个事情吧。"

话要说得清楚简洁

- 说得简单。如果没有必要,不要去争论细节的内容。
- 说清楚需要做什么。
- 着眼于眼前的情况:不要纠结于过去发生的事情。

说明你想要什么

想一想,从当前的局势中,怎样的结果对你来说比较合理。冷静、简单、清楚地把这个结果说出来。不要进行不必要的细节补充或评论。如果难相处的人在大吼大叫,或在自顾自地说话,你可能需要把自己的需求多重复几遍。

- "我想等我们都冷静下来的时候再讨论这个问题。"
- "我希望你在晚上九点之后不要再给我打电话。"
- "我想为小组讨论留更多的时间。"
- "我想听听看别人有什么意见。"
- "我想要退款。"

提出积极的解决办法

- 保持积极的视角。寻求可接受的解决方案。
- 提出打破僵局的建议。

- 说明提出的方案有何好处。
- 即便你觉得应该主动求和的是对方,你也要愿意进行协商,做出妥协,或者让双方达成一致。
- 让参与各方把达成共识的解决办法写下来,保证方案清晰。

厘清任务

如果团队里有很难相处的成员,可能是因为不太清楚别人对他们有什么预期,或者是他们不太喜欢这样的预期。

- 让他们参与重大决策。
- 协商并厘清目标。
- 确保这些人感到任务有足够的挑战,并对任务感兴趣。

找出长期压抑的感受

即便有的人很难相处,他们仍然极有可能觉得自己很有理。这样的情况下,你无论做什么,都不太会改变他们的看法。人们一旦变得情绪化,就很难有正常的逻辑思维。因此你应该等到这些人情绪稳定一些之后,再去表达自己的看法。

这些人之所以表现异常,可能是因为长期压抑着自己的沮丧、愤怒或恐惧的情绪。如果这些情绪没有表达的机会,他们就会无意识地发泄到别人身上。比如,明明很小的事情,这些人却可能有很大的反应。

如果他们把你当成出气筒,你要记住这是不公平的,你也不必逆来顺受。

生气的人可能完全不知道自己在做什么。如果你要在这时候找他讨论问题,除非是以下的情况,否则你讨不到什么好处:

- 你很了解这个人。

- 你跟这个人关系比较好，可以和他讨论个人问题（这个人情绪化的源头可能是他个人的原因）。
- 你们早已约好一起来讨论这件事情。
- 你俩都很冷静。

别找新的出气筒

别人在你身上发泄情绪，你很容易把另外的人变成自己的出气筒。这样做时，你当时感觉可能还不错。但是，不管是对人还是对事，这种做法都不太妥当。长期看来，这样做还不利于你去化解冲突。为了不把自己的怨气发在别人身上，你可以这样做：

- 警惕你最容易发泄到别人身上的情绪。
- 是什么会让你有这样的反应？
- 在你看来，别人最容易向你发泄什么情绪？愤怒？愧疚？羞辱？紧张？恐惧？
- 想出解决策略，避免自己陷入上述境地。

协商谈判

协商谈判涵盖的范围很广。它可以包括日常情况，比如用多少预算去买啤酒、巧克力或者蔬菜。谈判协商也是团队工作的很重要部分。对大部分工种而言，也都或多或少需要与顾客、客户或第三方进行协商谈判。

擅长谈判的人，会运用各种各样微妙的技巧和特质。它们包括：

- 做决定。
- 劝说和沟通技巧。
- 看清局势和"反对意见"。
- 和难相处的人打交道。

做决定

你在谈判的时候，可能需要快速地做出决定。在参加谈判之前，你有必要做好准备，把情况和可能提出的问题想透彻，以确定自己的立场。

关键

到底什么才是关键内容？最终目标是什么？最终目标对谈判过程有很重要的指导意义。现在你可能没办法实现这样的最终目标：只靠处理好某个争论，或者做成一笔交易，就想实现世界和平，营造和谐的团队氛围，或者成功地完成团队项目，是不太可能的。但是，通过协商谈判，你可以逐渐朝最终目标前进。只要谈判让你前进了一小步，就是取得了一定的成果。如果谈判让你走了一大步，你在以后的谈判中就没那么多压力了。

理想结果

想一想你心中的理想结果是什么。这个结果有什么表现?会有什么好处?一定要想清楚这些问题,才能让你在谈判的时候有干劲。

底线

想一想你的"底线"。你最低的标准是什么?通常来说,这种标准往往不是我们最希望看到的结果。谈判双方往往有着相反的利益。要最终达成共识,双方都会做出一定程度的退让。你要想清楚自己从谈判中到底想获得什么结果。

- **理想的结果** 你的理想结果是什么?想清楚这点之后,你协商的时候会更加坚定。

- **可以接受的好结果** 这种结果是什么?这种结果对你有什么好处?在你的"理想结果"中,有哪些东西是可以放弃的?

- **退而求其次的结果** 这种结果意味着你可能要放弃更多自己在理想结果中追求的东西。

- **可能的结果** 要现实。可能出现的结果是什么?你能接受这样的结果吗?你也可能取得更好的结果。但是如果做不到,你会怎么调整,去接受这个可能的结果?

- **最底线** 你的底线是什么?你觉得哪些方面可以商量?你的最上限或者底线是什么?尝试冷静、清晰地表达这些看法,这样你在谈判时,就可以坚定而有说服力地陈述自己的要求。把这些要求写下来,随身带着,在谈判的时候就不会在原则问题上妥协。

知道何时妥协

谈判的时候,往往很难知道什么时候该坚持追求最好的结果,什么时候该为了取得一些成果而做出妥协。你必须要权衡:

- **截止日期** 追求最好的结果,你需要多长时间?
- **成本** 如果花很长时间谈判才能达成共识,你可能会有什么损失?为了追求自己的目标,你可以坚持多久?
- **风险** 如果你一直坚持,但又没达成目标,会出现什么情况?你还能成功掌控局势(或者自己的生活)吗?
- **竞争** 有没有人可以提供比你更好的条件,把你从谈判中挤出去呢?
- **历史** 在类似的情况下,或者和这个人或团队一起的时候,往往会出现什么结果?最后可能会达成什么共识?他们在哪些方面不太可能做出妥协?

"悔不当初啊！"George（乔治）才意识到自己在个人发展规划中没有包括协商谈判技巧。

灵活度

综上所述，进行谈判协商，你需要权衡很多可能性，评估局势，能够在多种结果当中选出符合当时情况的一个。你的选择就是要灵活，坚持追求可能出现的最好结果。你可能会成功，但更有可能是会空手而归。如果是后者，就意味着你要重新开始一系列的谈判。故此，你需要好好权衡"空手而归"的结果，看看自己要付出什么代价。

看清局势和"反对意见"

调查背景

尽可能多地去了解谈判的对方、团队和他们的需求、利益和动机。这样一来，你谈判的时候会更有优势。

厘清双方的立场

让双方都来讨论各自的目标和可能的选择。讨论过后，你可以看清楚还有哪些可以调整的空间，哪些方面是毋庸置疑的。要改变这些毋庸置疑的内容，估计得耗费大量的精力。一定要搞清楚对方能够接受什么结果，不能够接受什么结果。如果对方的这些立场你可以接受，谈判的时候，就别讨论它们，去看看哪些方面还可以协商。

肢体语言

管理学院呼吁人们关注肢体语言这种交流方式的重要性，认为了解肢体语言在工作场合的影响很重要。Ribbens（里宾斯）和Thompson（汤普森，2001）认为，可能有多达90%的交流都是非语言的。注意对方有防备的一些表现。如果对方觉得需要维护他们的立场，可能协商过程就没那么容易如你所愿。

- 苦恼的迹象（坐立不安；焦躁不安地乱动；摇来摇去；眼睛往地上看；手在脸上焦虑地移动；来回踱步）。
- 拒人于千里之外的姿势（手脚环抱；噘嘴；双手缠绕；身体防御性地前倾）。
- 拒绝的动作（不进行眼神交流；摇头；不愿一起交流）。
- 害怕说话（手在嘴上游离；咬嘴唇）。
- 不愿听别人讲（身体前倾地坐着；手在耳朵上游离；用动作打断别人说话；用手指敲击桌子）。

说服力和良好的交流技巧

如上所述，有人看起来、听起来或觉得要防备你。要让他们放松，你可以尽量让他们看清楚你的想法。如果你采取以下做法，可能会让情况明朗一些：

- 不要硬生生地把自己的想法表达出来。
- 对方关心的方面是他们所熟悉的，你可以以此为突破口。
- 请求休息，和对方私底下交流几分钟。
- 模仿几分钟对方的肢体语言，慢慢地加入些更放松的姿势（手臂放松，双腿不再缠绕，放松地靠在椅背上，头或手做一些放松的动作）。
- 微笑。
- 从对方的角度来思考整个问题：当你真心站在对方的角度看问题之后，你的行为方式会更有可能为对方所接受。

说话要考虑对方的愿景

让对方知道你在全心全意地听他们表达看法。不断提到对方的目标和利益，说明你的提议中哪些方面可以帮助实现对方的目标和利益。把提议的好处说清楚，让对方看到你的方案可以实现他们的目标，这点很重要。如果实现不了，对方就不太可能会同意你的方案。

表明愿意妥协的意愿

让对方明白，你愿意做出妥协。不要直接把你的"底线"表达出来，否则双方就不会再有协商的余地。清楚地表达你认为"最理想"的结果，让对方看清楚你在哪些方面还愿意协商——没人愿意成为唯一做出妥协的一方。你提出方案的时候，要注意对方的反应，看看对方是不是满意你提出的方案，还是你需要进一步说服他们。

为交流留些余地

即便协商没有按照你所想的方式进行,你也要保持冷静。不要生气离开或给出最后通牒,这样你就"烧掉了沟通的桥梁"。你要为以后进行交流对话留些余地。如果有必要,双方可以一起进行头脑风暴,想出更多办法,休息一下再考虑你的提议,从头开始,或者寻找不同的选择组合。

练习:改变反复出现的场景

在这个练习里,你要想出一个反复的场景。在这个场景里,你可以运用与有主见和谈判协商相关的技巧。这个情景可能和你在本章里其他练习里运用的是同一个。在下表右方的空白处给出相应的答案。

场景(简单介绍下当时的情况,再介绍些正常的情况)	答案
你做了什么?	
这种行为产生了什么影响?	
你对这个情景有何感受?"我觉得……"	
要积极地看待这个场景,要这样看……	
找出你的目标。"我想带来的改变是……"	
你有什么权利?"我有权利……"	
这个场景中,对方团队或人有什么权利?"他们有权利……"	
这个场景中你要承担什么责任?"我有责任去……"	
对方要承担什么责任?"他们有责任……"	
正确的时间和地点是什么时候,在哪里?你怎么确保对方会全身心地听你讲话?	
你还可以说出其他什么"我……"这样的句子?	
为了找到解决办法,你的提议是……	
你的底线是……	
你可以从他人那里获得什么支持(比如演练,别人的鼓励)?	
其他事项。	

练习：评估协商谈判技巧和有主见的效果

	场景	我做了什么（包括你如何运用了与有主见相关的技巧）	对我而言的好结果	对他人的影响	还需要采取什么行动
1					
2					
3					
4					
5					

领导力

领导人的作用

领导人提出愿景。他们可以激励其他人。领导人的内心要为自己的角色树立一个清晰的典范。这种典范极有可能会受到领导人日常生活里的角色、领导人的价值观和激励领导人的源泉的影响。现在，对于一个领导人是怎么样或者应该怎么样这个问题，你头脑里应该也有一个典范。比如，有人可能会用下面的一个或多个比喻来形容领导人。

领导人是：

- 建筑师，他设计和建造工程。
- 销售经理，他销售的是愿景。
- 社会服务人员，他无私奉献，帮助他人更好地生活。
- 将军，他指挥千军万马。
- 演员，他为观众表演。
- 外交官，他平息风波。
- 艺术家，他有着独特的视角。

被领导者眼中的领导力

> | 反思 | 领导力
>
> - 你自己有什么比喻，可以最好地描述你眼里的好领导？通过这个比喻，你发现自己对领导人和领导力有何想法？
> - 按照你当前对领导人和领导力的看法，你是想成为领导，还是尽量避免做领导？怎样的比喻可以激励、鼓励你去做个领导人？你当前所扮演的角色中，有没有符合这种比喻的？
> - 在符合你的比喻的领导人领导下，你觉得团队会有何回应？
> - 符合哪种比喻的领导力可以培养出积极、动力十足、独立的最佳团队？

高效率领导人的特点

会激励他人

好的领导人可以让团队看清楚最终愿景，不让密密麻麻的具体目标、截止日期和问题遮住这种愿景。

Heerkens

领导人制定愿景，并对它表现出一种切合实际的信心，还要把这种愿景传达给其他团队成员，让所有成员都看清楚实现这个愿景会带来什么好处。

好的领导人能想到办法，让总体目标可以促进个人目标的实现。一般来说，成功的领导人提出的愿景，考虑的都不是他们个人的目标，而是整个项目或团队的目标（Taylor and Humphrey，2002）。

> **练习：你给领导人的建议**
> - 如果你想知道如何鼓励和领导别人，可以先想想被人领导的感觉是什么样的。项目要成功，往往需要你"再往前迈一步"，怎样的行为、交流或策略能够激励你"再往前迈一步"？
> - 列出你认为高效率领导人的行为。
> - 深入思考，列出你可以为项目负责人提出的"建议"。
>   列完之后，把你的列表和上文给出的"高效率领导人的特点"进行对比。

> **｜反思｜领导别人向愿景出发**
> - 鼓励他人朝着怎样的愿景出发让你觉得最自在？
> - 可以怎样利用你的价值观，让你对领导力技巧更感兴趣？（参见 Chapter 1）
> - 你的价值观可以通过怎样的方式帮助或阻碍你成为领导人？

建立责任感

如果团队成员觉得自己对项目有责任，就更有可能会做得更多。高效的团队领导人会：

- 提出清晰、鼓舞人心的"愿景"。
- 保证整个团队对项目目标和目的一清二楚。
- 看清项目取得成功的重要性或相关性。
- 说清楚每个团队成员的工作对整个项目的重要性在哪里。
- 身体力行。

制订策略

团队或项目负责人的主要任务之一，是要制订策略。有了策略，就可以让团队的努力和资源都用来实现同一个目标。策略可简可繁。

> **| 反思 | 使用策略**
>
> - 迄今为止,在制订策略方面,你有何经验?
> - 在为你自己或团队开发策略过程中,你总结出了什么技巧?(参见Chapter 5)
> - 你可以给自己创造什么机会,让自己更多地参与政策制定的过程(比如,参加学生俱乐部、政治团体、慈善机构、当地政府,做个学生代表,创业,建立新团队或发起新工程)?

鼓励他人做出贡献

团队成员如果觉得自己受到重视,就更有可能做出贡献。高效的团队领导人会:

- 注意到团队成员的贡献。
- 感谢成员做出的贡献。
- 说清楚每个团队成员在团队里的角色——让大家注意到不那么明显的成果。
- 说清楚团队成员的成果对整个项目有何贡献。
- 公平、有礼貌、体贴地对待所有团队成员。

展现所有团队成员的价值

团队成员如果觉得自己的意见得到重视,就更有可能愿意提意见。高效的团队领导人会:

- 制造机会,让团队成员提出意见,鼓励团队成员一起想出解决办法。
- 制造机会,让团队成员为实现计划和目标贡献力量。
- 说明团队成员的建议和评论得到了怎样的考虑和应用。
- 允许团队成员为实现具体目标,制订各自的计划。

阐明期望

团队成员如果知道对自己的预期是什么,就更有可能做出贡献。高效的团队领导人会:

- 协商后为每个成员设定具体的目标。
- 阐明单个成员的工作和其他人工作之间的联系。
- 协商后制定团队行为的基本原则。
- 说清楚对每个人来说最终的成功是什么。
- 确保不确定的感受已经降到了最少。

确保团队正常运作

团队领导人要确保团队正常运作,了解不同成员可以做出什么贡献。好的领导人可以保证自己的团队顺畅地运作；团队运作不正常时，他们会采取相应的措施。这些领导人是团队里全身心投入的成员，团队一旦出现问题，他们会立马着手解决。

> | 反思 | 领导团队
> - 你觉得自己最适合领导哪种团队工作？
> - 现在你在什么时间或场合做这种领导工作？
> - 如果你没有领导团队或会议的经验，你可以创造怎样的机会，让自己积累这方面的经验？

承担责任

团队领导人是团队里最瞩目的成员。团队运作良好时，绝大部分的荣耀都归属于他们。同样地，如果团队出现问题，他们也必须做好承担责任的准备。一想到要承担责任，可能会让团队领导人感到害怕。但是，在大部分情况下，为我们自己的行为承担责任非常重要。

展示优秀的"社会交际"技巧

领导人需要有效地跟别人沟通。如果领导人人际交往能力不行，就不太可能让整个团队的人持有同样的愿景、团结在一起、为整个项目尽心尽力、在截止日期前完成任务、化解矛盾。领导人还有大使一样的功能，他们要代表团队发言或谈判。

> | 反思 | 承担责任
> 想出这样的场景：你在这个场景中需要为结果承担责任。如果可能，选出这样的场景。在这样的场景下，要承担责任很困难，但是你仍然承担了责任。
> - 发生了什么？
> - 你当时扮演了什么角色？
> - 当时勇于承担责任，你有何感受？
> - 这次经历让你学到了什么，可以运用到其他的场景中？

> ### 练习：更新自我评估
> 对你的社会交际能力进行新一轮的自我评估（参照第133—134页）。
> 把这个新的评估结果和你一开始做的评估结果作对比。你注意到什么变

化了吗?
- 你当前培养社交能力关注的重点是什么?
- 你可以创造怎样的机会,让自己进一步培养社交能力?

本章回顾

现在的工作越来越多地要求求职人有管理能力,承担管理他人和他人关系的责任。同样,大部分雇主对于管理他人(可以是同事、顾客或客户)的技巧都有着越来越高的期望值。

同时,学习生涯往往强调的是个人努力和成绩。这样做有很多理由,比如保证教学标准,保证每个学生作为一个个体,能够有良好的表现。但是,现在也有很多教学项目融入了小组工作、团队工作和工读课程安排,确保学生能有机会去培养他们的社交能力。

不管课程里是否提供了关于社会交际技巧的内容,寻找机会培养这些技巧总是没错的。大学里的职业咨询服务处、学生会、学校联络办公室和其他一些志愿者机构都可以提供这样的机会。

首先,社会交际技巧需要良好的自我管理,本章应该和 Chapter 4 一起看。要让自己更好地与他人互动,理解他人的需求,情商是个很重要的因素。有些大学也会提供一些额外的课程,比如基本咨询技巧和坚持主见的课程,培养学生的社交技巧。

在生活、学习和工作的方方面面,有效的社交技巧都是无价之宝。这样的技巧就像润滑油,让你和他人可以顺畅地交流。你一旦培养了良好的社交技巧,就可能提前看到哪里会出现问题,从而采取措施把困难降到最低,让日常的社会交际更加和谐。这样既减小了压力,节省了时间,还让每个人都更加自在,每个人都会更开心。也正因为如此,社交技巧才受到了如此高度的重视。

参考阅读

Belbin, M. R.(2010)*Team Roles at Work*,2nd edn(London:Butterworth-Heinemann).(For more about using Belbin types for team work.)

Benson,J. F.(2009)*Working More Creatively with Groups*,3rd edn(London:Tavistock).(Useful for dipping into;contains many ideas about making groups work effectively.)

Cottrell,S.M.(2008)*The Study Skills Handbook*,3rd edn(Basingstoke:Palgrave Macmillan),Chapter 5.(An introduction to the skills of working with others,specifically in university contexts.)

Kozubska,J.(1997)*The 7 Keys of Charisma:The Secrets of Those Who Have It* (London: Kogan Page).(Particularly useful for those considering management,media and high-profile jobs.)

Luft,J.(1984)*Group Processes:An Introduction to Group Dynamics*,3rd edn(Mayfield, CA: Mountain View).(For more advanced reading about group dynamics.)

Mcgill,I.and Beaty,L.(2001)*Action Learning:A Practitioner's Guide*,2nd revised edn(London: Routledge),Chapter 2,5 and 9.(For more detail specifically about action sets.)

Ribbens,G..and Thompson,R.(2002)*Understanding Body Language*(Abingdon:Gower). (Looks at body language in a range of everyday work settings.)

Taylor,R.and Humphrey,J.(2002)*Fast Track to the Top:Skills for Career Success* (London: Kogan Page).(The skills associated with successful chief executives,including inter-personal skills.)

Chapter 7

打破固定化思维

学习目标

本章帮你：
○ 了解自己的大脑如何运作，更有效地利用大脑
○ 开发学习新事物的潜能
○ 培养对自己创造力的信心
○ 利用策略来想出办法
○ 采用创造性的方式进行思考

简介

生为学习

学习是个很自然的过程。我们的大脑天生就是用来学习的——大脑里大概有1000亿个神经元,这些神经元通过纷繁复杂的网络联系在一起。这些神经元网络让我们可以:

- 把信息从大脑的一个部位传送到另一个部位。
- 在新信息和我们所熟知的信息之间建立联系。
- 理解我们的经历。
- 编码信息成为记忆。

我们可以把自己的大脑想象成几千亿棵树,它们朝各个方向生长,但这些树的树根和枝干又有着千丝万缕的联系。要完成一项活动,这些树根和枝干要进行几十亿次联系——但整个过程只需要几毫秒的时间。想法就像一记闪电,照亮这个巨大的网络森林。

我们的大脑还非常灵活。他们让我们享有无以计数的学习方式,这些方式可以是:

- 听。
- 模仿。
- 采取小的措施。

- 练习。
- 观察别人。
- 做白日梦。
- 把灵感付诸实践。
- 把不同的问题联系起来等。

学习可以很容易。我们还不到五岁的时候，还不知道"学习"为何物，但我们的大脑却已经完成了它们需要完成的最复杂的任务。本章要讨论的就是你可以如何去让自己的大脑发挥令人震惊的能力。本章前面部分会探讨大脑的一些特征，这样你可以更好地利用大脑的自然特质。

我们如果僵化地进行逻辑思考，就很难获得灵感。本章会探讨如何刺激大脑的方法，让大脑发挥它奇思妙想的能力——这可能意味着你得忘记自己学习或工作习惯，尝试你平常不太习惯的思考和行为方式。首先，你要做完下面的练习。

> **练习："盒子"**
> 在你的反思日记里，快速地回答以下问题：
> - 鞋盒子通常用来干什么？
>
> 本章在后面部分还会回到这个练习。

限制智商

聪明和创造力是不是同义词？你在学校成绩很好，是不是意味着你是个有创意的人？De Bono（德·波诺，1994）认为，在两个关键的方面，聪明人往往会被自己的智商所制约：

1. 聪明人很擅长辩论，会比别人更好地维护自身立场。这些人更有可能赢得辩论，他们就更有可能觉得自己已经找出了最佳的解决方案。你可能也认识这样的人。如果你觉得自己"是对的"，就没理由再去听别人讲，或者去寻找更好的解决方案。

结果，很多高智商的人因为可以很好地维护自己的观点，局限在了很烂的观点里。

De Bono（1994）

2. 比起找出建设性的解决方案来说，去证明别人是错的这件事可以更容易、更快做到，也更容易吸引眼球。消极地批评别人后，你显在的"优越性"会更加明显。要提出建设性的意见，往往需要更长的时间，最后自己没得到好处，反而让别人出尽了风头。

但是，消极地批评激励不了创造性思维。

我们对"什么是智商"的看法可能会阻碍大脑将功能发挥到极致。如果我们能认为自己的智商不高，这样的想法就会限制我们充分发挥自己的能力（Cottrell，2008）。人们如果觉得自己"不是很聪明"，或者"不是很有创意"，很可能最后会作茧自缚。相反，积极的思考和建设性的心理活动可以培养大脑的创造力。创造力就像肌肉，你锻炼得越多，它就会越强大。

| 反思 | 限制创造力

在你的反思日记里，写下：
- 你当前以怎样的方式，限制了自己的思考能力？
- 你当前以怎样的方式，限制了自己的所有潜能，让自己没办法成为一个有创造力、有想象力的人？

练习：创造性思维技巧的自我评估

把下面的空白表誊写两遍。一个现在就填完，一个等到你读完这一章或者学习项目进展到一定阶段再填写。给下面每一条陈述按照以下标准打分：

打分标准：4＝很经常；3＝经常；2＝有时候/看情况；1＝很少；0＝从不/不清楚。

	得分
1. 我在决定之前，会尝试很多方法	
2. 我在做某个项目时，会把"项目进展"和他人一起讨论	
3. 我喜欢去详细了解我不理解的东西	
4. 我的兴趣爱好广泛	
5. 我喜欢跟不同的人说话	
6. 我每周回家至少会用一次去走不同的路	
7. 我会定期给自己设定新的挑战，这样我会觉得自己"视野有所拓宽"	
8. 我很享受困难问题带来的挑战	
9. 我会主动地去发现模式和趋势	
10. 我会积极地寻找事物间的相似点	
11. 我会积极地寻找事物间的联系	

（续表）

	得分
12. 我喜欢去找出模型和趋势背后的原因	
13. 我喜欢想新的办法来做事情	
14. 我会试着打破自己的常规做法	
15. 我会积极地寻找新的激励源	
16. 即便有些东西我不擅长，我仍然会试一试	
17. 如果我搞错了，我会去想自己可以怎么样做得更好一点	
18. 我喜欢想象不同的做事方式	
19. 了解风险后，我会承担风险	
20. 即便有些东西我不擅长，我仍然会想有什么更好地办法可以做这件事情	
21. 在需要时，我可以想出新方法	
22. 即便看起来不可能，我仍然会寻找解决方案	
23. 针对同一个事件，我会找出一个以上的视角	
24. 我喜欢尝试不同的方法	
25. 我会花时间思考我的思考方式	
把总分加起来	**总分**

你的创造性思维得分情况说明：

你现在已经为自己的创造性思维打出了一个近似分。这个评估不是个精确的科学结果，但是通过它，你可以大概了解你对自己的创造力有多大的信心。这个得分还可以让你看清自己可以怎样进一步培养创造性思维技巧。

75~100 分　这个得分很棒。如果你是如实打分，这个得分说明你已经会使用能促进创造性思维的各种策略了。这说明，你有着难能可贵的解决问题和对待生活的方式。想一想你还可以怎样进一步培养这种能力，尤其是当它们涉及你的学业和你感兴趣的职业方面时。同样，你有必要看一看，你的逻辑和分析能力是否和你的创造性思维能力一样得到了很好的培养。这两种思维都非常重要。

50~74 分　这个得分还不错。如果你是如实打分，这个得分说明你的创造性思维技巧培养得还不错。在陈述里找出你打分比较低的内容。你还可以做些什么，去培养自己的思维能力？本章可以给你提出一些建议。

25~49 分 如果你是如实打分，这个得分说明你已经开始培养自己的创造性思维技巧了。你还可以采取很多行动，进一步培养这些技巧。你有必要花点时间想一想，现在是什么阻碍你不能培养自己的创造力。千万别硬逼自己去培养创造性思维能力：可能是你太害怕自己不能把事情做好，才会出现现在的情况。你可以尝试比较放松的方法，保证你有足够的时间去坚持自己正常的做法，同时也尝试新的做法。要对新的做法产生信心，确实需要一段时间。

0~24 分 如果你是如实打分，这个得分说明，你已经发现创造性思维能力不是你当前的强项所在。去问问了解你的人，看看是不是你打分太草率了。找出对你的学业和职业兴趣最重要的思考技巧。通读一遍上面为得分是25~49分的人提出的意见。这些意见你也可以参考。最重要的是，千万别灰心。这个测试并非是科学测试，并且创造性思维能力是可以培养的。

12 个有用的、你需要了解的大脑特征

- 大脑喜欢复杂的东西和改变。
- 你学得越多，学习起来就更容易。
- 大脑会利用捷径。
- 大脑喜欢组织和模式。
- 大脑天生爱找乐趣。
- 你不注意的时候，大脑工作效率最高。
- 你可以让大脑帮自己做事。
- 大脑喜欢食物和水。
- 你可以去散步让大脑得到放松。
- 大脑如果情绪消沉，或者觉得不安全，效率会很低。
- 大脑受刺激时，效率会很高。
- 大脑喜欢通过休息来焕然一新。

大脑喜欢复杂的东西和改变

大脑喜欢复杂的东西。遇到单一的模型，连婴儿都会觉得无聊；婴儿看复杂的图像

时，眼睛会停留更长时间。唱诗班更喜欢比较复杂的曲调：这些曲调更难学会，但是在排练和反复表演时，更能维持他们的兴趣。在历史上，人类对谜语、难题、秘史和迷宫非常感兴趣。在很多时代，艺术都充满了寓意和象征意义，所以即便是简简单单一幅画，也可以一部分一部分地被解码或阐释，最终显示出它里面所隐含的信息。

| 反思 | 复杂性

- 你喜欢从事怎样的复杂、有技巧、多层次或有多重顺序的活动？
- 你会避免哪种复杂的任务？
- 是什么让你享受一种复杂的事物，却要躲避其他的复杂事物呢？

我们的大脑可以应对很复杂的问题。大脑会在新场景和我们已经熟知的内容间建立联系。我们越擅长某个领域，大脑里就会有更加纷繁交错的网络。但是，大脑不可能一次性就做到所有内容。

我们能够学的东西有一部分源于我们已经学过的东西。

你学得越多，学习起来就更容易

我们遇到新的情况，就会利用并深化自己已有的知识。然后把这些知识组织变成自己的模型，叫作"图示（schema）"。

比如，我们如果只去过一次野餐，就不知道这次野餐和其他野餐有多少类似的地方。但是，如果我们去过十次野餐，就会对野餐有很深入的认识。我们知道野餐可能会发生什么变化，可以预期以后的野餐有何期待，为野餐做计划。我们可以基于自己的经验制定相关标准，评估野餐活动是"成功"还是"失败"。这样，我们就有了比较充分的"图示"了。

我们每一天的生活里，都在经历"图示"的过程。据 Piaget 所说，我们的经历会加强或改变自己已知的东西。

如果我们以合理的节奏让大脑接触各种各样复杂的问题，大脑通常可以形成我们需要的神经元网络。然后，我们完成任务靠的就不再是很多的神经元或大脑细胞，而是神经元和大脑细胞形成的各种联系。这些联系是我们在与环境接触、活动和接受刺激的过程中建立起来的。

如果我们还不太会解决某项任务，又想成为这方面的专家，就说明大脑还没有建立正确的联系来解决我们遇到的问题。这样大脑会让我们觉得自己没办法完成这个任务。看起来我们好像失败了，我们会想放弃，但实际上，我们需要的只是更多的练习。我们实践或练习某项活动越频繁，就越有可能建立起做好这项活动所需的大脑联系。有句老话说得很有道理："如果一开始你没成功，就尝试，尝试，再尝试。"

很多时候我们会发现，那些我们觉得最难做、需要最多练习的事情，往往最后我们对它会有最深入的总体和长期了解。

> | 反思 | 刺激你的大脑
> - 你会给大脑带来什么新的挑战，让大脑"进一步拓展"，受到刺激？
> - 哪些活动中你会坚持到底，让你在长期里更有成功的可能性？
> - 你会很早"放弃"哪些活动？

大脑会利用捷径

大脑很喜欢利用捷径。魔术师了解这一点，也经常利用这种捷径，骗过观众的眼睛。

大脑如果觉得自己了解看到的东西，就不会再去寻找其他解释了。大脑会把自己认为正在经历的东西和已经建立的"图示"或心理模型进行对比。如果发现这两者比较吻合，大脑就会通过已知信息来解释新的经历；如果两者不太吻合，大脑就会用新经历来调整已经建立的模型。

大部分情况下，大脑的捷径方式很有用。我们往往称这些捷径为"一般化的方法"。通过一般化的方法，我们不用每次都从头开始，就可以很好地理解从这一刻到下一刻的动态。我们可以说清楚什么是"通常的"经历，什么是变化，什么是新事物。如果我们发现自己擅长的事物和眼前的问题之间有联系，就可能会让大脑通过捷径去解决问题（参见Chapter 2）。

我们还可以给大脑传递信号，鼓励大脑走捷径。这样的信号包括，"我已经试过了，做不了。"同样地，我们也可以给大脑提供一些积极的信号，比如"有办法解决这个问题"，或者"我们再来研究下这个问题"，或者"这个问题有意思"。在这样的信号刺激下，大脑就会有完全不同的反应。

> | 反思 | 找到捷径
>
> - 你的大脑会利用什么捷径？换句话说，什么东西你不太擅长观察到，别人却很容易看到？
> - 你给大脑传递的信号中，哪些可能会让大脑觉得它做不到某些事情？
> - 你可以如何改变这些信号？

大脑喜欢组织和模式

大脑组织信息的方式有很多种。某种颜色、某种香味或者几段音乐可能会引起某种回忆。同样地，看到一个单词的首字母、最后一个字母、同义词或者其他任何相似之处或不同之处，我们都可以很快地提炼出信息。如果我们能像下面这样做，就可以更好地记住信息：

- 把信息组织成不同组、堆或类别。
- 把信息分成不同等级。
- 在不同信息间建立联系。

如果我们找到了一种活动和另外一种活动之间的联系，我们做第二项活动就会更加得心应手。寻找相似点的模式让我们可以把一个领域的专长用来解决新问题（参见Chapter 2）。

专业象棋手

专家之所以称为专家，是因为他们的大脑很擅长组织信息并形成模型。专业的象棋手即便只看了棋盘五秒，仍然可以记住所有棋子摆放的位置。这不是因为这些象棋手有着过人的记忆能力，而是他们把整个棋局看成有意义的整体。他们把棋局看成"一体"。

只有在这个棋局模式是他们以前见过或用过的情况下，他们才可能记得住棋子的摆放位置。实际上，他们只是记住了一个棋局摆放模式，这还是挺容易的。

新的象棋手必须记住32个棋子的位置，但是短期记忆最多只能记住5到7个棋子的位置。新手就必须花费更多的时间，才能记住更多棋子的位置。即便如此，他们最后的记忆结果往往还是错的。同样地，专业象棋手如果以前没看到过这种棋局布置，他们记住的结果也不会比别人好到哪里去（Chase and Simon，1973）。通过这个例子，花时间反复练习、寻找和学习重要的模式的效果就凸显了出来。

重要的模式

虽然大脑可以习惯任何的模式，但是如果模式背后有意义支撑，大脑的效率会更高。大脑喜欢重要的有意义的事物。比如，如果有很多人的名字，这些人是你的家庭成员，大脑可能比较容易记住。同样地，如果让技术人员去重新组装电板，他们会按照电板各部分在总板中的功能来组装，即各部分在总板中的功能或重要性。新手却会按照电板的外表来组装各个部分（Egan and Schwartz，1979）。新手的做法比较表面，记得也不一定准确。你可以通过下面的练习来测试这一点。

练习：模式的记忆（1）

- 写下开始时间。
- 计算你记住下面的字母顺序花了多长时间。你可以选择任何的方式去记住字母顺序，只要最后能够不看原表就可以把字母顺序背下来或者写下来就可以。

  O h n s t d o w t e u o r h

- 把这个排序和所有的誊写排序放在你看不见的地方。然后把你记住的顺序写下来。
- 对一下你记得是否准确。
- 如果你没记对，那就再试，直到你记对为止。然后再把这次用的时间记下来。
- 计算下你记住整个顺序花的所有时间。
- 完成之后，再去背下本页练习里的字母顺序，看看这次你用了多少时间。

虽然你以前从来没见到过这样的字母排列顺序，但是你这一次记忆的时间仍然比第一次记忆花的时间少。这是因为你已经熟悉了意义的单位（字母）和更大的单位（句子）。对任何的任务来说，专家的知识都分成这种有意义的单位，就和上面这些字母和句子的意义单位类似。

你对某个内容比较熟悉之后，就会开始给它构建"有意义的单位"，这样你可以尽快地完成任务，就像你在做第250页的记忆练习时一样。

> **练习：有意义的单位**
>
> 有时候，你可以同时看两三本书。通过每本书里面组织材料的方式，你可以看到能以怎样不同的方式按照意义单位组织信息。你可能会发现，有的书组织信息的方式更适合你。
> - 针对你觉得很难的某个课题，找三本不同的书来看。
> - 把每本书的所有标题和副标题都写下来。
> - 浏览你记录的每本书后面的内容。
> - 那本书组织内容的方式最适合你？
>
> 如果你能够按照以上方式来处理材料，你还可能会发现，从不同角度审视同样的信息，可以让你对整个内容有比较综合的了解。

大脑天生爱找乐子

大脑会建立各种奇怪、非同寻常和令人意想不到的联系。这种能力让我们可以讲笑话，说双关语，进行创造，寻找解决问题的办法。小孩子最主要的学习方式就是玩耍，他们会模仿大人的角色，他们以玩的心态来对待周围的世界。为了更多地了解这个世界，他们会进行各种实验。我们自己通过"玩耍"的方式来培养自身思维的时候，往往会有意识。如果我们让大脑处于玩耍的状态，它就可以给出我们需要的答案。

可是，很多时候大脑会以意想不到的方式让我们无法获取信息，可能会让我们猜谜，或者让我们根据线索来找出答案。也就是它鼓励我们和信息"玩耍"。

我们的大脑看到桌上吃饭用的叉子，可能就会联想到园艺用的工具，然后给我们传达一个关于园艺的信号。以前，我们可能觉得园艺工作很辛苦，而大脑看到叉子的时候，就想到了我们还要写一篇论文。有时候我们可以看清楚这种奇怪的联系方式，但是这种联系只对特定的人有意义。更多时候，这种联系是我们看不见的。大脑这样捉弄我们的时候，我们如果能够追寻大脑提供的"线索"，就应该可以找出办法解决让我们棘手的问题。

你不注意的时候，大脑工作效率最高

大脑一直在代表我们运作。我们所做和学习的大部分东西都是在没意识的情况下完成的。逼迫大脑做事情往往不会有什么效果。比如，某个单词或点子已经就在"你的嘴边"，但是你拼命想了几个小时，却还是想不起来。几个小时以后，你已经在专心做其他事情了，答案却忽然"涌入你的脑海"。

你可以让大脑来专注解决一个问题，尽可能细致地分析这个问题，找出尽可能多的解决方案，然后暂时把这个问题放一放。你不再分析和纠结于这个问题的时候，大脑就放松了下来，反而会继续去思考解决这个问题。

实际上，你如果换一个环境之后再来看问题，可能在你没意识的情况下，大脑已经让你注意到周围环境的一些线索了。研究发现，儿童会利用灯泡和云彩的形状、天花板或缝隙里的阴影去解决他们在休息之前讨论的问题。

如果你能按照以下的做法，就可以很好地利用大脑的这种能力：

- 花时间弄清楚问题，让大脑对你的目标有清晰的了解。光"做白日梦"是行不通的。
- 为大脑留下空间去思考这个问题。
- 保持一段时间放松的状态。
- 休息以后再来看问题。

你可以让大脑帮自己做事

既然大脑在你没有意识的情况下会去自己解决问题,你就可以给它下指令,说清楚自己想要它做什么。你得把自己想要的东西说清楚,并且要有等待的耐心。比如,你知道佛祖的出生地,却一时记不起来了,如果你希望自己想起来,大脑往往会在几分钟或几个小时以后想出答案。有时候,大脑会给信息加码:你可能发现自己在思考一部印度电影、一首印度音乐或者一种印度食物,尽管这些东西和佛祖的唯一联系只是印度这个地名。不过只有你看到这种联系,才能发现一些提示。

带着问题入睡

在你睡觉之前思考问题。尽可能把问题的核心部分找出来。把让你感到困惑的内容列出来。以问题的方式写下来。关注一两个核心问题。

你睡着的时候,大脑可能会继续思考问题,也可能不会。但是,你还是提高了自己的大脑在睡觉这种放松、没有意识的情况下去思考解决这个问题的概率。在你床边放上纸和笔,因为你醒来的时候可能会忽然有很多想法。

黄毛掌

大脑喜欢食物和水

Greenfield(格林菲尔德,2001)把大脑描述成身体最绿色的器官。虽然大脑只占我们身体总重量的2%,却会在身体放松的时候消耗掉人体20%的能量。大脑从我们呼吸的空气中吸收氧气,利用我们摄入的碳水化合物制造葡萄糖,然后以其他器官组织10倍的速度消耗掉这些氧气和葡萄糖。好好吃饭对大脑大有裨益。身体长期缺乏碳水化合物会减少大脑正常运作需要的能量。

我们的身体主要由水组成。水

可以导电，而我们大脑传送和协调的信号从根本上说就是电脉冲。缺水会严重影响电脉冲的传导。我们人体缺水的时候，整个身体的一般功能和大脑的效率都会受到影响。喝水可以提高大脑效率；喝其他饮料的效果没有喝水的效果好。我们人体每天需要八杯净水，喝水时间要平均分布在一天的各个时段。

大脑消化食物和水分需要消耗能量。你吃了大餐之后，往往会觉得很困，就是因为大脑把能量转移到消化上去了。在考试之前，最好不要吃大餐或喝太多水。

"从根本上讲，大脑就是个化学体系。"（Greenfield，2001）"这些化学物质来自我们人体摄入的食物和水分。比如，尼古丁让人心跳加快，血压升高，让人体只能处于维持生存的状态；而要进行创造性思维，人体必须要处于比较放松的状态。不同的化学物质对大脑的运作方式也会产生影响。"（Stordy，2000）

大部分人都需要丰富的饮食来保证身体每天所需的各种微量化学物质。

| 反思 | 给大脑提供营养

- 在给大脑提供食物和水分方面，你做得如何？
- 你每天喝多少水？
- 你的饮食对大脑有益还是有害？如果你不知道怎么回答，可以去咨询学生健康中心的工作人员。

你可以带大脑去散散步——锻炼身体

从一开始，大脑就是在它自身运动的状态下去管理其他器官的运动，并对周围环境做出反应。大脑在运动的时候会兴奋起来。研究发现，小鼠在短暂的运动之后，大脑里的内啡肽和其他化学物质供应量会提高，习得效果也更好。

人体的大脑中，运动皮质层有很大一片是控制手指和嘴的灵活运动（使用工具、书写、玩乐器、讲话）的。如果你想刺激自己的思维能力，可以去散散步、玩乐器、画画等，只要做点事情就行。

练习：边锻炼边思考问题

在思考问题之前，先花20分钟的时间散散步，然后再回来开始学习。有什么效果？你在散步的时候有没有想出任何点子？

如果你必须坐下认真听，就得想办法让自己更投入。比如，在听很长的展示或讲座

的时候,几分钟之后脑子就会开小差。通过下面的办法,你可以把大脑控制得更好:

- 定期让自己停几秒钟不去听。你可以把这个停顿时间计算好,让它和发言人的停顿或者切换PPT的时间保持一致。如果不这样,你的大脑也会自己"走神",那可就没你计划的那么好了,并且你往往还注意不到。
- 主动地听,在听的过程中提出问题,把你的问题和看法迅速地写下来。
- 记笔记:这个过程可以是你把讲话人的观点用自己的话"翻译"一遍。如果你在听的时候能够选择性地记笔记,思考如何总结讲话,把讲话内容做成一张表,或者思考如何把讲话的各个方面联系起来,那么你在听的过程中就会比较主动。

如果情绪消沉,大脑效率会很低

我们紧张不安的时候,身体会释放一些包括肾上腺素在内的化学物质,让身体处于警惕或应对危险的状态。这种身体的反应机制一直就有,为的是帮助我们生存。我们的眼睛会注意周边的各种变化,去发现危险,我们对声音会更加敏感,做好了随时反应的准备。我们很容易因为环境变化而分心。身体的能量都转移到了胳膊和腿的主要肌肉上,以便我们可以打斗或逃跑。

如果我们担心写不好论文或者考试考不好,体内可能也会分泌肾上腺素,让我们处于维持生存的状态。这时候的身体以为要有剧烈的动作,但是我们又坐着纹丝不动,身体就会感到很困惑。我们在看书、写字或者用电脑的时候,眼睛在四处瞅着看有没有危险信号,但我们的关注点却只在很小的范围之内。这时候我们就会给大脑传送模棱两可的信号。

我们有压力的时候,大脑就会不愿意去完成与"思考"相关的任务:它想的是让我们的身体移动、逃跑、生存。如果我们因为不理解某个东西而越发焦躁,大脑就会把更多的能力从思考上转移到生存的考虑上。通过锻炼和家务劳动等肢体运动,用一用我们的胳膊和腿,就可以消耗掉身体里过高的肾上腺素,让自己进入更加放松的状态,注意力更集中。

控制压力和积极思考的各种策略可以"骗过"寻求生存的大脑，让大脑相信事情已经恢复正常了，即便我们自己一开始不觉得或不相信。这样一来，我们就可以靠大脑的相关部位来解决复杂的问题。如果我们的压力实在太大，就需要去寻求没有压力的人的帮助，这个人必须要能够清醒地思考。

大脑受刺激和专注时，效率会很高

大脑很喜欢受到刺激和专注于某个问题。任务如果挑战性不够，就很难吸引大脑的全部关注。但如果任务超过了大脑当前的经验水平，大脑又会压力过大。所以大脑要良好运作的前提，是找到一个很刺激但又不超过它当前能力水平的任务。

面对一项任务，你不要过早下结论认为它太难，而是要去发现任务里让自己感兴趣的地方，这样你会更有可能觉得自己可以完成任务。我们受到刺激或者感到害怕的时候，体内会释放同样的化学物质。我们可以引导大脑对这些物质进行不同的阐释。如果我们把复杂的问题看得很困难，可能会觉得"心已经凉了一大截"。相反，如果我们去发现问题里让自己感兴趣、受到刺激的地方，我们就不太可能会觉得"脑子一片空白"，会更有可能把自己已有的专长利用起来。

大脑喜欢焕然一新

大脑确实喜欢受到刺激，但是思考的东西过多，它也会不堪所负。偶尔让大脑"停止思考"，对它很有好处。要做到这一点可谓是难于登天，一个办法就是按照以下方框里的指示来做。

练习："当下"

先把整个练习内容通读一遍。读完之后，你只要一心一意关注当下，注意自己的呼吸，就可以了。

- 坐直，但要让自己比较舒适。可能闭上眼睛会更容易做到。
- 注意你呼吸时你是如何吸入和呼出空气的。感受下气息是凉的还是温暖的。注意观察呼吸时气息的长短和粗细。不要改变你的呼吸方式——只要关注呼吸的细节就可以了。如果你呼吸声音过大，可以另当别论：要尽可能轻地呼吸。
- 你的思绪会开始漫无目的地游走。这很自然。不要逼迫大脑。这时候你要让自己的注意力逐渐回到呼吸上。
- 你脑子里产生想法的时候，告诉自己"不要理它们"。如果你觉得有点不自在，就缓慢地转移注意力，再次回到呼吸上。
- 你可能会发现，自己脑子里出现了很有意思的想法，或者你沉溺在当天关于某件事情的对话里，或者你记起来自己很生某个人的气。大脑觉得很难让你在当下保持安静。不要想着去探索或者记住有趣的点子。让它们自己离开。
- 你可能觉得，自己的大脑很聪明、反应很灵敏、充满奇思妙想、想象力丰富，所以这个练习对你毫无帮助。但事实恰好相反。
- 大部分人都会觉得几乎不可能完成这个练习。但是，如果你也这样认为的话，你的理由是什么？这些理由可以让你对自己有更加深刻的认识。你只要承认自己的沮丧心情或者其他情绪，并且再一次像刚刚那样，让这些情绪消失。
- 微笑可以放松脸部肌肉，让你更容易完成这个练习。如果你觉得焦躁不安，可以告诉自己，你有难能可贵的机会，能够在当前这个时刻什么都不做，只是关注自己的呼吸，让思绪漫无目的地游走。
- 每次你"不理它们"的时候，其实都是在清空大脑，为大脑注入能量。你是在让大脑休息。你允许大脑暂时停止担心，让大脑有机会放松下来，什么都不做。

一开始你可能注意不到任何变化。但是，如果你每周可以做几次这个练习，每次持续20分钟，会让你精神焕然一新，意识更加灵敏。有时候，做完这个练习之后，你会觉得头脑清醒、身心放松、情绪稳定。

| 反思 | 创造性潜能

- 你觉得创造力是什么？
- 你从哪里产生了这种对创造力的理解？
- 要给你当前的创造力水平打分，如果满分是10分，你会打几分？
- 如果满分是10分，你觉得自己可以得几分？依据是什么？

创造力

很多人认为只有某一类人才具有创造力。你可能认为，只有艺术家、设计师、表演者或者发明家才具有创造力。我们大部分人都低估了自己的创造力。比如，我们在把自己和伟大的艺术家进行对比的时候，可能完全忽视了自己有创意地利用自己的头脑和资源去应对相关场景的情况。我们每个人都有天生的创造力，在某些领域会展现出来。比如，我们的创造力会在以下方面体现出来：

- 很会说话。
- 出问题的时候，总能看到比较积极的方面。
- 有办法不去工作，或者找到不同寻常但又让人信服的借口。
- 组织协调一群小孩子的活动，让小孩子玩得开心、有事情做并感到安全。
- 让病人不担心即将进行的手术。
- 用有限的预算做出一顿特别的大餐。
- 平息风波。
- 擅长挑礼物。

> | 反思 | 个人创造力
>
> - 如果你按照上文列出的方式来思考创造力，你在生活中展现出了哪方面的创造力？比如，和你认识的人比起来，什么事情你做起来比他们轻松？面对某些任务时，你是否有"自己的做事方式"？
> - 你希望自己在生活的哪些方面能够更有创造力？
> - 说你有潜力成为一个有创造力的人，你会不会觉得有点不自在？

有创意地解决问题

前面的章节当中，讨论了在管理任务以及管理自己和他人的时候应该如何解决问题。针对所有的这些情况，最关键的一步就是要在必要时提出新的办法——"创造性的灵感"。这是解决问题时最难做到的。光是坐着等待灵感出现，期待答案自己从天而降，这谁都会。本章会讨论一些让你可以用来润滑大脑的策略，帮助大脑在必要时想出点子。

"快速想出多个解决方案"的做法

想出了 1 个办法后，接着想出 5 个、10 个、20 个，甚至更多

人们一旦觉得自己知道问题的答案，就很少会再去深究更好的办法。同样地，找出 1 个解决方案所用的时间，有可能比找出 10 个可能的解决方案所花的时间更长。我们可

能太在乎找出一个"正确"的答案，而阻碍了自己的思维。如果我们尝试去找出10个解决方案，我们的大脑可能会更加放松：毕竟10个里有9个最后是不会用的，想出一些不管用的办法也无可厚非。即使我们最后只想出了6个解决方案，可供选择的余地仍然很大。

想出的第一个解决方案几乎不太可能是最好的。我们考虑的选择越多，找出最佳方案的可能性也就越大。

要以刺激大脑的方式提问题

在本章的第一个练习里，问你鞋盒子有什么用处。这个提问方式好像就是觉得鞋盒子只有一种用处，所以你的回答通常也就只有一种。但是，如果被问到"你能想出几种用途？"人们往往会想出更多的答案。我们提问的方式会影响到自己考虑问题的方式。

这个练习里，你可能找出了鞋盒子的更多用途。人们可能会给出的答案包括装鞋、存东西、作玩偶的房子或车库、装东西、藏东西、装三明治、地板湿的时候铺在上面、牌盒、当成乐器来敲打、遮雨、装CD、当小凳子或座位、给小孩子撕、装铅笔、作小孩子的百宝箱、作一个装饰的礼物盒、装要去邮局寄的东西、装山羊的食品等。

| 反思 | 多种解决办法

快速地回答以下两个问题：
- 在3分钟的时间里，你可以想出多少种鞋盒子的用途？
- 对于你总是会面临的某个问题，在给定5分钟的情况下，你可以想出多少种可能解决这个问题的办法？

| 反思 | 多种解决办法

- 你会不会经常敦促自己去找出更多的解决办法？
- 在哪些活动中，敦促自己找出更多解决办法会产生最好的效果？

只要1分钟

这一点说起来可能有点自相矛盾，但是你给自己较短的时间来想出办法，效果往往会更好。大脑如果知道有时间限制，就会更有效率地运作。但是，如果你把事情都拖到最后关头，往往你会无法放松，大脑也就不太可能高效率运作。你完成任务的时候要怀有"玩耍"的心态。

试一试，只给自己1分钟的时间，针对你想解决的某个问题，迅速地写下所有你可以想到用来解决问题的办法。如果1分钟的时间里你没有想出任何有用的办法，你也只是损失了一分钟而已。

和时间玩耍

这个练习可能要花3个小时时间，至少为完成这个练习留2个小时时间，但目标要设成用2个小时以内的时间完成。如果你设定的目标时间比较宽裕，那就没什么必要第一次就"做好"。减小压力会让人更具创造性地思考。你留多一点时间，就可以微调自己的答案，并应对突发情况。正确的时间限制，既让大脑足够兴奋，产生肾上腺素来推动任务的完成，又可以避免"懒惰颓废"。如果你设定的时间过长，就很容易拖沓。一开始要选择比较合适的节奏，争取在设定的目标时间之内完成，这个目标时间要早于给定的时间。

"如果……会怎样？"这样的问句

像"如果……会怎样？""为什么不"或者"假设……"这样的问题会激发想象力。这种提问方式让人觉得自己是处在安全的想象状态当中（因为是假设的，所以不会有任何负面影响），但是最后可能会想出有用的答案。如果你发现自己的办法行不通，就可以试试问问自己"如果……会怎样"这样的问题。比如：

- "如果我们设计一个同时运行、自上而下或者完全相反的模型，会怎样？"
- "为什么不去问问镇上的居民，看他们希望自己的小镇建成什么样？"
- "假设我们每天不是每餐吃很多，而是每天吃10餐、每餐少吃点呢？"
- "假设我们不用文字和数字来论证，而是用绘画来论证呢？"
- "如果被告一直看不到证人，会怎样？"

> **练习：如果……会怎样**
>
> 想出你当前正在着手解决的某个问题或事情。
>
> - 在3分钟的时间内，你可以想出多少个"如果……会怎样"这样的问题？

> - 从这些问题里选3个出来。
> - 给每个问题3分钟的时间,进行头脑风暴,你可以提出多少解决办法?
> - 把这个练习的成果迅速写下来。如果没有任何成果,就去散步或者稍微休息一下,然后把练习再做一遍。

"如果……会怎样"这样的问题会让人进行探索。

生成性思维

人们可以使用很多的技巧来生成想法,这些技巧也并不困难。头脑的态度是最重要的因素。很多人一旦看到某个办法不太合理或者没啥用处,即便只是刚开始,仍然会立马否定这个办法。

别过早下结论

消极的态度会抹杀创造力。很多时候,某个好的点子刚形成,就被我们否定了,是因为我们不想被别人说是傻子。但是,创造力就意味着风险、错误,意味着不仅要和好点子打交道,还要和坏点子打交道。在10个或20个方案里,可能最后只有一个有效果。你要做个有创造力的人,就必须有能力提出各种点子,不要只想着这些点子是否"正确",或者只想着其他人会有何评论。

Nolan(诺兰,2000)曾经引用一些研究成果,这些研究成果说明,如果人们的想法被评判或者否定,他们所提出的想法数量就会大大减少。如果我们的建议没有获得正面的回应,我们就会进入一种"维持生存"的状态,不想再次被忽视。

不要过早下结论意味着要：

- 鼓励他人提出想法。
- 不要对自己有消极的自我评价，比如不要说"我没什么创造力"。
- 为每个想法提供表达的机会。
- 愿意表达"糟糕"或者"愚蠢"的想法。
- 一开始要注意到所有的想法，不要先对这些想法作评价。
- 愿意去发现所有想法的潜力。
- 不要认为一个好想法就包括了所有的答案。
- 如果没有很快想出好办法，也不要轻易自我批评。

> | 反思 | 自我否定
>
> - 为了不让自己看起来很愚蠢，你会从多大程度上否定自己的想法？
> - 什么可以让你更加自由地发挥想象力？

思考的时候轻松一些

一般情况下，我们在解决问题的时候，往往会按照一定的逻辑、顺序和秩序思考。有时候这种思维方式被称为"左脑"思维，虽然思考本身并不是严格限制在左脑半球。要找出大部分问题的解决办法，逻辑思维不可或缺。但是，逻辑思维往往会遵循定式，过程往往可以预见。如果你本身不知道该如何解决问题，遵循旧有模式只会让你一无所获。

创造性思维会轻松一些。在被逼迫的情况下，创造性思维是无法展开的。当有了指引和清晰的目标时，同时大脑没有太过关注某个特定的结果时，创造性思维效果会比较好。当你在思考某个想法，心态又比较轻松地在找办法的时候，创造性思维就可以发挥作用了。这有点像是你用手握住一只小鸟：如果你把自己的目标或想法握得太紧，你就会把它弄伤或者让它窒息。

生成性思维的其他技巧

Chapter 8提出了一系列其他生成性思维的策略。这些策略既可以专门用来培养你的开放性反思能力，又可以广泛地加以应用。这些策略包括：

- 头脑风暴。
- 自由联想。
- 做白日梦。
- 自由书写。
- 画画和涂鸦。

合成

合成是创造力很重要的方面。简单地说，把两个东西合在一起，就变成了一个新东西。

> ### 练习：从两类物体中选择创造
>
> 想象一下……
>
> 从下面的动物中选出一项；再从下面的机械中选出一项。想象把选出的这两个物体组合在一起，形成了一个新物体。你可以在选出的每一项上面选出尽可能多或者少的部位，只要保证你从两个物体中的每一个身上都"借用"了至少一个特征。
>
> **动物**　长颈鹿　企鹅　海豚　章鱼　猴子　蛇　龙　食蚁兽　斑马
>
> **机械**　汽车　CD播放器　散热器　摩托车　书架　烤箱　橡胶软管　冰箱　快艇
>
> **实验**
> - 至少完成三次实验。每次实验要选出两个不同的物体。
>
> **把新物体画出来**
> - 把你创造的新物体用表格或草图画下来。画的过程你又想出了什么新的点子或细节？

描述新物体

- 用话来描述你创造的新物体。描述的过程你又想出了什么新的想法或细节？

运用新物体

- 如果你还没有想过这一点，现在想出至少3种你的新发明在日常生活里可能的用处（你想出的用处不一定要合理或者符合现实）。

  在你的学习或工作当中，你有多少种方法可以利用练习里的策略？给你自己3分钟的时间，列出这些可能的方法。

练习：生活经历的合成

想出两项活动，你在这两项活动中所利用的技巧和个人特质有很大的区别（比如在研讨会上、工作、运动、跳舞、唱歌、旅行、和难相处的家庭成员相处等）。

在下面的两个列表中，列出两项活动中你所使用的技巧和涉及的个人特质。

列表1 活动：	列表2 活动：
1.	
2.	
3.	
4.	
5.	
6.	
7.	
8.	
9.	
10.	

- 从列表1当中选出任何一项，想一想它在你进行第二项活动的时候有什么用处。
- 从列表2当中选出任何一项，想一想它在你进行第一项活动的时候有什么用处。

- 把这个练习至少再做一遍。

  在你的反思日记里，快速地回答以下问题：
- 以上这些做法中，哪些是最容易付诸实践的？
- 把这些技巧和素质运用到新的场景中，会有什么帮助？

尝试合成

"从两类物体中选择创造"这个练习让你以玩耍的心态去尝试各种想法。大部分时候，想法并不会带来惊天动地的发现。但是，即便是看起来很奇怪和愚蠢的想法，也会在大脑里建立一些联系，有一天它们在你遇到新的问题时，会帮助你找到解决办法。

你要解决问题的时候，可以把自己的想法组织起来，形成列表、集合或者图表，然后再打乱，重新组合这些想法。每次有不同的组织方案时，你可以把它们在不同的纸上写下来或者画出来，然后把纸张按照各种顺序排列，直到你找出最好的组合。

尝试和以下内容有关：

- 尝试。
- 刺激大脑。
- 让大脑放松。
- "释放"。
- 找出新事物。
- 暂时不焦虑如何找出正确的办法。
- 实验。
- 非正式性。

尝试有不确定性。你可能在思考一个想法，寻找某个解决办法，但是却忽然发现找到了一个长期困扰自己的另一个问题的解决办法，尽管这个问题跟你正在思考的问题毫无关联。

| 反思 | 关于尝试

- 如果让你在学业上尝试各种方案，你会觉得有多不自在？
- 你在哪方面最愿意去尝试？

建立联系

专长联系

在做上面的合成练习时，你其实是在寻找和制造联系。通过前面章节的内容，你应该已经发现，不管什么时候，要解决问题，最好一开始先去寻找当前问题和以下内容之间的联系和共同模式：

- 任何你以前遇到过的类似问题或场景。
- 其他任何你正在解决的问题或正在学习的内容。
- 需要的技巧和你已经在其他地方使用过的技巧。
- 你的个人专长领域，即便这个领域看起来同当前要解决的问题毫不相干。

不太可能的联系

寻找专长间的联系是件自然而然的事情。但其实，任何联系都会对创造性思维有帮助。大脑喜欢有趣的地方，特别喜欢去关注让它觉得有意思或不太寻常的地方。大脑可以发现周围环境和你自身经历的任何变化，在这些变化和你一直想解决的问题之间建立一些意想不到的联系。

你可以通过积极和有趣的方式去寻找新的视角，帮助大脑。要愿意让你的所见、所听和所感改变你的观点或者成为你的灵感。要做到这一点，可以按照下文列出的一些方法做。在最吸引你的方法前面的方框内打钩。

- ☐ 沿着不同的路线逛校园或小镇，让自己接触新的模型和布局。
- ☐ 进你平时不会去的商店。
- ☐ 去看你平时不感兴趣的书籍。
- ☐ 跟来自不同专业的学生探讨他们学习的主要内容。
- ☐ 跟别人探讨他们的工作和生活经历。
- ☐ 和来自不同行业的人交朋友。
- ☐ 找机会和不同年龄阶段的人谈一谈或一起工作。
- ☐ 坐公交车去新的地方看一看。
- ☐ 做一件你平时不太会做的事情：画画、跳舞、唱歌、表演、跑步、做瑜伽、学习新的语言。
- ☐ 从新的角度看某个物体：把物体倒着画出来或者用双手同时画出来。
- ☐ 听不同的音乐。
- ☐ 用你平时不习惯用的手来画画或写字。
- ☐ 用不同的方法来描述某个问题（绘画、模塑黏土、画图表、把问题唱出来或者跳出来）。

> **| 反思 | 改变视角**
> 你会尝试以上的哪种方法？哪些方法你今天就可以用起来？

> **练习：改变视角**
> 为第266页上的"不太可能的联系"列表至少添加5项内容。
> 选出至少上述列表中的至少3项，把它们运用到你当前正在着手解决的问题中。
> - 把你观察到的自己思维的任何变化都迅速地写下来。
> - 如果第一次练习没效果，就再选3项出来，再做一遍练习。
> - 要把这些找出不同寻常联系的机会融入你的生活中，你可以采取怎样的方式？

寻找"遗失的联系"

你从事新活动，打破自己的日常生活时，要表现得"好像"新问题的答案或线索就在那本书、那个物体、那段音乐、那个对话、那段旅程等当中。找出你在解决的问题和新活动之间的联系。可以利用下面这样的句子：

- "这个活动和我要解决的问题很像，因为……"
- "我要解决的问题和这个旅程、这尊雕塑或这个房子很像，因为这两者都……"

说出10个或者20个这样的句子。看起来最荒唐的联系却可能会带来有用的解决办法。比如，攻读学位和散步如出一辙，因为：

- 你可以计划具体的路线方法。
- 你可以选择不同的路线方法。
- 两者都可以带你走进未知的境地。
- 两者的重点都可能看起来遥遥无期。
- 两者都需要你付出努力。
- 两者都会刺激大脑等。

> **练习：联系**
> 按照上文给出的例子完成下面的内容。把个人规划和以下内容中的一项或多项进行对比。
> "个人规划和……很像，因为……"

> 足球
> 爬山
> 跳舞
> 绘画
> 看电影

网络

网络和大脑的习惯很像，喜欢寻找各种模式。在探索如何解决问题时，把笔记记在各种模式下，往往会比整句整段地写下来更快。你可以用单词、短语、形象、符号或者颜色来代表某个想法。按照你自己的习惯，你也可以建立形象联系"网络"，而不是使用文字。建立网络没有太多需要遵循的规则，让人有更多的自由。你可以：

- 从纸上的任何位置开始。
- 从当前的关注点转移到纸上的任何位置。
- 做出其他关注点，就是一系列的想法和另外一系列想法相遇的地方。
- 按照你的喜好，给每个关注点写下尽可能多或者尽可能少的内容（最好是一个单词或简单的短语。但是，如果建立网络的过程让你灵光乍现，你也可以多写点。一旦你弄清楚了自己的想法，可以再回来完成网络模式的剩下部分）。
- 把想法按照你喜欢的方式进行扩展，建立新的联系：你做出的网络并不真实存在，而是你自己创造的新结构。
- 让你的头脑带你"漫步"。
- 按照具体的情况，要么全神贯注、注重逻辑，要么"做白日梦"和"尝试"。

如果你能按照以下的做法，网络里的信息会更便于记忆：

- 以连续的方式书写（草书）。大脑更容易记住持续的动作。不要用大写，因为大脑处理大写需要花更长的时间。
- 尽量把内容都写在一张纸上，这样你就不用来回翻页看内容。
- 不要用"不""绝不""不是""不会"等这样的词，因为要处理这些词大脑需要用更多的时间。
- 通过颜色和形状，让模式的不同部分看起来更有意思。
- 停下来寻找你可能没注意到的联系。

- 针对一开始看起来没什么帮助的联系，问"如果……会怎样"这样的问题。
- 针对一个问题做不同的尝试，每次设计一个不同的网络。在尝试第二次或第三次解决这个问题的时候，你可能会建立一些截然不同的联系。
- 把你最近一次或者正在考虑的模型做成一个你比较容易记住的形象或形状，比如做成一个实在的物体。每个话题用不同的形状。这样一来，你的短期记忆只要想起"一项"内容就可以了（参见第249—250页上的"专业象棋手"一节）。

在第271页上有一个网络的例子。

> **练习：网络**
> - 做点让人放松的事情，比如去散散步。
> - 然后拿出一大张纸和尽可能多颜色的铅笔、钢笔和颜料。
> - 为你当前正在解决的问题制作一个网络。（参见第271页上的例子）一开始要比较放松地思考，然后用笔来尝试写下不同的点子。
> - 按照上文关于网络的指示完成练习。
> - 你做完之后，看看你的网络图总体形状像什么。在这个练习里使用一个以前没用过的真实存在的物体或可以辨识的形状（花、房子、手推车、桌子、城堡等）。简要地把它的轮廓画出来。
> - 当然，你也可以在网络中使用一个易于辨识的形象或风格，帮助你记忆。
> - 想一想，你还有什么办法可以让这个网络模式更容易记忆，让你可以轻松地记住网络的各个组成部分。

横向思维

大部分关于"思考思考"的开创性作品都是由Edward de Bono（爱德华·德·波诺）博士创作的，也是他提出了"横向思维"这个概念。Edward de Bono支持以新颖的方式看待问题，尝试看起来最不可行的方案，在方案中寻找可以发挥作用的某个方面。横向思维看重偶然性，会在"偶然"中寻找机会，愿意尝试新的做事方式，探索新的想法。

比如，Edward de Bono博士可能会这样说：飞机应该将顶部停在地上或者汽车轮子应该做成方的（Edward de Bono，1994）。我们把这种看似不着边际的说法"看作"一个正经的提议，就会让我们有机会去反思一些习以为常的内容，比如反思轮胎气压、刹车装置、爆胎问题等。实际上，现实生活里取得的进步都是通过这种横向思维方式产生的。

> **练习：疯狂的问题**
> - 针对你当前正在解决的问题，想出尽可能多看起来很疯狂的"如果……会怎样"这样的问题。
> - 在你提出的所有问题中选出一个，想一想要让这个问题实现，需要做什么改变。如果可以的话，进行小组讨论。
> - 从不同的角度看待你要解决的问题，让你有什么启发？

假设……是他们

你还可以从别人的角度就某个问题进行头脑风暴。这个过程给出的答案和你自己"按照自己内心的想法"给出的答案是不一样的。想一想哪些人对你要解决的问题可能会有比较好的想法，从他们的角度来看待问题。

> **练习：假设……是他们在解决问题**
> - 把"理智的你"暂时放到一旁。
> - 想出至少3个这样的人，他们对你当前正在解决的问题或事情会有很有意思的视角。这个人可以是你的讲师、老板或者激励你的人，也可以是让你受到鼓舞的历史人物等。
> - 从他们的角度来思考问题。想象一下是他们在讨论你要解决的问题。他们的手、头和身体会有什么样的动作？他们是会微笑还是会皱眉头？他们会如何描述这个问题？
> - 他们会给你什么样的建议？
> - 把这个过程出现的想法快速地写下来。

戴不同的帽子

Edward de Bono博士发明了一个虚拟帽子的系统，系统里的每顶帽子颜色都不同，代表着不同的思维方式。你每"戴"一顶帽子，就会以全新的方式去解决问题。实际上，就是你允许大脑暂时抛开某种思维方式，去探索一种截然不同的做法。

Edward de Bono博士确实有他自己的帽子分类，不过你也可以制定适合自己的帽子种类：现实主义者的帽子、梦想家的帽子、哲学家的帽子、机械师的帽子、厨师的帽

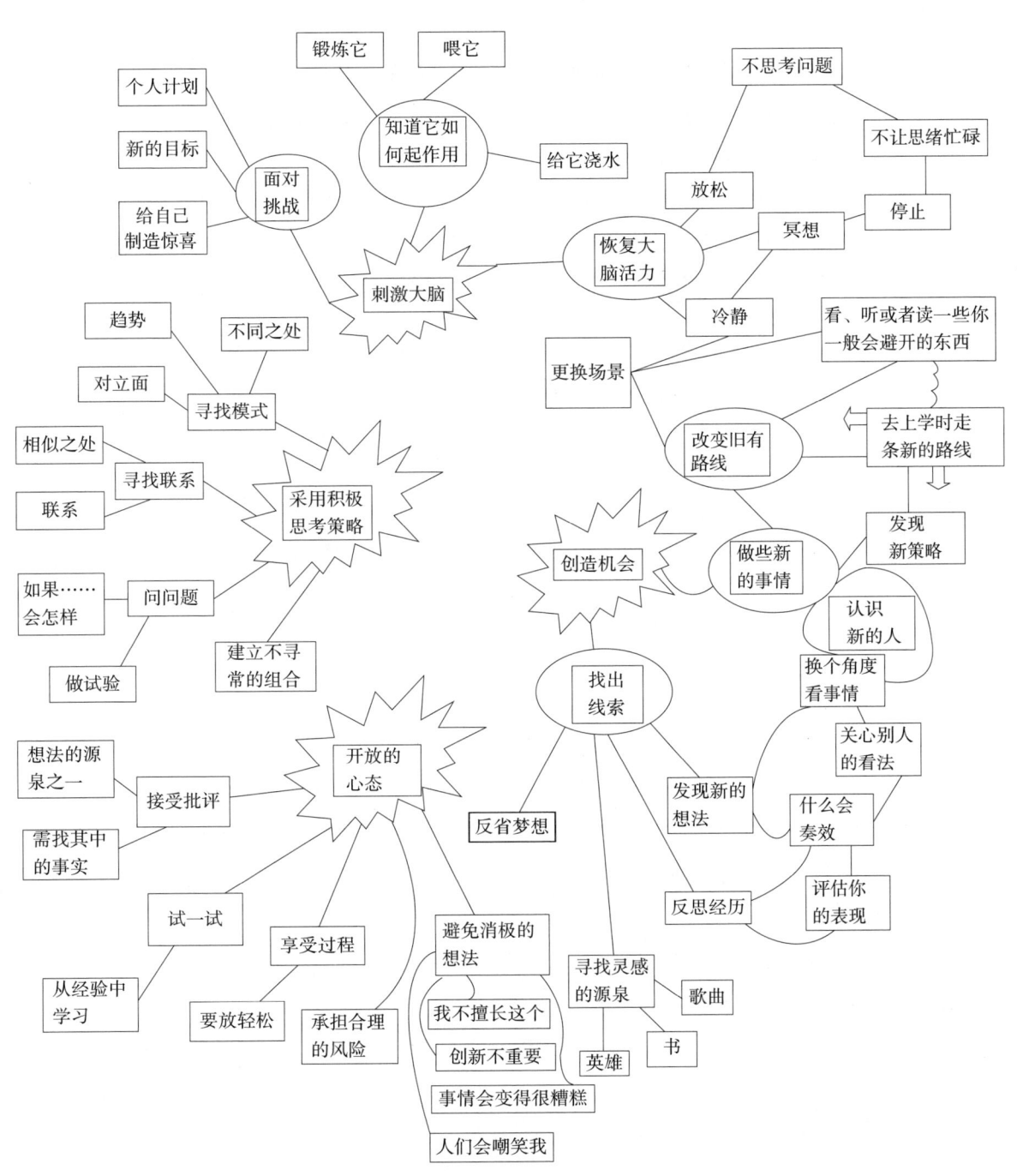

网络：创造性思维

子、诗人的帽子。当然，你也可以自己发明衣服或鞋子系列，用不同的衣服或者鞋子代表不同的工作和思维方式。

> **练习：设计你的创造力思维衣柜**
> - 想出至少4顶代表不同人、职业或方法的帽子。你也可以按照自己的喜好，把帽子变成鞋子、大衣或椅子等。
> - 如果你觉得描述或者绘画会让你的想象更清晰，就把它们描述出来或画出来。
> - 你会用什么帽子来代替以下的内容：反思、计划、和他人相关、分析、找出信息、写作、评估？在完成这些任务的时候，可以尝试戴上相应的帽子。
>
>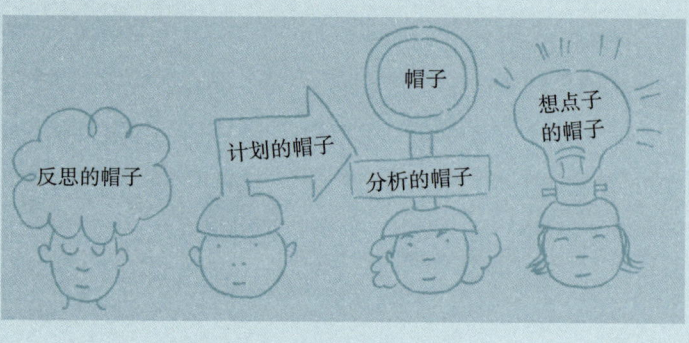

颠覆性思维：破坏

想象天要塌下来往往很容易。我们大部分人都很擅长想象哪些方面可能会出问题。好好利用我们这种长处的做法就是：想象我们故意把所有事情都搞砸了。想象的时候越夸张，任务反倒会显得越有吸引力。

比如：

- 我可以故意做哪20件事情，荒废我的大学时光，让我在三年或四年之后大学毕业的时候一无所成？
- 我可以做什么，让自己压力更大、更愤怒、感觉糟糕透顶、无法按期完成任何任务？
- 在研讨小组里我可以做什么和说什么，让整个氛围很紧张、矛盾一触即发？
- 我可以怎样让自己进入超级紧张的状态，导致面试的过程非常困难？

要回答这些问题很容易，你往往会想出一个很长的答案列表。这本身就说明，在大部分情况下，我们天生的直觉能帮助我们判断该做什么，不该做什么。在完成这个列表之后，在它旁边再列一个列表，里面写下可以如何解决每个可能会"带来严重后果"的问题。通过这样的方法，你就可以很容易地制定基本规则或者行动计划。

> **练习：破坏**
> - 选出一个你当前在解决或者即将会出现的问题，这个问题对你很重要。
> - 进行头脑风暴，想出你可以采取哪些做法，让这个问题变得糟糕透顶。注意那些直接会导致出现问题的细节。
> - 通读你做出的列表，看看你可以采取什么积极的措施，避免列表里的破坏做法。
> - 你列出的第二个表就是建设性行动计划的基本内容。

利用原材料

以上讨论的大部分策略都是"早期阶段"技巧。它们强调要让思维自由徜徉。早期阶段要产生很多想法，就要暂时抛开结构、选择、批评、否定和评价。

但是，创造性思维包括的内容不仅局限于此。思维的第一个阶段会产生大量的材料，这些材料就像未分类的面团或泥土。下一个阶段就是给材料塑型，让它们有实际作用。也就是说要进一步思考你的各种想法：

- 分析：每个想法或提议有趣的方面是哪些？
- 评价：每个建议对理解问题或找到解决办法有什么帮助？
- 合成：把各个想法的哪些方面整合起来，效果会不错？
- 发现差距：有什么地方不对劲？要产生想法并找到解决办法，你还需要什么？
- 说明：添加细节，补充空白的地方，把想法说清楚。
- 选择：现在你想采用哪些想法，想暂时把哪些想法放到一旁？
- 组织：把你的想法组织成一个相关的模式。这个模式可以是图表、流程图、模型或文字稿。
- 计划：制订行动计划，把你的想法付诸实践。

进行描述

把整个解决方案或计划从头到尾如何运作写下来，作为你的最初描述。按照你的喜好，你也可以把自己描述想法的过程录下来。描述的过程本身就能带来不同的想法。在这个阶段，不要关注文字的质量，要关注目标（即制定解决方案）。

描述的过程可能发生停顿。停顿也是创造性过程的一部分。停顿往往意味着你需要在这个地方进一步挖掘，确保事情可以运作顺利。比如，地理学家会去寻找地表的裂痕、变化或者不太"搭调"或匹配的地方。这些"不同之处"或"凹凸之地"代表地下有值得研究的内容。创造性的过程也遵循同样的道理。在寻找解决方案的过程当中，往往是那些比较麻烦的小地方能够让我们最终找出有创意的好办法。

如果你遇到一个"凹凸之地"或者描述的停顿处，就有必要再利用一次早期阶段的一些技巧，包括头脑风暴、自由书写、讨论、画出想法的网络，一心一意去思考困难的地方。然后在你遇到下一个"凹凸之地"的时候，再开始描述。

创造力和承担风险

注意观察乌龟。只有当它把头从龟壳里伸出来的时候，它才会有进步。

James Bryant Conant（詹姆斯·布莱恩特·科南特）

创造性的思考就意味着要承担风险。从小时候起，我们大部分人所接受的教育都强调逻辑和理性，强调不要有愚蠢的表现。我们可能很难做到既要从这种教育习惯里走出来，又能同时保持自信。我们往往会因为别人的看法而感到尴尬或紧张。

创造力和自我情感管理

Nolan认为，教育如果要培养出有创新意识、有创意的思考者，就必须要从情感层面入手。如果我们的心理承受能力不够强大，不能很好地看待他人的看法，我们的创造性能量就会被转移，用来确保我们不会受到各种负面评价。我们就不会愿意承担获得他人差评的风险。

创造力本身就包含着紧张和压力的元素。Goleman从生理学的角度对此做了解释。我们人本来就有生物的本能，想抵制负面的回馈。但是，我们可以培养自己的心理态度，让它没那么容易害怕被批评。Goleman的研究说明，我们把自己的不安情绪控制得越好，自由和创造性思考的能力就会越强（参见Chapter 4）。

有备的风险

我们为发挥创造力承担的风险可能会没有效果。在琢磨想法的早期阶段，承担风险是个不错的做法。因为在这个阶段，想法还仅仅局限于纸上谈兵。

但是，当你要进一步琢磨某个想法的时候，就要付出成本了。成本可能是时间、金钱、资源、环境或者个人名誉。这样一来，就有必要在保证可以承担风险的前提下，降低风险。要做到这一点，需要考虑以下问题：

- 采取某个行动的后果：谁会受到影响；各方面会付出什么代价？
- 可能会有什么好处？谁会受益？和坏处相权衡，好处有多少？
- 成功的概率有多大？
- 采取这个解决方案你能负担得起吗？
- 是不是值得承担风险？
- 如果方案没有奏效，你能承担相应的后果吗？

并不是所有的风险都值得承担。你承担有的风险之后会看到效果；但有的却不会。你要保证一点，即如果方案没有按照预期奏效，你和相关的方面在情感和经济上都可以承担出现的相应后果。

承担责任

发挥创造力意味着要承担风险，也就意味着要为个人行动承担责任。也即是说：

- 考虑清楚所有相关方的需要和利益，包括你自己的。
- 能够接受你自身行动带来的结果。
- 必要时制定安全措施，不让其他人受到伤害。
- 了解法律责任和道德义务。

如果你在写论文或做实验的时候发挥了自己的创造力，可能就意味着你要做好心理准备，因为老师可能觉得你的想法过于新颖，不太符合作业的要求，从而给你比较低的分数。看看你有哪些可能的选择，尤其是你很想得高分的情况下。当然，也有可能你不在乎会付出什么代价，只想着要拓宽认识的边界。不管你最后怎么选择，都要你自己决定。

但是，如果你是在为公众设计产品，或者你要做的决定会影响到其他人的生计，你在考虑自己的责任时，就必须要思考更多的内容，比如：

- 健康和安全规则。
- 法律法规。
- 财务事宜。
- 道德考虑。

> ### 练习B：模式的记忆（2）
> 这个练习是第250页练习的第二部分。记住下面字幕的排列顺序，直到你可以默写下来。看看这个过程你用了多长时间。
>
> **Shut the door now**
>
> 把你这次所用的时间和上次的时间对比一下。然后再回第一部分的练习那页去看看。

本章回顾

本章强调，创造力不仅是大脑的一种状态，还是一种培养大脑的方式。每个人都可以有创造力。有一些策略可以培养创造力。这些策略要取得最好的结果，需要人放松、肯尝试、内心轻松、心情愉悦。态度、信条、幽默感、情感的自我管理、健康和生活状况等都会影响到我们的创造力水平，影响到我们解决问题的创造力大小。创造力让我们认识到，我们的大脑和身体是有机的整体。

创造性思维的策略有很多难以预测的地方。它们可能会很耗时。因为很难说"思考"或发挥创造力需要多少时间。如果任务的截止日期是明天，今天才开始做，那么大脑就没时间轻松地去找出事物间的联系了，你也就没时间去权衡各种选择了。当截止日期已经很近的时候，人们往往很难放松，很难去考虑有创意的解决方案。

当然，与逻辑和分析性思维相比，创造性的思维可能只用它们耗费的一小部分时间，就可以给出答案。大脑轻松尝试、思考、合成和建立联系的时候可能会想出新颖的想法和思考方式。

延伸阅读

De Bono,E.(1996)*Teach yourself to Think*(London:Penguin).

De Bono,E.(2006)*De Bono's Thinking Course*, revised and updated(London:BBC Active).

Greenfield,S.(2001)*The Human Brain:A Guided Tour*(London:Phoenix).

McCormick,R.and Paechter,C.(1999)*Learning and Knowledge*(London: The Open University).

Van Oech,R.(2008)*A Whack on the Side of the Head:How to be More Creativer*, revised and updated edn(New York:Grand Central Publishing).

Chapter 8
反思的艺术

学习目标

本章帮你：

○ 理解"反思"是什么

○ 理解反思对评价和提高个人表现的重要性

○ 认识为不同目标而进行的不同反思

○ 找到办法提高你的反思技巧

○ 制定你自己的反思模式

○ 思考如何把你反思的结果和别人交流

简介

假设在你的两眼之间有一小点鲜艳的绿漆，或者你下巴上有蛋黄，因为它们离你的眼睛太近，你自己肯定看不到。如果没有镜子或者别人没告诉你，你不会觉得有什么奇怪的。当然，即便如此，别人还是可以看到你看不到的这些东西。

同样地，我们离自己太近了，往往看不到我们最有必要知道的东西。在别人眼里我们身上很明显的东西，我们却总是意识不到。幸运的是，我们偶尔可以停下来，反思很多东西，比如我们的目标、反应、感受和表现。良好的反思技巧可以帮助我们：

- 对自己有更加深刻和真实的认识。
- 更了解我们内心的动力、思维方式和别人眼中的自己。
- 更好地理解影响我们表现和进步的因素。
- 培养我们深入思考和判断的能力。
- 更好地控制自己的想法、情感、反应和行为，让我们更容易达成目标。

日常生活中的反思

反思是个自然的过程。从某种程度上说，我们都会花时间去回顾我们说的话、做的事，或者回顾我们希望自己说过和做过什么。很多时候，反思也意味着总结：在事情发生很久以后，我们才意识到本来哪里可以不同，或者有些小的事情竟然会有这么重大的作用。这种意识在下面的日常话语中可以体现出来：

- "要是那时候我知道这一点就好了……"
- "事后，我意识到……"
- "我没想到做X居然会导致Y……"
- "现在我已经知道有这样的后果，以后肯定不会这么做了……"
- "如果还有机会的话，我愿意重新做一遍……"

事后，Ulrika（乌尔丽卡）觉得自己当时应该对着陆点做更周密的计划。

- "这样做值得/这样做不值得/承担风险是值得的。"

也就是说，我们会回顾以前说的话和做的事，权衡结果，考虑本来可以有其他什么选择。如果有第二次机会，我们会想要不要重新再做一次，或者下结论认为我们第一次就已经做对了。

反思也是挑战

反思的过程很有挑战。我们都不太喜欢认识真正的自己：我们发现自己下巴上沾了蛋黄，却还在街上走了好几个小时，自然会觉得很尴尬。我们更希望蛋黄不在自己下巴上，或者没人看到自己这副窘相。在反思的过程中，我们也会有类似的自欺欺人的倾向。如果反思过程进展顺利的话，我们就会发现让自己不自在的东西。我们自然的反应是假装这些东西不重要，或者去找个借口，又或者把责任归咎到别人身上。我们最需要知道的东西往往是最难接受的。

要培养良好的反思技巧，就得花时间、多练习。如果你没办法自己进行反思，不要觉得沮丧。本书提供了针对很多事情的结构性反思做法。如果你已经按照书的内容进行了一些反思或者做了一些反思练习，那你已经大致了解反思需要怎么做了。

反思重要吗

上大学的时候，你要取得进步，主要得靠自己。大学教育的目的是让学生成为独立的思考者，可以评价自己的表现，总结自己做得好的地方和如何取得进步。从很大程度上说，你的成功取决于你自己。

在你对自己学业的判断上，你要有信心。老师和其他同学对你的评价不可多得，因为你可以把这些评价和你的自我评价进行对比。

你进行自我评估的时候，不要只是靠大体的感觉，觉得自己对了或者错了，而是要靠良好的标准。想一想你的自我评价和别人对你的评价之间有什么不同。这些不同可能提供了很重要的提示，让你可以拿到更高的分数并改善你的总体表现。

反思和个人发展规划

所有的英国大学都必须为学生提供个人发展规划，把它作为一种"结构性反思"。如果你是英国大学生，在大学毕业的时候，应该已经学会如何利用结构性反思来理解：

- 你自己、你的动力、选择和行为。
- 你想要实现的目标。
- 如何计划、坚持执行、回顾和评估行为。
- 你的反应和表现会怎样影响别人。
- 如何采取行动提高你的学业表现或学习成果，让你自己和/或他人受益。

"反思性执业者"

现在很多职业都要求采取"反思性执业者"的做法。这种做法会以某种形式融入工作当中，比如通过员工评审。一般来说，这种做法意味着你得靠自己完成以下内容：

- 你的持续职业发展（CPD）。
- 评价你的个人经验、强项、特质和技巧。
- 想出办法好好地在你的职业范围内利用你的强项。
- 认识到你身上可以通过培训、锻炼或非正式学习提高的个人局限或领域。
- 认识到你的反应和行为并为此承担相应的责任。
- 在团队讨论中提出有用的建议。
- 改善个人和团队表现。
- 认识到你对任务和项目的结果或成果所做出的贡献。

你当前的学习内容可能包括了反思性的活动。如果没有，第284页上的自我评估问卷可以帮你认识到下一步需要在哪方面努力。

什么是"反思"

反思是一种思考的类型。它就是为了更好地理解而进行深入的思考。反思包括很多因素，比如：

1. 理解经历。

"经历"和"学习"是两个不同的概念，我们有必要对它们加以区别和认识。经历可以是学习和发展的基础。但是，即便我们有了这种经历，也不代表我们就已经学到了和这个经历有关的所有内容，甚至不代表我们学到了任何东西。在学习体验中，很重要的组成部分就是反思。反思会让我们去分析经历，主动去"理解"经历或者找出经历的意义。

2. "退一步"。

我们"退一步"的时候，能够对某个经历、事情或行动有更好的认识。如果活动还在继续，往往很难进行反思。

3. 重复。

反思意味着要"回顾"某个东西，可能要回顾好几次，才能够从不同的角度来审视这个东西，或者保证没有漏掉任何环节。

4. 彻底的坦诚。

反思致力于发现真相。通过反思，我们会承认那些在正常情况下很难承认的东西。

5. 权衡。

反思需要平衡判断和批判评估，通常需要"在天平上称东西"。反思要综合考虑所有东西，而不是只看到表面现象。

6. 清晰。

反思可以让事情更清晰，就好像把事情在镜子里重放一遍一样。在计划、执行或回顾活动的任何阶段，这种清晰度都很有帮助。

7. 理解。

反思还意味着要更加深入地学习和理解，包括深入了解通过其他方式很难接触到的理论和概念。

8. 做判断。

反思还需要我们做判断和下结论。

练习：反思对我的重要性

把下面对你来说重要或者对你有好处的内容都圈起来。在空白的圈内，填上其他你觉得对自己很重要的内容。

考虑如何拿到更高的分数　　思考如何把我现在所学的内容整理成一个体系

看看我在工作上还可以有什么不同的做事方法　　花时间考虑我的人生计划

更好地控制我的情绪　　确保自己所做的事情可以促进找工作的过程

确保自己做所的事情可以促进升职　　确保自己在课程里能学到东西

把理论运用到工作中　　理解我在学的东西

提高效率　　让自己放慢脚步去思考　　更加注意自己的做事方式

更加有自我意识　　思考我的行为会对别人产生什么影响

看随着时间的推移自己有什么变化　　做法更加专业

接受别人对自己的评价　　我要为这门课程做这件事情

拓宽自己的视角　　　我需要在工作上这么做

为了员工评价　　为了更好地理解自己

考虑我需要什么样的培训　　避免自己陷入困境

发现自己在什么地方可以采取更多元的做事方式　

需要空间思考对自己重要的东西　　接受新观念

反思练习的自我评估

按照下面的打分方式，为你对下面表格中所有陈述内容的反应打分。注意："完全不同意"得分为0。

打分标准：4=完全同意；3=同意；2=部分同意；1=不同意；0=完全不同意。

"我很有信心，觉得我……"	打分
1. 知道如何使用日志和反思日记	
2. 对自己很了解	
3. 充分地挑战了自己的思维	
4. 花了足够的时间去寻找不同事物之间的相关联系	
5. 花了足够的时间去"理解"我所学和所经历的东西	
6. 花了足够的时间去思考我所学的意义	
7. 花了足够的时间思考如何改善我的学业表现	
8. 花了足够的时间思考我的行动和行为所带来的影响	
9. 对自己的强项有很准确的评价	
10. 知道如何把我的经验和技巧运用到新的场景当中去	
11. 了解自己的个人局限在哪里	
12. 了解自己个人发展有哪些需要	
13. 总是能在做决定之前考虑所有的选择	
14. 总是了解我的行为之下有哪些动机	

"我很有信心，觉得我……"	打分
15. 总是会为自己在事件中的行为承担责任	
16. 花了足够的时间去思考如何改善自己的人际交往能力	
17. 花了足够的时间去思考我可以如何为自己所在的团队做更多贡献	
18. 花了足够的时间去思考他人行动的重要性	
19. 花了足够的时间去思考其他人说的话有何重要性	
20. 可以正确地反思我在事件中的情感反应	
21. 可以很好地利用自己的反思来进行评估	
22. 花了足够的时间去思考如何利用别人对我的评价	
23. 知道在找工作的时候如何有效地运用反思	
24. 清楚我可以选择哪些类型的反思	
25. 不需要再进一步培养我的反思技巧了	
把你的总分加起来	总分

得分情况说明：

总分为100分。这个练习只是大概地告诉你作为一个"反思性执业者"你有哪些强项。如果你的得分不到100分，就说明你还有努力的空间，进一步培养自己的反思技巧。

- 你最想提高哪些方面的反思能力？
- 这个星期你可以做哪一件事情，培养你的反思技巧？

反思的基本步骤

如果你还没进行过反思，一开始可以按照下面列出的步骤，这些步骤说明了反思的一些基本特点。

- **少量的常规记录** 定期写日记、日志或者博客。不管是写什么，都要定期地写。一开始最好每次少写点，写的次数要多点，因为这样你才可以养成反思的习惯。工作日每个晚上花7分钟的时间就够了。同样，你也可以一个星期写一两次，每次写半个小时。
- **要具体** 每次写的时候，要选择你当天或这一周里面某件具体的事情或有特点的东西为对象。比起表面地描述你一天的经历，这种写法可以更好地培养你的批判性思维能力。

- **以改进为目标**　选择你一天里面觉得困难或者"不满意"的地方。想一想为什么会在这里出现问题。再想想下次你可以怎样取得更好的结果。当然，你也可以选当天进展非常顺利的事情，想一想为什么事情会这么顺利。

- **关注你自己**　反思的时候，千万不要一味责怪自己或在别人身上撒气，即便你觉得那人确实过分也不行。关注你自己在事件里的角色，想一想下次遇到类似的情况，你可以怎样做得好一些。这种思考过程能让你取得进步。

- **使用引子**　从本书里选出一个练习，用它引导你进行结构性反思。可以参见第316—317页上的"反思的核心模式"，从里面选出一些点子来指引你提问题。

- **使用批判性的语言，而不是描述性的语言**　反思需要批判性和分析思考。权衡强项和弱项、成本和利益、决定和成果。批判和分析思考能力在大部分的学习过程中都需要。不要选择描述性的语言去简单陈述发生了什么，或者谁说了什么，除非你的课程有这种具体的需求。要进一步了解批判性思维，可以参见Cottrell在2005年写的相关书籍。

- **要有目标**　反思要朝着某个目标行进。比起一个全是描述的长篇大论，有意义的简短内容更能一针见血。找出一个对你来说有用的话题。你最需要改进的方面在哪里？你需要全面思考的东西是什么？

- **找到正确的问题**　想一想要进行结构性反思，需要怎样的问题。如果你一开始回答的问题能够为你的思考定性，整个反思过程会容易很多。参见第194页。

- **回顾**　隔几周之后，再去看看你写的东西。找出你所写内容里的一些主题，考虑这些主题对你的重要性。决定下一步要采取什么行动。

示例

旨在改善表现的简单批评性记录

今天我的社交能力怎么样？

今天有所收获，因为我认识到，我还是会打断别人讲话。今天在研讨会休息的时候，我就打断了Mary（玛丽）。我意识到这种做法既不讨巧也不太体贴。Mary看起来有些恼火。我当时假装什么事情都没有，是因为觉得很尴尬。其实本来意识到自己错的时候，我就应该马上去道歉的，这样会好一些。下次研讨会的时候我会去向Mary道歉。我得注意以后别人讲话的时候不要插话。也许这段时间我该让Joe（乔）和Ali（阿里）提醒我，这样我也更容易注意到自己再次出现插话的情况。

描述性记录

下文举了一个反思不到位的例子。下文的记录只是描述发生了什么，关注的是其他人。写这个记录的人没有为自己的行为承担责任，不计划去改善自己的表现。他不会有任何进步。

今天在研讨会休息的时候，Mary在说话，我当时也想表达看法。Mary那时候已经说了好几分钟了，我还什么都没说。她说的东西我也感兴趣，但是我还是打断了她。这只是个小小的错误。我又没想得罪她。后来Mary又说了一会，最后停了下来。她看起来生气了。大家都看着我，好像我犯了什么大错一样。我也没有说很久呀。Peter（彼得）说我的观点很有意思。然后研讨会就开始了，我们都各回各位，但是Mary一直都不愿意正视我。

结构性反思的做法

进行反思有很多方法，你并不是每一种都需要学会。浏览本章，看看当前那些练习最吸引你或者对你最有用。下文介绍的反思方法有：

- 以问题为基础的反思。
- 开放性反思。
- 合成性反思。
- 发展性反思。
- 评估性反思。

你很快会发现，不同的反思类型有相互重合和联系的地方。每种反思类型可能适合某种任务或者任务的某个阶段。你在培养自己反思能力的时候，也会更加娴熟地选择适合任务的反思方法。你也可以咨询自己的老师，让他们给你提供建议，选出最适合你当前课题的反思类型。

以问题为基础的反思

以问题为基础的反思是一种结构性很强的反思；这种方法在本书里用得特别多。这种反思特别简单。总的来说，这种反思里面有很多的大标题，每个标题下会有一系列问题。这种反思有以下几种好处：

- 它可以引导你完成整个反思的过程。
- 它帮你考虑到所有的必要因素。
- 它可以给你反思的对象定性和指导，减少模糊讨论和偏离正题的情况。

- 它让小组所有成员都按照具体的方式去反思同样的问题，以便于就具体问题进行比较。
- 问题可以刺激人给出答案，让思考更敏锐。

以问题为基础的反思适合谁

这种反思方法涉及分析和连贯性思维。如果有人喜欢或需要逻辑、有序或有秩序的方式做事，或者需要以这种方式工作，或者喜欢有一些外界指导，就比较适合这种反思方式。

但是为什么我……？ 我当时有没有可能……？
在什么时候……？ 什么是最好的……？
我当时是不是……？ 那个……？

练习：提出问题

选择一个你会定期做的事情或者你想要做得更好的事情。

📖 在你的反思日记里，快速地列出至少10个问题，引导你对自己的表现进行结构性反思。

- 回答你列出的问题。
- 通过这样提问的方式，你对自己的表现有了什么新的认识？

开放性反思

开放性反思鼓励你"放开"集中的精神，不要把整个过程控制得太紧，而是"让你的想法自由游走"。这种反思看起来很没有结构。但是，这种方法往往会涉及某种结构，比如通过引子继续，一个过程完成几个阶段的内容，或者按照半正式的规则进行。

开放性反思有以下好处：

- 它让你产生很多的想法和点子，让你更容易开始着手完成任务。

- 它让想象力自由徜徉，所以会形成一系列没有被否定的联系。
- 会带来意想不到的想法，这种想法会让人精神为之一振。
- 比起有其他人提出的问题，它让人觉得更亲切。

示例

以问题为基础的反思（参见第287页）

问题

我如何利用了课程作业上得到的评价？

回答

我通读了评价，接受了大部分内容，找出了需要去解决的一些问题。

问题

我是否最好地利用了报告得到的评价？

回答

当时我觉得自己好好利用了这些评价。我把评价读了一遍，制订了自己的行动顺序。但是，现在看来，我觉得自己对待评价的态度不够认真。我当时觉得老师对我太苛刻了，所以在写下一篇论文交给另一个老师的时候，我并没有完全按照老师给出的评价来进行更正。结果下一篇论文得到了一些类似的评价。我认识到，自己忽略了重点。

问题

我可以如何更有效地利用回馈？

回答

我需要给自己制定一个现实的目标。上次我一次性想改的东西太多，最后我很沮丧。我要去跟老师谈谈，看看在哪一两个地方做出改变可以对我产生最大的影响。大体来说，我需要关注重点，认识到自己不可能一次性就完成所有改变。

开放性反思可以帮助产生想法，但是不会组织和理解想法。如果能把开放性反思和其他反思方法结合起来使用，就可以帮助你有效地组织自己的想法，从自己的经历中发现意义。

喜欢随机做事，或者喜欢尝试新方法或原创方法做事的人，比较适合用开放性反思的方法。进行开放性反思可以经过精心安排（整个过程由老师指导），也可以由个人控制。

头脑风暴

头脑风暴是个很简单、快捷的技巧。拿出一大张纸和一支笔。把问题写在纸上的某个位置，一般写在纸的中间比较有效，不过你也可以写在自己喜欢的地方。你把头脑中的所有点子和解决办法都写下来。在这个阶段，不要评估或判断产生的想法——只需要让想法自由进入你的头脑。

头脑风暴是为了迅速产生想法而用得最广泛的技巧之一。你可以通过头脑风暴来写论文或者完成其他任务，也可以用它来进行反思。

练习：头脑风暴

- 选出一个你这周需要思考的话题，或者进行头脑风暴，想想给你认识的某个人挑什么生日礼物。
- 把话题写在纸上的某个位置。
- 给你自己5分钟的时间，想出尽可能多的想法。
- 思考的过程尽可能不要评价你想出的想法；只要把进入你脑子的想法写下来就可以了。
- 你做完头脑风暴后，想一想列出的所有想法。把最没有用的给去掉。如果这个过程中你又产生了其他想法，也把它们写下来进行思考。

讨论

讨论可以成为很有价值的一种反思。讨论的优势就在于它可以提供多重视角。两人或者小组讨论可能会提出很有挑战的问题，你一个人的时候一般都不愿意触及这些问题。但往往这些问题又是我们最需要去解决的，所以，以讨论为基础的反思可以让你处于警惕状态。

如果没有很好的引导，讨论很容易就出现很多偏题的情况。如果讨论的时候只用固定数量的简单问题或陈述，可能讨论的结果会更有创造性。限定讨论范围后，讨论就会针对话题进行拓展。如果要让讨论更加井然有序，就要设定更多的问题，并且设定回答的时间限制。如果讨论偏离了正轨，也不要草率地否定这些偏题的内容。这些偏题的内容可能是很重要的关于目标话题的提示，或者这些内容表明了整个团队的合作程度，这些内容也可能会提示你该如何去应对某个具体的问题。

做白日梦

不要逼自己，让大脑随意去思考目标问题。如果我们已经很认真细致地思考了这个问题，之后又去做完全不同的其他事情，我们做关于这个问题的白日梦的可能性就会更大。我们不可能逼迫自己进入做白日梦的状态，但是可以鼓励和培养这种状态。在你身边放上纸笔或者平板电脑，以便你脑子里有想法的时候可以记下来。白日梦过程中出现的反思往往很容易一闪而过。有时候，当你慢慢意识到自己的新发现时，你会经历一个自然的转折，不再处于一种放松的状态，而是开始进行分析和询问。

网络

这种网络很有用，你可以通过网络把大脑运作的方式视觉化，让你看得更清楚。可以参见第271页了解网络的内容。

自由写作

通过写作进行反思与写东西给别人或者老师看截然不同。反思性写作旨在刺激思考，而不是为了向别人传达信息。也就是说，这种写作方式可能看起来、听起来以及在行文方式上都和其他的写作方式不一样。你通过写作反思的方式和别人也会很不一样。比如你可以随手拿起笔就开始写；你可以不写完整的句子，只写单词和短语；你也可以乱写乱画；你还可以采取写散文的形式。换句话说，要判断你写下的内容对于反思并实现你的目标有多大帮助，只能依靠你自己。

反思性自由写作和其他的自由写作方式一样，可能需要写很多份：

- 一份用于产生想法。
- 一份用来更深入地探索一些问题，探究更加细枝末节的内容。
- 之后还有很多份，它们结构更加清晰，因为这时候你已经在总结自己的反思过程，写下的内容也想给别人看。

> **练习：自由写作**
>
> 　　选出一个你这周想要思考的话题。这个话题也可以是你在前面练习中选出来的。
>
> - 给你自己10分钟时间，尽可能快地写下任何进入你脑子的关于这个话题的想法。
> - 头脑风暴只是让你迅速地写下一些短语。自由书写有些不一样，它的目标是要从一定程度上找出不同想法之间的联系。想一想，一个想法和其他想法之间有什么关系。稍微注意下你的想法在往什么方向走。和之前的练习一样，这个过程不需要特别成熟。
> - 做完的时候，通读一遍你写下的内容。找出一个关键的主题或想法。把它突出显示或者在它下面划上下划线。
> - 给你自己几分钟的时间，就这一个话题进行自由写作。
> - 然后突出显示另一个主题，就这个主题进行自由写作。
> - 最后你会发现，自己对于现出的话题开始产生很多新的想法。

示例

反思性自由写作

　　不错的一天。喜欢这个会。做了贡献。看视频和讨论视频的过程真不错。讨论的时候我很投入，我自己都很吃惊。我之前没觉得自己对这个东西这么上心。还是没想出来为什么。为什么呢？我不喜欢桥梁的设计方式。很丑。这还不够吧。还有……我觉得它更像历史课，不像工程课。上学的时候就很讨厌历史课。这个理由好像不够充分，解释不了我为何现在会对设计这么伤心。或者可以解释吧。可能其他人也会有同感。除了历史课的阴影，还有什么东西影响了我？我喜欢雕塑的表面……

　　你可能看不懂上文的示例。但是写的人却非常清楚里面是什么内容。写的人知道他

研究什么问题，写作的过程只是他的第一步。你自己也可以去试试第292页上的自由写作练习。

画画涂鸦

画画涂鸦可以让你分心，不再过度地控制自己的思考过程，大脑就会更加自由，带你走向你内心最渴望的地方。可能你会觉得画画和反思的过程没什么相似之处。但是，你又想分析自己画出来的内容，寻找一些线索，探索自己的大脑是如何运作的。当出现一些线索的时候，你可能核对下，看看自己的理解是否有误。

为了反思自己过去的行为或经历，也为了看清楚这些行为经历的意义，你要进行反思，但是你更青睐的方式可能是画漫画、卡通或者其他的制图形式。

练习：涂鸦

- 为反思选出一个新的话题。
- 拿出一张纸，在纸中间涂鸦。
- 你可以在思考这个话题的时候进行涂鸦，也可以把这个话题化成一幅画或者一张图表。没必要画得很精致：涂鸦的过程只是为了让你分心，不要一味地专注思考你选出的话题。
- 如果你脑子里出现一些想法，你想迅速地记下来或者进一步思考的话，就跟随自己的感觉走吧。
- 完成练习之后，想一想这种做法从多大程度上符合你的一贯学习作风。

生成性反思

以上的策略都是生成性反思的风格。Chapter 7"打破固定化思维"里面讨论过的策略和方法对于培养生成性思维有很大帮助。

合成性反思

合成性反思会把不同的方面和视角"放在一起"或者"合成起来"。这种反思方式可以为各种反思定性，或者用于理解早起的反思过程。通过合成性反思，你可以发现自己反思、想法和行动背后的意义。合成性反思还可以刺激创造性思维。

合成性反思的好处

合成性反思可以：

- 发现联系。
- 理解"整体局势"。
- 对整体有个大致的了解，可以作为细节分析的基础。
- 让反思的意义和结构更清楚。
- 整合各种反思，把它们变成连贯的整体。

合成性反思往往被叫作整体、全面或者"右脑"思维。喜欢寻找线索、猜谜或者以新形式描述事物的人，比较适合这种反思方式。艺术过程和合成密不可分。建立的联系既可以是逻辑联系，也可以是创造性的联系，所以不管是喜欢秩序的人，还是喜欢随意工作方式的人，都可以进行合成性反思。Chapter 7"打破固定化思维"就强调了培养这些思维模式的重要性。

合成性反思可以把内容整合起来，所以可以在自由写作或者讨论型的反思之后使用。

寻找联系和主题

合成性反思是种主动的反思方式。进行这种反思的时候，其实你是在自己找出的材料当中寻找联系和线索。通过合成性反思，你可以发现之前你没有看到的隐蔽性主题。通读整个材料，把它的文字加粗、标上颜色、突出显示、进行组织和解释，这些都可以让你更关注某个主题。

> **练习：合成**
>
> - 选出你在前面练习中研究的主题。
> - 找出你之前进行反思过程中所出现的主题和联系。
> - 把你的各种想法组织起来，从而让各种主题和联系可以清晰地展现出来。

发展性反思

个人发展的过程可以采取任何形式的反思，而发展性反思主要的作用就是让你理解和提高自己的表现和成就。

> **练习：发展性反思**
>
> - 如果你还没做过第284—285页上的练习，就去做一做，找出你的个人发展重点。
>
>   📖 在你的反思日记里，写下你对自己某个个人发展重点的想法。比如，考虑下面的问题可能对你有所帮助：
>
> - 你为何会把这个作为你的个人发展重点？你最重视的到底是什么？
> - 你的目标是什么？你之所以要重点发展这个方面，是为了有何收获？
> - 这个方面对你实现长期或者短期目标有帮助？
> - 问题在哪里？
> - 你已经做了什么尝试？这些尝试效果如何？
> - 接下来你要做什么？
> - 要成功地实现这方面的发展，用多长时间去完成比较合理？
> - 你重点发展这方面，还可以让谁受益？
> - 你做什么事情，会阻碍你成功实现这方面的个人发展？
> - 你对这个个人发展重点有何感想？如果有，这个重点让你会产生怎样的情感？

监督表现

按照课程要求，你可能需要记日志、写博客或者日记。就算课程没有这样的要求，写这些东西对你也有帮助。很多雇主都要求员工记日志，记录员工采取的行动、做事的逻辑和行动的结果。这些记录可以用于团队会议或者员工评审。

示例

监督表现

项目组：反思

2月20日

今天，我有主持了项目组会议。这次主持得比上次好。我做到了让整个团队按照议程进行会议。跟上次不一样的是，这次我不允许团队成员随意地提出新话题。我确实很难才做到了这一点。我把重点总结得很好，反馈效果也不错。

不幸的是，会议还是超时了。Carla（卡拉）和Ian（伊恩）一开始辩论，我就觉得很难打断他们。我不知道是应该会前跟他们谈一谈，还是直接在会上打断他们，后者可能会显得很粗鲁。他俩说话声音都很大，我怕自己如果打断他们，其他人也听不到我的声音。就因为我没有很好地控制他俩辩论的时间，最后整个会议超时了。看起来是我不太会管理时间，但其实是我不知道该如何打断别人。这是我下一步个人发展的重点。我已经跟老师约好了要讨论这一点。

可转移技巧

Chapter 2表明，专长可以在不同的场景下运用。但是，技巧不会自动转移。只有当我们这样做的时候，技巧才可能"可转移"：

- 看清某项活动中涉及的所有技巧。我们很容易忽略那些不那么明显的技巧，但这些技巧普遍存在于我们的日常经历中。
- 特意去寻找某项活动和另一项活动之间的联系，把它们进行对比。
- 可以看到某个场景和另外一个场景的相似之处。如果我们看不到事物之间的联系，那么即便有的场景是"我们能力范围"内可以解决的，我们也会觉得自己没办法处理（Butterworth，1992）。

示例

转移技巧 1

我一直在当地一所学校教小孩子们数学。我设定的主要发展目标就是要对他人负责，要使用"简明英语"。但是，我现在还更擅长整理信息，提供给他人使用。

老师指出，一开始我到学校的时候，就一头扎入工作，只想着尽可能快地完成任务。但是现在，我会把工作组织得更好，让小孩子们知道自己在学什么。这可能代表了我有好的沟通技巧。除此之外，我还更加擅长组织信息。我会仔细思考，把指示分成多个小孩子们能够一听即明的小部分。如果我总是重复这些指示，小孩子们会觉得不耐烦。

把指示变成多个小部分跟大人沟通，也会更容易。现在我要解释技术问题的时候，都会采取这种办法。我发现，自己没必要重复信息。同样的思维方式还帮助了我计划组织自己的写作任务。我的老师也说，我的写作变得更清晰了。

花时间考虑我们在这种场景下学到了什么，思考如何把这些经验用到其他的场景当中，这种做法很有价值。对自己更好的认识可能会在以后的新场景中发挥作用。

示例

转移技巧 2

因为我从未写过散文，所以我害怕写散文。我的课程一般涉及的是写报告。报告一般结构都很严谨，但是我却看不出散文各部分有什么结构。

我去找一个大三学生咨询，他跟我讲了写散文的整个过程。他指出，我写报告的讨论过程跟写散文很像。如果我把报告的不同部分都拿出来，比如把方法和结果这些部分拿出来，然后去掉报告所有的小标题和表格，其实我就已经完成了散文的大体内容。

我发现，把写散文的主要过程想象成写报告的时候，我会觉得容易很多。我会使用小标题，在每个小标题下写一段。我还注意到，自己需要确保段落之间的连贯性，因为和报告相比，散文的各部分主要是按照意义进行连贯。在最后要交散文的时候，我就把小标题都去掉。

> | 反思 | 发现你的技巧
>
> 在你的反思日记里，用几分钟的时间，写一写你最近从事的某个新活动。考虑以下这样的内容：
> - 在这个活动中，你使用了哪个你已经掌握的技巧？
> - 为了更好地完成这个活动，你对自己的日常思维或做事方式进行了怎样的调整？
> - 在从事这个新活动的时候，你对自己有没有什么新的认识？

反思你的学业发展

找时间想一想，从整体上去看一看你的学业发展情况。同时考虑这些问题：
- 你是否有足够的动力去追求学业的成功？你可以怎样做，让自己更有动力？
- 你在选修课上所做的各种决定之间有多大的联系？这些决定对实现你的长远目标有何帮助？
- 你的选择是否让你奠定了专业的基础？
- 这些选择是否能让你在所学专业之外拥有其他的突出兴趣点和能力？
- 你当前的学习最刺激的方面是什么？
- 你在任何领域没办法取得进步，是因为什么？你的学习方法是否还在奏效，还是你需要对这些方法进行调整？

示例

学业选择

我只想学化学,因为我只对化学感兴趣。但是我又担心,以后找工作的时候,学化学会让我没有竞争力。我还对国外旅游很感兴趣。我想象自己站在小时候长大的地方附近的一个大型英国工厂旁边,但是我还是看不到滑雪和去国外旅游之间有什么联系。

职业咨询服务处给我看了一些案例研究,讲的是跟我学过同样课程的人都走上了怎样的职业道路。我很吃惊地发现,在大公司的国际部工作,竟然有这么多的机会。我还没想清楚是不是要开始学一门外语,作为我的起点。学了外语之后,如果有海外工读课程机会时,自己被选中的可能性会比较大。不过,选择做个专业的IT人员可能效果更好一些。

我还要看看,自己如果去学一门副课,比如保健学或者营养学,会有什么新的机会。我已经抽出了下周四的一段时间,去职业咨询服务处的图书馆查阅相关的资料。

你可以反思一下,看看你在不同的话题或者选修课之间的表现有何不同。比如,你的分数可能忽然低了或者高了很多,或者你发现自己在有些方面会做得更好。你可以通过下面的技巧,开始研究为什么会出现以上的情况。

- 列出你着手学习各个学科的不同方法。
- 针对你对每门学科的态度或者做法,进行自由书写。
- 进行头脑风暴,思考不同话题之间的差别,以及你要如何处理这些差别。

示例

反思作业

我在上次的作业上花费了大量时间,但是最后得分却让我很失望。这次作业我没花那么多时间,分数却变高了。之所以有这样的区别,主要是因为我这次认真思考了问题的实质所在。我的作业紧紧围绕主题。我确实知道自己在做什么,这样我完成作业的速度反而更快。但是,一开始拟定大纲的时候我花的时间比上次长一些。我觉得,自己做作业的方式已经有了一个新的突破。

现在,我需要知道如何才能了解自己的土地调查都需要些什么。我实在不觉得自己可以采取同样的方式来完成这个调查。我估计是因为自己还没有尝试把自己的"突破"运用到调查上,以至于我不知道我的"突破"是否会有效果。

反思你的专业发展

偶尔抽出点时间，思考你的短期和长期职业发展。比如：

- 你在培养什么技巧？你的技巧和经历当中，是否有很明显的欠缺？你找工作的时候这些欠缺的方面是否会变得很重要？
- 你选择学的课程是否能帮助你找到理想的工作？
- 你是否太过一心只读圣贤书，缺乏一些对你职业有帮助的经历？
- 你有没有最好地利用大学的所有资源，培养你的技巧、积累经验，为自己的简历添彩？
- 有没有什么你可以从事的工作，帮助你培养自己再工作场合的社交技能？
- 你有没有尽早地良好利用职业咨询服务处和它的资源？
- 给你提供一个你中意的职业方面的导师，会不会对你有帮助？

示例

专业发展

我注意到，很多招工广告都要求应聘者具有良好的团队建设技能。我学的这个课程里没太多团队合作的集会。我担心以后找工作的时候，团队合作会成为我的一根软肋。听说学校要组织志愿者活动，这周我要关注这件事情。有些志愿者活动可能会涉及团队的协作。

还有一个选择，就是选择一门会培养团队合作技巧的选修课。不幸的是，这样的选修课没有一门让我感兴趣。估计我得选一门无聊的选修课来上了。我觉得和学习团队合作技巧相比，直接在做实事的团队里做事会好很多，因为雇主们可能更喜欢后者……

反思你的个人发展

反思除了可以帮助你的个人学习和工作之外，还可以用在你个人发展的其他任何方面。比如：

- 你的人生目标有没有发生任何改变？
- 你的价值观和信条在经历什么改变？这些改变受到了什么影响？
- 你有花足够的时间陪自己的家人和朋友吗？
- 你的健康保持得如何？
- 你采取了什么措施去控制自己的压力？
- 你采取了什么措施去更好地平衡自己的生活和工作？在不影响自己学习工作的基

础上，你有时间享受生活吗？

示例

个人发展

最近我大量的时间都用来学习和工作了。上周我学习和工作时间加起来有65个小时。本来我说好了去参加我哥哥的生日聚会，但是最后为了加班拿双工资，没去。从钱的角度看，这样做不错。但是，我的家人都对我感到很失望。我确实没把工作和生活平衡好。

我需要休息，不受学习或工作的打扰。我必须开始规划自己的时间，确保我偶尔能够休息休息、享受生活。就是要偶尔停下来。我注意到，自己现在睡眠不太好。最好我早上早点开始做事，傍晚就可以早点完事。学习到很晚只会让我半夜睡不着觉，满脑子都是学习的内容。

我现在也完全放弃了自己的爱好——音乐。我很想找点时间去听听最近的新歌。为此我可以这样做……

评估性反思

问卷和清单

自我评价问卷可以帮助你开始进行自我评估：

- 问题可以把范围界定清楚，说明需要进一步考虑的重点领域。
- 问卷可以在"前后不同"情况下使用，这样可以精准地比较在不同时间给出的不同答案。
- 回答问卷问题的时候，往往很难直接说"是"或者"不是"。很难回答的问题会要求你做出更长的回答，这样可能会让你看到真正的问题在哪里。
- 以问卷开始效果往往都不错。如果问卷不和其他的反思方法结合起来，效果就不是很明显。

关键事件

对某件事情进行深入分析，会让你对自己有更深刻的认识。选出一件对你来说比较重要的事情，比如：

- 你第一次……
- 你最近一次……
- 某个艰难的场景。
- 考验你价值观的事件。
- 考验你能力的事件。
- 考验你意志力的事件。
- 考验你个性的事件。
- 你生命中的转折点。
- 你为自己或别人做到意想不到的事情的时候。

反复进行这样的练习之后,你就会积累很多材料,可以用来评估你的表现。想一想:

- 出现了什么主题?
- 随着时间的推移,你在哪方面的表现有了很大的进展?
- 有哪些地方是你下定决心一定要重视,但之后又没做到的?有什么因素阻碍了你这样做?

示例

关键事件

我参加了MMM生产厂的一个学生项目,每周抽出一下午的时间和生产厂的发展团队一起工作。我主要负责设计纸质材料,让短期合同工使用生产厂的软件更加方便。我跟着人力资源的技术发展部门工作,团队里有人担任生产线管理人员。我把自己设计的材料先给10个兼职人员进行测试,根据他们提出的反馈意见,我又对材料做了很大的改进。

公司后来采用了我设计的纸质材料。我的设计成功了,整个工作的经历对我来说更为重要,有几个原因。首先,以前我没有信心,觉得自己不能在这样的环境下工作,也没有能力按期完成任务。但是我最后证明了自己的能力,说明自己值得依赖,能够把工作做好。

一开始让兼职人员试用我设计的纸张,我非常紧张。我开始胡思乱想,觉得用的人肯定会很挑剔,如果有人批评我,我肯定会觉得很难过。在试用的过程中,我决定认真听兼职人员的意见,毕竟我希望自己设计的材料能够发挥作用。兼职人员对我的设计有很积极的评价,也提出了大量需要改进的地方。我对自己都感到吃惊,因为听到这些的时候我非常镇定,还鼓励他们尽量坦言相对。他们确实说得很有道理,因为我能判断,采纳他们的大部分建议都会让整个材料更加完美。

我好好地利用了兼职人员的回馈，就学到了反馈的重要性。我还学到，让别人提出批评意见非常重要。在我看来，我主要学会的一点，就是"经受痛苦却处之泰然"。我知道人无完人，所以我会接受别人的意见，但却不会被这些批评意见所打垮。以前我可做不到这么淡定，所以我觉得这个经历是我的重要转折点。

这个经历也会让我在研讨会上有更好的表现。比如，以前我觉得任何反馈都是对我的攻击……

| 反思 | 关键事件

选出一件对你来说很重要的事件。想一想：
- 大体发生了什么——场景？
- 你做了什么——你扮演的角色？
- 你的行为带来什么结果或者后果？
- 以后遇到同样的情况，你可以做出怎样不同的准备？
- 你是怎样使用或可以怎样使用他人的反馈？
- 你需要集中精力去改善自己哪方面的表现？为了让自己在这方面表现更好，你需要做什么？
- 你从这个经历中获得和学习到了什么东西？

依次回答以上的所有问题，作为记录，供以后参考。

注意：如果有人会看到你的反思内容，首先要确保反思里面没有提到特定人、部门或者组织的名字或者其他信息，除非获得相关方的允许。

参见第411页上的资源库。

利用反馈

作为学生，你会定期获得反馈，可能以后你再也不会以同样的方式获得反馈了。提供这种反馈的是渴望你成功的专业人员，故此它的价值不可估量。不管你觉得给你的反馈是否公正或准确，都要欣然接受。

你可以对反馈做以下处理，把它作为你反思的基础：
- 读反馈，几天以后再读，因为你第一次看的时候可能不太客观。

- 想一想反馈回来的评论是否让你吃惊。如果是，为什么？
- 想一想你是否赞成评论的说法。如果不赞成，你有什么理由可以反驳？
- 决定自己以后是否愿意再看类似的评论。如果愿意，想一想你可以怎么做来确保自己获得类似的评价。一定要记住，下次你做了同样的事情，但是可能无法获得同样的正面评价——你怎么再接再厉，表明自己已经取得了新的进步。如果你觉得反馈让自己不满意，你可以采取什么措施，去改变或改进自己的表现？

Latifa（拉蒂法）总能为老师提出的意见找到建设性的用法。

- 想一想自己可以从哪些地方获得支持（书、网页、老师、支持性服务），应对需要改进表现的地方。

每年至少抽出两到三次的时间，去看看自己收到的书面反馈。注意一些不太寻常的主题，因为它们可能会让你的分数持续降低或者提高。不管收到的反馈是否让你满意，都要迅速地写下一些指示性的内容，说明你会如何应对，从而让自己从反馈中受益。

反馈的分类

记住，不管是在学生生涯，还是在你的一生中，你收到的大部分反馈都不是以你文章末尾的个人评语的形式。如果班里大部分学生都存在同样的问题，老师最好就不要在每个学生的作业后面分别作评论，而是直接口头把问题说出来，或者把纸质版发给每个组，或者在课程网站上说清楚。这种反馈也很重要，需要你去思考。

找出你可以拿到的各种形式的反馈，形式可能会因为课程的不同而不同，它们可以是：

- 在实验室、行政楼、工作室等地方针对你表现的简短口头反馈。
- 针对你就某个作业的想法、初期计划话草稿的评价。
- 让你接受其他同学、雇主、客户、客人或者其他相关人员反馈的机会。
- 在某节课上提出的评价，这种评价让你看到，作为学生或者在这个学习模块中，老师的预期是什么。

- 导师对你工读课程提供的评论。

如果没有书面的反馈，想一想自己可以怎样把找到反馈并把它记下来，便于以后使用。

反思模型

当今很多的专业和学习课程当中，反思都是很重要的组成部分。很多的反思模型都发展了起来，让人们结构性地思考一个非常抽象或者"后"的概念，即"通过反思你自己的经历来学习"。以下归纳了一些重要的反思模型，以后看到或听到这些名字，你也会有印象，你还可以以这些模型为基础，培养出自己的反思模型。

基础的概念

总的来说，反思模型假设我们可以：

1. 思考自己的经历。
2. 更深刻地理解自己的经历。
3. 在思考和理解的过程学到东西，带来改变。

分阶段模型

反思模型通常会把不同的反思过程分成几个步骤或者阶段。这些阶段会写在圆圈当中，假设的就是我们可以利用自己积极反思过程学到的东西，以后遇到类似的情况可以更好地理解，做出更好地预先规划。看到反思过程的方式有很多种，这个过程由几个阶段组成，取决于用的是哪个反思模型。

分为四阶段的体验式学习周期

Kolb（科尔布）提出这个周期后，对体验式学习的思考有了长足的发展。

Kolb的周期包括四个阶段：

1. 实际体验：体验或行动。

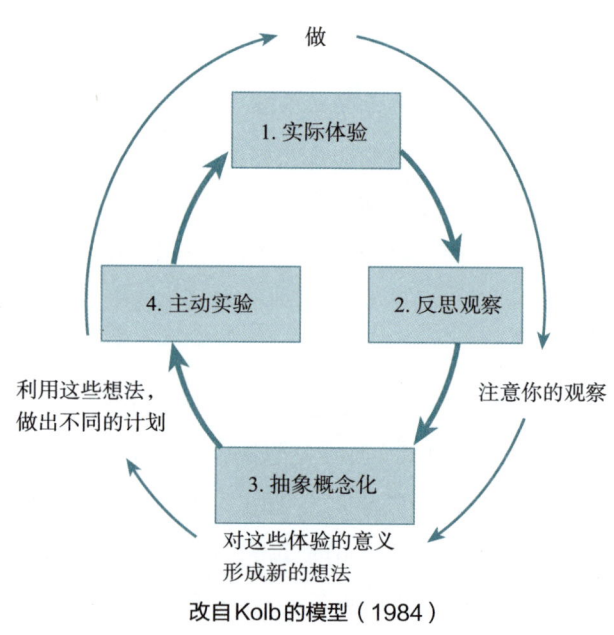

改自Kolb的模型（1984）

2.反思观察：注意自己对这个体验有何观察。
3.抽象概念化：对你观察到的东西形成想法。
4.主动实验：把新的想法付诸实践。

第三个阶段"抽象概念化"重视的是一般化的行为，这种行为是很重要的认知过程，可以找出不同体验之间的联系。

多阶段模型

其他模型超过四个阶段，或者分阶段的方法不一样，每个阶段关注的是学习过程的某个具体组成部分，比如：

- 对最初反应的意识。
- 对事件和理论的考虑。
- 情感对行为的影响。
- 等等。

第309页上给出了一个包括五个阶段的模型，AtkinsMurphy（1994）采用的是分六个阶段的模型，包括：

- 对想法和感受的意识。
- 描述这些想法和感受以及整个大的局势。
- 分析这些想法和感受，挑战提出的假设。

| 反思 | 利用分阶段模型

对你的反思过程而言，你觉得分阶段的模型会有多大帮助？

利用以下哪个模型，你反思的效果可能会好些：

- 阶段比较少的模型，你可以自己加入细节和引子？
- 阶段比较多的模型，你可以从里面选择自己需要的引子？

Schon（舍恩）的模型

Schon（1993）把以下两种反思进行了区分：

- 行为中的反思：在行为的过程中反思，比如专家在工作的时候利用自己已有的知识。
- 对行为的反思：行为结束后，对行为进行理解，为以后的行为提供参考。

很多模型都沿用了这种区分方式。还有一种反思的方法：

- 行为之前的反思：在采取行动之前，思考借鉴他人的知识（包括理论）、经验和能量。

一般来说，以下的反思比较容易。

- 行为之前的反思：在先期规划时，分配一部分时间，用来寻找良好实践的有用信息和例子，发现相关的技巧，学习或者改进这些技巧；模仿困难的场景；把你要说的话或要做的事反复练习，想一想在必要的时候应该怎样付诸实践。
- 对行为的反思：抽出时间细致地思考重大的事件，按照上文的步骤进行。

> **反思** | "行为之前"和"行为中"
>
> 上文的练习"关键事件"（第302页）当中，你给出的回答其实就是对行动的反思。所以如果你已经完成了这个练习，那你已经了解这种反思大致是什么样。你觉得自己还可以进行哪类反思：
> - 行为之前的反思？（以后遇到类似的情况，你的计划会发生什么变化？）
> - 行为中的反思：你还在行动过程中的时候？在"行动中"的时候，你可以想起什么东西，采取不同的做法？

反思的主题和焦点

很多方面的主题都可以作为反思的焦点。比如，模型当中可以包括更多背景内容，像是文化、社会、政治、经济和媒体方面的内容。这些内容对我们的体验以及我们对体验的理解会产生非常深远的影响。主题可以是：

- 行为
- 感受。
- 看法。
- 本土实践。
- 政策、程序、规则。
- 价值。
- 利益相关方给出的反馈。
- 语言。
- 其他的方面（比如，历史、意识形态、经济、政治、文化、媒体）。

- 和他人的互动或其他人之间的互动。
- 知识。
- 理论。
- 体系和结构。
- 想法。
- 道德观。
- 个人历史。

> **练习：反思的焦点**
>
> 📖 思考你的自身经历时，你觉得以上哪个关注点跟你关联最大，你最感兴趣？

举例:关注感受

Boud(鲍德)、Keogh(基奥)和Walker(沃克,1985)强调,影响体验和对体验的反思的,不仅仅有意向这种下意识的想法,也有像情感这样无意识的东西。Boud认为,情感在我们没有意识的情况下,会让我们无法理性思考,让我们弄不太明白自己在做什么和为什么要这么做。如果我们把事情重新评估一遍,重点关注感受和感受带来的影响,我们以后就会知道在遇到类似的情况时可以采取怎样不同的做法。

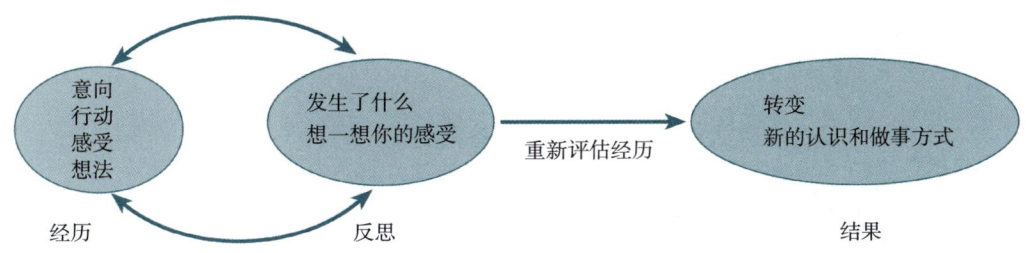

改编自Boud、Keogh和Walker(1985)的模型

制定你自己的反思模型

你当前的反思模型

你当前的行动和反思模型是不是和下面的模型类似?

通常情况下,我只是大致想了想该怎么做,就采取行动了。在行动的过程中,按照情况的具体变化,我会想出自己接下来要做什么。想的时候,我可以跟着直觉走,可以想一想过去类似情况的处理办法,还可以听取他人的意见,甚至可以在我思考局势和该做什么的时候迅速地拿出主意。很多时候,我不知道为什么自己要这么做,但是结果都还不错。有时候,情况进展顺利,或者有人表扬了我,又或者我觉得事情进展不太顺利,我就会思考自己到底做了或者说了什么,或者本来应该怎么做或者说的。下次遇到类似的情况,我可能会记起自己思考的内容——但是也可能记不起来。

如果你觉得这种描述很像你,也并不奇怪。很多时候,这种做法效果都比较好。不同的任务会在我们无意识的情况下,以不同的方式让我们积累一些专长,这些方式可以是培训、练习、传闻、读书、看电视,或者周围是专家。但是如果按照这种做法,我们就不会专门抽出时间,进行结构性的反思,想一想本来还可以怎样做得更好。

> **｜反思｜ 我当前的模型**
> - 针对你的工作和/或学习或者你正在做的某件事情，快速地列出你完成它们的大概做法。
> - 在生活当中，你是不是一般都采取这样的做法？

为什么要给你自己制定更好的模型

通过上文我们知道，对学习和经历进行反思，可以让你对事情的结果和原因有更加深刻的理解。了解之后，你能做出更好的决策，更有可能让事情按照你的预期发展。反思是个很宝贵的工具。

只要你的工作或课程还没有强制要求你使用某个特定的模型，那么你给自己制定一个符合以下特点的模型，都会对你有价值：

- 你觉得合理。
- 有（或者没有）提醒性的问题。
- 你觉得有用的阶段都包括。
- 是对现有模型的改良或者是全新的模型。

下文给出的"核心模型"可以供你进行调整，只要你觉得上文提到的模型和焦点（第304页）跟自己的经历有关，就可以加到你调整后的模型中。

核心反思模型

以下的核心模型中，给出了五个关键的要素，你可以自由选择，形成自己的模型。
- 评估重要性：是否值得思考？
- 重构经历：发生了什么？
- 分析：为什么事情会这样发展？
- 提炼学习：为以后积累经验教训。
- 运用：为以后做准备。

评估重要性：是否值得思考

在开始反思之前，有必要想一想这个即将耗费你精力让你反思的焦点，初步评估一下它的相对价值。比如，想一想以下的问题：

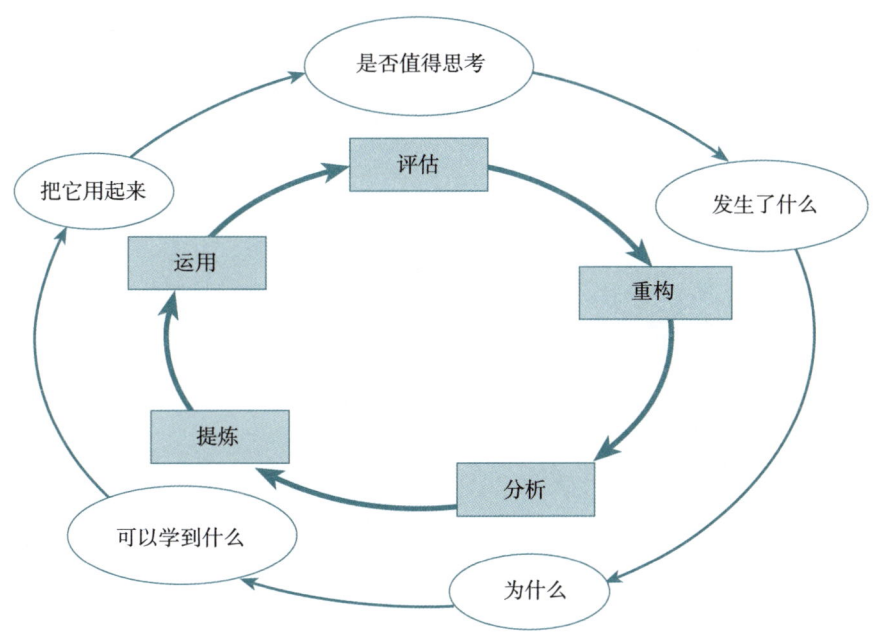

- 我以后是否还会遇到类似的情况？
- 这个经历是否可以为以后提供经验和教训？
- 考虑了其他人的反馈之后，我是否有必要采取不同的做法？
- 有没有我做得特别好的地方，以后还可以继续沿用？
- 反思的过程是否可以帮助我理解并应对自己的一些小问题和担忧？
- 这是不是我工作的重要方面，值得我时不时地花时间去反思？
- 我对这个经历进行反思，会不会给其他人带来积极的结果？
- 这个经历是否涉及我生活、工作或学习的某方面，我对这方面没有任何其他想法，但是如果反思一下，会让我受益匪浅？
- 反思这个经历的时候，是否会让我有很大的情感反应，表明这个经历值得反思？
- 这个经历是不是现在最值得反思的东西？

重构经历

在这个阶段，你通过经历的表面，不再关注经历"开始"的地方，而是开始关注它"结束"的地方。难以避免的，这个过程意味着重构，而不是精准地把经历说出来。把你认为最重要的一些方面提取出来。考虑以下的内容可能对你会有所帮助：

- **事件**　把经历的各个故事点再过一遍，看清楚谁在什么时间做了什么，这个过程有用吗？有时候，这个过程会让你发现一些最后看起来非常重要的细节，有时候又不会。

- **意向** 你当时加入是为了什么？你的行为、语言、沉默或者怠慢有什么目的？
- **感受** 你在整个过程中有何感受？你在重构事件过程中，对自己的行为有没有更进一步的理解？
- **你的角色** 当时你觉得自己的角色是什么？现在看来，你到底扮演了什么角色？如果你当时没有参与，或者当时其他人代替了你的角色，结果会有什么不同的地方？
- **其他人** 其他人扮演了什么角色？你本来可以怎么做，让整个互动的过程更加顺畅？
- **表面结果** 最终的结果是什么？结果好吗？是不是足够好？还是个灾难？

分析：为什么事情会这样发展

这个阶段是分析的过程，你通过表面，思考为什么事情会这样发生，最终得出更加深刻的理解。

考虑以下这样的问题：

- 怎样的解释和理论可以帮助我理解？
- 当时到底我是处于什么情况？其他人是什么情况？是在哪天？是在那个地方？
- 最终结果是否符合预期？如果不是，为什么？
- 对事情或者最终结果影响最大的行为、话语或疏忽是什么？
- 什么让整个情况变得明朗或者不明朗？
- 出现这样的情况是不是由于之前发生的事情？
- 是已经"无可挽回了"，还是有一些疏忽的地方或者不好的情绪可以最终被好好处理？

提炼学习：为以后积累经验教训

通过反思，你得出了什么经验教训？比如：

- 以后可以加以运用的积极方面？
- 可以控制的爆发点？
- 以后遇到类似情况你可以运用哪些技巧和素质？
- 你自己可以采取措施，让事情进展得更顺利、氛围更和谐或者带来更好的结果？
- 追踪和控制你情绪和反应的不同方法。
- 培训或练习的方面？
- 对他人需求或事情的了解，可以对这些内容怎样什么不同的处理？
- 如果做不同的准备、计划或者时间安排，结果会不会更好？
- 其他的理论模型是否适用？

运用：为以后做准备

在这个阶段，主动思考你可以如何运用自己的反思结果，给自己未来的道路提供经验教训。比如：

- 制定你的希望列表 你希望哪方面跟以前不同？
- 找出可能出现的情况 哪种场景下比较适合运用你学到的东西？
- 认清结果 你改变做事方式后，结果会有什么不同？
- 谁是受益者 做出这些改变后，谁会受益？对他们来说，有哪些地方会变得不同？
- 看清可以激励你才去行动的个人好处 这些改变出现后，对你有什么好处？
- 你在哪方面会有不同的做法 关注你自己可以做的事或者说的话，因为这些是你可以控制的。
- 提前规划 以后如果要做出不同的反应，你需要做什么准备？
- "计划回马枪" 一旦出现类似的情况，什么会激起你的回忆，让你知道自己希望做什么？

命名你自己的反思模型

快速地写下一些你觉得对你有帮助的步骤或阶段。在这个过程中，想一想各种你认为自己需要注意的步骤，以防出现遗漏的情况。这种需要注意的步骤数量要和能给你动力和易于记住的步骤数量相当。

看一看上文提到的"反思模型"（第304页）。想一想，你是不是想把反思模型里的某几个阶段融合成一个阶段，或者把某个阶段细分成几个小阶段。

你决定好要几个阶段之后，给每个阶段命名。命名的过程可能会让你思考到底哪些阶段对你会有真正的帮助。

你决定好阶段和阶段的前后顺序之后，就利用第313页上的空白表格，把它们写下来。如果你总共分的阶段超过6个，就把空白表格多誊写一些，誊出两份或者多份。

- 在表格的第一栏里，写下对应阶段的序号。
- 在第二栏里，写下相应阶段的名称。
- 在第三栏里，写下一些"提示性的问题"，组织你的反思过程。要是你不知道这些问题该怎么写，一开始可以参考上文核心模型里面的内容。

> **练习：测试你的自我反思模型**
> - 找出一个事件——利用"核心反思模型"。
> - 利用你为自己制定的模型，想出模型的各个阶段和提示性问题。
> - 然后考虑下你是否想进一步调整自己的模型。

把你的反思展示给别人看

粗糙反思

对大部分人而言，我们如果利用自己的时间，按照自己的方式，就会自然而然地开始进行深入的反思。按照适合我们自己的方式进行这样的反思非常重要。但是，这种"第一阶段"的反思往往形式都比较粗糙。其他人完全看不懂，对你自己而言，这种形式可能也没太大的帮助。

成熟反思

第二阶段的反思具有以下特点：

- **时间** 在第一阶段的反思和当前阶段的反思之间留出时间。
- **总结** 第二阶段的反思会寻找并总结关键的主题和显著的特点，会注意整个反思内容中还出现哪些新的细节。
- **深究** 看出学到了什么，尤其是看到不太明显的学习成果。这个过程会更多强调广泛的主题，而不是某方面具体的知识。深究也不会只是一味地看着数据，而是会找出重要和有相关性的时间。在第二阶段的反思过程中，你会开始认识到自己学习到的更深入和微妙的东西。
- **交流** 在这个阶段上，你做好了准备，要把自己的反思结果展示给别人看。你具体把哪些结果展示出来，要取决于当时的情况。因为很多原因，你不能展示以下内容：

第一，你不想为外人所知的个人生活隐私。

第二，他人的个人隐私。

第三，重复或不相关的内容。

第四，不必要的举例。

第五，其他人提供的材料，比如指示性材料、老师的笔记、背景阅读的复印版、课堂笔记等。

	个人反思模型	

制定你自己的反思模型并利用下面这张空白表格，可以参见第311—312页的内容。

阶段序号	阶段名称	提示性的问题

把你的反思内容交给老师

按照要求，你可能需要把自己的反思内容交给老师看，要么是参加最后的课程打分，要么就是为了获得非正式的监督。如果是这样，你可能需要交粗糙反思，也可能要交成熟反思，或者是两者都要交给老师。比如，在某个大作业里，你可能需要从自己的博客里选出一篇日记、日志或者节选放进去。

当然，你也可能不需要把日记交给老师。相反，你的反思可能要充当课堂作业的基础，或者是要作为论文、案例研究、总结书或者议论文的基础材料。

保密性

如果别人能够看到你的反思内容，一定要确保你反思里面提到的名字或者其他信息不能够指涉到具体的人、部门或者组织，除非取得了对方的同意。你反思内容里的细节决不能让看到的人去猜测你到底说的是谁或者什么事。

把你选出来的作业成果交上去

如果老师要为你交上去的作业打分，他们一般会按照以下标准来衡量：

作业是否取得了预期的学习成果。作业整体上从多大程度上符合本节、模块或课程的学习成果要求；在你完成作业前，一定要搞清楚学习成果要求。一般来讲，课程的指导手册或者网站上可以找到这些内容。

你能充分地把你的理解总结为你的学习成果（或者你的作业题目）。虽然粗糙的反思和辅助性文本很重要，但是一般拿到高分的都是反思性文章、总结书或者类似的文本，因为它们能够把主要的点联系起来。

你如何选择并调整相关信息，将它们放入作业中。如果交上去的作业内容过多，没有经过调整，只是把搜集到的所有相关信息都放进去，一般老师都不会对这种作业有什么好印象。量多一般不会给你带来高分。通常来讲，对内容进行筛选、找出相关信息、好的调整和相互对照等做法会让老师给出比较高的分数。

你在作业里引用的证据和例子能够有力地支持你的观点。如果你想用例子说明某个具体的技能或者看法，就要把例子说清楚。你必须很清楚地表明，技巧和理论的运用是如何体现出来的，不能想当然地以为老师自己可以看清楚。

作业的组织架构十分清晰。清晰的内容；所有文章都要有自己的标签；说清楚在哪一页上可以找到说明对照。如果你交的是纸质作业，那就用荧光笔或者下划线标明论据，便于老师查看。如果交的是电子版，你可以使用软件的编辑和审阅功能，比如利用评论的功能，让老师给你的作业提出意见。如果你只是很模糊地指向长篇大论的反思内容，让老师自己去想你到底在说什么，老师就不太可能会对你的作业有良好的评价。

你为每个论点能够选出合适的论据。一般来讲，老师只需要或者想要看到一个论据来证明某个论点。

你能够正确地在反思中运用相关理论。如果你要交学术论文，那老师希望看到的，就是你有多了解理论的相关性，多了解理论可能怎样为你所讨论的问题提供深入指导。

反思文章

目的

有的课程要求学生写反思文章，并会给文章打分。这类文章的具体内容要取决于课程的具体要求和文章的目的。比如，有的课程一开始就要求学生写这类文章，主要是想让学生关注自己的目标和学习需求。有的课程又会在课程结束的时候要求学生写文章，是为了让学生总结自己的学习内容，制订下一阶段的目标。一般来讲，课程会为你提供清楚的指示，让你知道文章的具体要求。

结构

反思文章和其他文章一样，包括：

- 具体的题目：你组织文章时必须切合题目涉及的主题。
- 文章简介：说清楚你的总体立场，让读者知道这篇文章会讲什么内容。
- 分成不同段落的正文：一般正文不会有标题或者点句。
- 总结主要观点的结论：结论不会再介绍任何新的内容。
- 说清楚文章里援引的各种材料。
- 文章末尾要列出所有的参考文献。

反思个人发展规划的文章内容

一般来说，反思文章会包括下面因素中的一部分内容：

个人目的和目标

- 你为何要选择这个课程：你的目的和目标是什么？
- 课程开始之后，你的目标是否发生了任何变化？发生了什么变化？为什么会发生变化？

预期

- 你对课程有什么预期？
- 你对自己有什么预期？

- 你为何会有这样的预期？

课程学习成果
- 到目前为止，你所学的各个模块都得到了什么学习成果？
- 你所学的课程模块让你培养了哪些方面的技巧？
- 这些学习成果和技巧对你实现自己的目的和目标有什么帮助？

其他活动
- 为了实现你的个人目标，或者为了补充你在课程里学到的东西，你会在课外做什么其他的事情？

学习目标
- 在实现你当前的课程、事业或者生活目标上，你有什么优势？
- 你在哪些方面需要改进？
- 哪些方面是你着重需要改进的"学习目标"？
- 要实现这些学习目标，你设定了什么具体的目标、阶段和时间表？

个人反思
- 你的反思使用了什么方法？
- 你如何利用反思？
- 举出一个具体的例子，说明你在某方面如何改进并评估了自己的表现。

利用反馈
- 你的老师、同学、雇主或其他人为你提供了怎样的反馈？
- 你对这种反馈有何感受？
- 你如何利用了这种反馈？

评估个人选择
- 实际看来，你的课程跟你的个人目标和兴趣有多大的关系？
- 有没有其他更加适合你的课程或者模块？
- 还有其他什么课程、模块、补充性项目可以让你更好地实现自己的个人目标？

学习评估
- 你在多大程度上实现了自己课程的学习成果？
- 你在整个课程中学到了什么？
- 你在课程或者大学里学到了哪些其他内容，这些内容是你原始目标里没有设定的？

课程评估
- 你课程的每个模块或方面对促进你的专业和个人发展有什么帮助？

个人表现评估
- 你在多大程度上实现了自己的个人目标?
- 你有多投入自己的课程?(出勤率?准时到课率?兴趣程度?在课堂中的贡献?努力让课程材料变成对自己有意义的内容?课外阅读或努力?)
- 为了让自己学得更好,你觉得自己承担了多大的责任?

个人发展
- 在进入大学之后,你的观点、态度、信条或者价值观发生了什么样的变化?
- 在进入大学之后,你发生了哪些方面的变化?

关键事件
- 找出一件可以展现你学习方法的事件。
- 这件事件表现出了一个怎样的你?
- 这件事件和你在课程当中学到过的理论有怎样的联系?
- 你从这件事件当中学到了什么?
- 参见前文第302页上的反思和第411页资源库里的关键事件表格。

个人陈述

为了真正利用当前的观察、反思和评估过程,个人陈述是个很重要的做法。它有以下特点:
- 比写给自己看的个人反思更加正式。
- 总结之前学到的所有内容。
- 找出主题(从大作业或日记里找)并且进行总结。
- 发现长期以来个人发展的总体轨道。
- 找出选到的经验教训。
- 评估当前的表现。
- 认出之前学过的课程。
- 评估近期的表现。
- 为提高以后的表现提出建议。
- 找出需要采取哪些行动。

个人陈述的着重点在哪里,会受到以下因素的影响:
- 个人陈述是否在课程开始的时候写的。
- 个人陈述是不是在课程发展的过程中写的。
- 个人陈述是否要在课程结束时接受评估或者要上交。

- 个人陈述是否为具体的目标所写，比如为求职申请而写。

本页上给出了一个个人陈述的例子。

示例

个人陈述

这学期我总共学了商学的三个模块，它们分别是项目管理、商务交流和企业家精神。我总结出了三个模块中的一些主题。

沟通技巧

首先，交流技巧很重要，因为它能够找出方法以不同的方式来传达信息，让背景各异的听众都能够明白。这些听众可以是客户集团、银行高管、消费的公众，为不同年龄阶段或者为这些年龄阶段的人设计的产品。我们的课程还着重讨论了团队里的沟通问题。

我加入了一个团队，这个团队负责把产品（轻型折叠自行车）从理念变成现实，并推向市场。这个团队是我锻炼企业家精神的项目，沟通技巧在这个过程中很重要。我们团队制订了一个经营计划，提交给融资专家组。专家组里有个会计师给我们的展示提供了回馈。虽然我们的团队最后没获得融资，但是我们获得了宝贵的意见，知道了经营计划到底该怎么做，了解了应该如何把经营计划的长处在寻求融资的过程中展现出来。

来学企业家精神课程的学生并非都是商学背景：他们可能学的是产品设计、美术、工程、营销和多媒体。我学到了很重要的一课，那就是来自不同学科的学生往往会以截然不同的方式描述自己的工作过程，这些方式和商学院的学生有很大的区别。我们也知道，我们需要共同的语言方式和共同的交流方式，但是我们能够以不同的方式表达反而体现出整个团队的良好组织，还避免了一些误解。将来我想进一步去研究跨学科的团队合作交流。

团队合作

学产品设计和工程的学生们工作的方式让商科的学生感到尤其有挑战。这也就是说，团队合作的时候必须要制定一些基本的原则。由于我们的团队成员背景悬殊，我们花了很大力气才建立了这些规则。一开始我们没想到有这么困难，也没想出来困难究竟有何原因。开始的时候，我们每个团队成员都不愿意放弃和自己所学专业相称的做法。

但是，随着截止日期一天天逼近，我们决定选择一种混合的工作办法，一切都为项目需求考虑，而不是只站在我们作为"商科学生"或"学设计的学生"的角度来选择。我们觉得这种选择风险很大，但是我们受到了老师的鼓励，老师还给我们提供了建议，让我们更好地协商出策略……

总结书

总结书会对你当前的状况进行一个大体的"扫描",让你总结个人发展的各种反思。通常地说,总结书都会从遵从过去到将来的时间格式。在总结书中,你要:

- 回顾以前的经历,认清你从自己的经历中学到了什么东西。
- 评估你当前的情况。
- 展望未来你想达到的目标。
- 制订行动计划,帮助你能够在当前的情况下,达到你为未来制定的目标,这个过程要利用你过去的经历。
- 想一想你如何辨别自己达到目标的情况。

写总结书的时候,你可以利用自己的反思日记、在这本书里面做过的练习、自我评估和行动计划。下文提供了总结书的一种结构,即通过一系列问题来组织。你可以选出和自己相关的问题,用这些问题来引导自己。如果可能,引用你看到过的文本来支持你的论证。

方向

激励和动力:我要往哪里去?

- 你未来有什么目标?5年或者10年之后,你希望自己已经达到了怎样的目标(发挥想象力,要大胆假设)?
- 要实现自己的目标,你的课程从哪些方面对你会有所帮助?
- 在大学期间,你想要培养怎样的技能和特质?

回顾

我的过去有何可以利用的地方?

- 是什么让你进入了当前的学习或者事业阶段?
- 什么激励了你(如果可能,给出一些论据)?
- 你过去的学习和生活经历让你具备了怎样的条件,对你当前的课程和学生生涯有所帮助?评估你从过去积累的知识、资质、技巧、态度和经历,它们要和你的学习和目标有关。

评估

我当前处于什么阶段?

- 作为这门课程的学生,你需要具备怎样的技巧和能力?
- 作为这门课程的学生,你具备怎样的优势和劣势?
- 要学好这门课程,你需要在哪些方面做得更好?

计划

我要如何去实现自己的目标？

- 你计划如何去实现自己的雄心壮志和学习目标？你要做什么，什么时候做，怎么做？
- 你设定了什么阶段性的具体目标（要在什么时间阶段内完成）？
- 你可能会遇到什么样的困难？
- 你可能会以怎样的方式阻碍自己取得成功？你会采取什么措施，避免你自己或者其人阻碍你取得成功？
- 你会如何保持自己动力十足？
- 你还需要进行其他什么准备和规划？

评估进展

我取得了什么成果？

- 你要如何判断自己已经实现了既定的目标？
- 你实现既定目标的时候，希望自己、自己的工作和他人的态度发生什么样的变化？
- 你应该如何让别人看到你取得的成果？

总结

我学到了什么？

- 在你学到的关于自己和学习的东西中，有哪些没有预料到的？
- 学到的东西对你的学习、生活和工作可能会起到怎样的帮助作用？

参考文献

总结书里要写出你参考过的书、电影、音乐或者其他内容，它们在你一路走来的过程给你提供了激励，帮助你能有今天的成就。在总结书里面，凡是你参考过的材料，都要写下来。参考文献的格式一定别用错了，可以按照老师的推荐，使用哈佛注释体系或者"作者–日期法"。

示例

样本介绍

在总结书中，我写清楚了自己过去的经历和未来的目标对当前媒体技术专业学习产生了什么样的影响。通过总结书，我深入思考了自己的过去的生活和学习经历，发现了以前的学习让我积累了哪些技巧、知识和个人素质，这些都跟我的当前学习息息相关。我尤其注意到，去年夏天我去做志愿者，积累了很多技巧，有了很多深入的看法，当时压根没想到，我在学习设计工作的时候，这些经历居然为我提供了帮助。

我主要的目标，是要利用学位给自己的职业生涯定一个比较高的起点。在总结书中，我既列出了自己为了找到更好的工作需要进一步了解的领域，也列出了自己选择某些模块的原因。此外，总结书里还讨论了我明年要拿到更高的分数需要改进哪些技能。同样，我还在总结书里写了，我现在学的课程和现在所做的决定对实现自己的目标有何帮助。

本章回顾

反思并不是每个人都可以轻松地做到。但是，要培养你反思的能力，可以采取很多策略和方法。要培养反思的能力，需要花时间多练习。

- 定期抽查一些时间去反思你的表现。
- 进行结构性的反思。如果你不知道如何开始结构性的反思，就利用本书里的一些练习。
- 定期去回顾你的反思内容。寻找反思中出现的主题。
- 定期去思考你的个人目标实现了多少。
- 找到适合你自己和课程的方法。
- 发现你自己、你的行为、目标和价值观的变化。
- 注意到并表扬自己的成就。
- 要积极地对待过程：慢慢地你就会看到这种做法的好处。

延伸阅读

Boud,D,Keogh,R. and Walker,D.(1985)*Refelection:Turning Experience into Learning*(London:Routledge).

Buzan,T. (2006)*The Mind Map Book*(London:BBC Active).

Cottrell, S.M.(2005)*Critical Thinking Skills:Developing Effective Analysis and Argument*(Basingstoke:Palgrave Macmillan).

Cottrell, S.M(2008)*The Study Skills Handbook*,3rd edn. (Basingstoke:Palgrave Macmillan).

Mezirow,J. (ed.)(1990)*Fostering Critical Reflection in Adulthood:A Guide to Transformative and Emancipatory Learning*(San Francisco:Jossey-Bass.)

Moon,J.(2004)*A Handbook of Reflective and Experiential Learning:Theory and Practice* (London: RoutledgeFalmer).

Thompson,S.and Thompson,N.(2008)*The Critically Reflective Practitioner*(Basingstoke:Palgrave Macmillan).

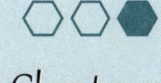

Chapter 9

个人记录：记录反思和成就

学习目标

本章让你：

○ 创造并建立自己的个人记录

○ 利用一系列已经具备的技巧和素质

○ 寻找你的个人优势与工作岗位和面试中经常问到的涉及的"个人素质"问题的联系

○ 记录你的教育、培训和其他职业发展的例子

○ 找出个人资源，在你求职的时候，写简历和做个人陈述都可以用上这些资源

简介

你尽早开始规划自己的大学生活。如果你能把自己在课程里的成果都记下来，那就可以省下很多的时间和精力。Chapter 1 和 Chapter 2 重点分析了你本身和能够为这种提前规划提供信息和激励的愿景和目标，这些讨论都是为了帮助你的职业生涯发展。

你在求职或者参加面试的时候，必须要快速地找出很多问题的最佳答案。我们大部分人都有很多资源，可以给出好的回答，但是，要快速地给出高质量的答案，可就没那么容易了。

本章让你能够把自己的经历和反思联系起来，让你可以轻松地看到自己的成就。

一定要记住一点，那就是雇主看重的不仅仅是你有什么样的经历，还有你利用机会的能力：你的成功，你从经历中学到了什么经验教训，经历对你人生的重要性，你可以如何利用经历为雇主的公司创造利益。雇主希望看清楚你一般是如何利用经历和机会的，这样他们才会觉得坦然，觉得你会为自己和公司好好利用机会。雇主们会根据你提供的信息，对你做出评价，评价你的应对策略、工作道德、工作、生活态度和性格，甚至是评价你如何跟别人建立联系。

纸质还是电子版个人记录

可能你既需要纸质个人记录，也需要电子版个人记录，不过它们各自的目标有很大的不同。很多的证书、执照和类似的记录都是纸质的。专门找个地方把所有这些材料放在一起会比较有用。当然，雇主也要你提供这些内容的扫描件或者让你传真过去。这也就是说，如果你把这些东西和个人记录放在一起，会省不少时间。此外，为了个人使用方便，你可能还想把反思日记、工作案例、照片、图片和手画记录也放在一起。以上的材料最好是以纸质版保存。

当然，有的记录（比如你的简历、教育和培训经历、个人陈述和能力表）需要经常更新。如果这些记录是纸质版，更新会更方便。在你的纸质记录里放入这些内容的打印版，可以让你再翻记录的时候想起来该做什么事情。

制定你自己的个人记录

本书的引言部分提到了所有英国大学都需要推行进步记录的做法。在进步记录里面，要包括个人发展和职业规划的记录和有助于求职申请的记录。

组织你的个人记录

你的个人记录有什么内容，要看你自己。不管你想在记录里加入其他什么内容，加入以下的内容都会有所帮助：

- 使用目录页或者文件夹，便于查找各种记录和材料。
- 需要经常更新的数据要做成电子版，比如关于你的工作经历、技巧和能力的数据。
- 不要把所有文档视为一个整体排序，要给每个文件夹或者每个部分下的条目单独排序。这样你更新不同的部分花的时间最少。
- 如果是纸质文件夹，一定要买个大一些的（因为随着你工作经历的增长，个人记录会越来越多），还要买书签分开不同的部分。

后文提供了一个目录表的例子（第332—333页），为你决定在个人记录上加入什么内容提供指导。

个人规划记录

根据课程的具体要求，记录的性质可能会发生变化。当然，你对自己个人发展规划和反思生活有不同的重视程度，记录性质也会发生变化。

在本书的各个章节中，是按照不同的主题、通过各种练习和问卷来组织读者进行反思的。只要你完成了书里的任何一个练习，你就已经给自己的思维、态度和目标做了一次记录。可能你觉得有必要把这些内容整合成统一的电子文件夹，并准备相应的纸质底本。你可能特别希望把自己在下文练习里给出的答案拍下来。如果是这样，就先把空白的表格先誊写几遍，这样以后你可以给出新的回答。

选出你想要回答的问题进行回答，把这些回答加入到你的个人规划记录中：真正对你重要的东西才是有用的。

简介

- 我是否需要个人发展规划？
- 我的个人发展规划重点应该在哪里？

Chapter 1：愿景：如何定义成功

- 成功谱线——或者了解你的需求。
- 个人对成功的定义。
- 个人价值观。
- 长期愿景。
- 我在大学期间希望学到什么东西？
- 短期具体目标。
- 动力来源。
- 对和成功相关的个人素质进行自我评估。
- 拓展经历。

Chapter 2：从自己开始

- 40个强项。
- 7大需要改进的领域。

- 发现个人专长。
- 让挫折为你服务。
- 最好的失败。

Chapter 3：理解自己的表现
- 视觉学习、听觉学习和运动学习风格。
- 和你的个人表现记录和公式相关的练习。

Chapter 4：成功的自我管理
- SWOT 分析。
- 评估你的情商。
- 改变的初级阶段。
- 支持来源。
- 有没有正确答案？

Chapter 5：成功地解决问题和管理任务
- 自我评估：解决问题和任务管理。
- 行动计划。
- 竞争力评估。
- 重点表。
- 使用表现指数。

Chapter 6：社交能力
- 自我评估：你的社交能力如何？
- 为团队做贡献。
- 评估个人的有主见程度。
- 改变反复出现的场景。
- 反思领导力。
- 社交能力需求。
- 发现你的团队性格。
- 和难相处的人打交道。
- 监督效率。

Chapter 7：打破固定化思维
- 对创造性思维技巧的自我评估。

Chapter 8：反思的艺术
- 对反思练习的自我评估。
- 关键事件。
- 你的反思日志、博客、日记。
- 发展性反思。
- 评估在学习目标上取得的进展。
- 个人陈述或总结书。

Chapter 10：成功的求职申请
- 我在下一份工作岗位上想获得什么。
- 破坏面试。
- 如何才能找到下一份工作。

Chapter 11：总结
- 认识到个人变化。
- 发挥优势。
- 培养进行反思的技巧。
- 转移技巧。

- 利用优势工作。
- 接下来的步骤。
- 需要改进的领域。

求职申请记录

Chapter 10中讨论了求职申请的过程以及如何最优化地利用你的个人信息。好的求职申请会符合某个工作岗位对求职者的需求，这种申请需要多花些时间才能写好。面试的时候要给出好的回答，可能需要你从不同的角度去反思你的经历。

很多时候，求职者面试完之后走出来，总会说，"为什么我没那样说？""为什么我用了那个例子，没有用这个例子？"同样地，一旦你寄出邮件，就很容易记起一些可以让你这封申请信更好的内容。

答案往往在准备的过程中。不管是在求职申请还是面试的阶段，做好准备都让你能够更好地控制自己的回答。因为这样你的记忆最有可能利用你想用的例子。并且，如果你觉得自己准备很充分，往往会更加自信，这样你就会成为一名更有希望的求职者。

反思记录

记录反思

进行某种形式的个人记录对个人发展的过程不可或缺。根据大学要求，你可能需要按照具体的指示，按给定内容要求和形式记日志、日记或者文件。同样地，学校也可能让你自己决定记录和展示的内容和形式。本章涉及的大部分资源都在资源库当中，方便读者使用。资源库可以在本书的末尾找到，网上也有电子版。

日志、博客和日记

在这个小节里，"反思日记"这个词包括各种形式的反思日志、博客、日记和记录。记反思日记可以有很多形式。你可以：

第一，把某个经历的所有方面都写下来，比如某个观察或试验的好细节或者你如何设计了一个产品。有的课程要求你客观地进行记录（不要有评论）；有的课程又让你反思你看到的东西。

第二，针对某个主题，记日记或周记。

第三，把最终带来一项好的产品或者某个好结果的影响因素、激励因素、计划阶段和思维过程放在一起。这个过程尤其适用于艺术、设计和其他涉及创造力的课程。

第四，通过博客把你的想法和他人分享。

第五，把你认为对自己学习很重要的信息都记录下来。这个记录可以包括以下这样的内容：

- 涉及的总体话题。
- 展览、工读课程、拜访、实地考察等。
- 你对课程、教学方法、同学的感受和反应。
- 你在课堂里做出的贡献。
- 你觉得困难的事情，以及你如何应对这些困难。
- 你对自己学习方式和习惯的思考，对这些方式和习惯是否适合你和你的学习目标的思考。
- 你在学习中产生的想法。
- 你在当前学习中觉得最刺激的内容。
- 你的学习和日常生活的关系。
- 课堂里学习的理论和你所做的实践或案例研究有何关系。
- 在与他人的互动中你对自己产生的新的了解。
- 你收集的各种建议和策略。
- 你对自己管理情绪方面的新了解。
- 激励的来源。

坚持记反思日记

记反思日记可能会很有挑战，尤其是你很难一直有动力长期保持这个习惯。要坚持下来，需要你下定决心、做出好的规划、有远见。同样地，记反思日记说明你对自己长期的个人发展有责任感。坚持记日记也要求你有上文提到的爱迪生那种"坚持不懈"的精神（参见第179页）。记日记的好处不能立刻显现，可能很长一段时间你都看不到。即便如此，坚持写反思日记对你的好处可能仍然存在。

利用你的反思日记

反思日记要好用。也就是说它要：

- 便于携带。
- 是你喜欢的笔记本或者你喜欢用的电子版。
- 有序号和标签，便于你轻松快捷地找到以前写的内容。每次写的日记都要有题目和日期。

可装拆笔记本或者电子日记有一个好处，就是你可以不按时间顺序，一有想法就在相应的地方写下来。但是，你根据自己的课程需求和自身的风格需求，也可能想直接用正常笔记本、日记或者文件夹。

日记条目的格式

除了像上文提到的一些基于灵感的日记条目之外，如果你按照一定的格式记日记，跟踪自己在实现当前目标上的进展，可能会觉得挺有用的。第400页上给出了一种格式。理想的情况下，这个格式应该和行动计划一起使用（参见第172页）。

进步记录和文件夹

什么是进步记录或文件夹

在本书的引言部分，已经介绍了进步记录。进步记录或者个人记录文件夹就是一个你存放自己所有相关信息的文件系统。这些文件可以帮助你进行反思。保持和更新这个文件夹对你会有帮助，在以下过程中，你都可以利用这个文件夹：

- 回顾反思。
- 监督你的进步。
- 把重要的文件放在一起。
- 把反馈放在一起。
- 在同老师、职业咨询师和支持人员讨论时用。
- 请老师给你写推荐信。
- 写简历和进行求职申请。

进步记录的内容

在你的完整进步记录中，加入以下的部分或者全部内容，可能对你会有帮助。

目录页

把你进步记录里的内容分成不同的部分。给不同的部分编上序号和标签，这样你找材料和更新材料都会更加容易。目录页要尽量详细一些，便于你找到需要的材料。

总结

加入一份个人陈述或总结书。要有选择性，要具体，找出关键的主题，总结自己学到了什么。总结书要准确而简洁地提到在进步记录里面有的论据。

正式文件

- 任何资历证书。
- 你的学生成绩单。
- 你获得过的推荐和证明。
- 举出最近一个评过分的作业以及你去见助教的过程。

发展性文件

- 已完成、标明日期的自我评估问卷。
- 在这本书的练习或者其他类似练习中给出的答案。
- 老师和同学给你以前的作业提供的反馈以及你对这些反馈的看法。

规划文件

- 你就当前的目标和激励所完成的文件，比如你为课程设定的目标，你希望5年或者10年之后自己有何表现，谁或者什么激励着你，什么鼓励着你，要实现目标你需要做什么。
- 为实现学业或其他目标制订的新行动计划。
- 你制定的重点有哪些细节，包括阶段目标、具体目标、截止日期和你对这些目标的坚持程度。

与以后的求职申请相关的文件

- 你积累起来的职业、技术、学术和其他技能记录。
- 你教育和培训经历的最新总结，包括大学前的学习、大学学习、培训课程和重要的短期学习课程。
- 包括所有工作经历的最新列表，列表里要写清楚工作的日期、公司地址、工作内容的简单描述、工作主要职责、展示的技巧或素质，你从这些工作中学到了哪些对当前的目标有帮助的东西。
- 简历。职业咨询师可以指导你写简历的过程。
- 工作经历的例子，它们可以体现你在工作上的突出优势。

个人文件

你可能还想加入一些和个人发展相关的个人材料，比如照片、信件、学校报告、诗歌、名言、工作描述或文章。这些个人材料可能充当以下内容：

- 激励的源头。
- 让你充满动力的来源。
- 你迄今为止的进步表。

- 提醒你自身目标的东西。
- 帮助你缓解压力的东西。

坚持为求职申请做记录

几乎所有的求职申请都要求申请人填写基本材料：
- 教育和培训经历。
- 工作经历。

虽然这些内容都直接存在，但是因为工作性质的不同，每个岗位往往都会设计各自公司的文件和相应的简历。如果这些信息都放在一起，那么当合适的工作出现时，你就可以迅速地找到需要的信息，这样对你会很有帮助。用一个文件夹或盒子把所有这些材料放在一起。把这些纸质版材料的电子版保存在移动硬盘或网盘上。

教育和培训经历

到了某个阶段，你可能就需要回答以下的所有或者部分内容：
- 你就读的学校（一般只要填写你15岁以后就读的学校就可以了）。要填写的信息包括学校的名字和地址、你入学和毕业的时间。
- 你所获得的资历证书，具体的日期和结果。如果你得到了这份工作，就需要把证书原件带去公司，所以之前提供信息的时候一定要保证准确。
- 如果你获得资历证书的国家不是你现在学习或者想要去工作的国家，那你就要去了解自己的这个证书在相应的国家有没有什么对等的证书。在求职申请的时候要提供这些信息，还要附上细节信息，让雇主自己可以去核对这个证书在相应国家的对等物。
- 你工作过程中所接受的培训。简单地列出短期课程的细节和相关的日期。
- 很多时候学习都是非正式的。比如，某个同事可能给你展示了要如何使用某个软件，你自己可能自学了某套设备的使用方式。简单地写出这些非正式学习的结果（结果是你非正式学习后你能做什么了）。

把所有的资历证书都放在进步记录的同一个部分，你会发现这样很有用。

工作经历

雇主浏览你的工作经历，会注意以下内容：

- 你的工作经历是否让你具备了做他们这项工作的领域经验和水平。你的措辞一定要尽量和工作描述的用词相仿，这一点很重要。工作岗位名称如果出现了不同，可能就会意味着你的经历或回答不合雇主的意。
- 你的工作经历当中是否存在不连续的地方。如果你有一年或者以上的时间没有工作或者学习，雇主很可能会问你是什么原因。
- 你的工作经历里体现出你换工作的频率、你继续待在他们公司的可能性、你过去的工作岗位和你的职业生涯。如果你的一份工作到下一份工作有很大的变动，雇主可能会在面试的时候问你原因。如果是比较成熟的求职者，雇主很可能希望他们能够有比较持续的工作经历（至少两年）。普遍认为，比较年轻的求职者会做过好几份短期工。

你需要提供以下这类的信息：

- 雇主公司的名字。
- 雇主公司的地址。
- 公司的联系方式（电话、传真、电邮）。
- 你的工作岗位。
- 你工作的主要职责。
- 可以做你推荐人的前任雇主。

 个人记录的目录页

教育经历	7. 薪水单
1. 教育和培训记录	8. 所有工作的养老金情况
2. 所有资历证书	9. 对工作中的学习分析
3. 学习成绩单	
4. 学习经历证明	**其他经历**
	1. 在俱乐部、社团或组织当中的职责
工作经历	2. 成就（体育、休闲、社交生活等）
1. 工作经历记录	3. 旅行
2. 当前工作签的合同	4. 语言
3. 至少三个推荐人的名字、地址、职位和其他联系方式	5. 志愿者和社区工作
	6. 指导工作
4. 介绍信和证明书（如果有的话）	7. 培养了技巧或个人素质的生活经历
5. 你的社保号	8. 健康和安全
6. P45 或者 P60	9. 平等的机会

(续表)

技巧、能力和个人素质	4. 让你感到充满动力和备受激励的名言
1. 个人记录（技巧、经历、个人素质）	5. 绘画、照片和与个人相关的文件
2. 技巧和个人素质的证明	
3. 关键事件页	回顾文件
4. 具体技巧的能力页	1. 总结陈述
5. 个人素质分析	2. 个人行动计划
	3. 简历
个人发展	4. 知识和经历分析
1. 自我评估问卷	
2. 反思文件和练习	其他材料
3. 反思日记节选	其他你觉得与你相关的内容

教育和培训记录

你申请的课程或工作很有可能会要求你提供教育、资历和培训信息。你可能需要提供下面的一条或者多条内容：

- 你的最高学历（比如本科学位、硕士学位）。
- 证明你具备做这份工作的资历；如果你得到了这个工作岗位，还要提供资历证书。
- 你从某个年龄之后的教育经历，比如普通中等教育 GCSE（或者可替代的同等资历）之后的经历。
- 给出你接受过的培训、学过的正规课程或者诸如在职培训这类的非正式学习的细节信息。
- 通过个人陈述或者面试，说明通过教育、培训和经历（尤其是工作经历），你学到了什么。

在资源库的表格里（参见第404页），记录下你详细的教育经历。把这些经历按照时间顺序排序，最近的课程和资历证书放在最前面。

你工作经历的记录

你需要精确地记录自己的工作经历。这个记录可以列在你的简历里，要随时更新。如果对方不接受简历形式，你可以把工作经历的内容复制粘贴到对方要求的表格中，或者以附件的形式发送。如果是发附件，一定要把招聘公司要求的所有内容都发全。不同工作要求你提供的信息会不一样，可能你自己也在不同的时间会有不同的信息需求。针对任何一份工作或者一段工作时间，都要记录：

- 你开始和结束工作的日期。
- 公司的名字和地址。
- 工作岗位名称。
- 工作的主要职责。
- 你获得的经验。
- 你离开的原因。
- 任何你想要让其成为你推荐人的具体信息。

雇主一般都会详细询问你上一份工作的薪资和福利待遇。他们还会对你的不同工作间的空白时间感兴趣。

技巧和个人素质

在以下很多的情况下，可能你都需要提供自己的个人技巧和素质的信息：
- 求职申请。
- 申请升职。
- 申请做志愿者工作或者社区工作。
- 作为年度总结或评估。
- 放入企业、社区组织、理事会和信任理事会的技巧资源库。

总的来说，你仅仅把技巧和素质列举出来还不够。对方会要求你描述在具体的情况下如何运用了这些技巧。我们很容易忘记自己娴熟运用技巧的场合，所以隔段时间就更新你的技巧和个人素质记录会很有帮助。

- 在资源库里和本书第335页上面都有"个人记录：技巧、能力和个人素质"页，这个页面上是你具有的一系列技巧和素质。
- 在资源库第410页上面都有"技巧和个人素质证明"页，这一页让你更深入地分析一个或多个技巧，为你以后运用这些信息做好准备。

关键事件

找工作的时候，雇主经常会问，你在生活或者工作里发生了哪些重点的事件或经历，对你产生了深远的影响。有时候这种事件被叫作"关键事件"。实际上，雇主们想看的是你把什么事件看成重要的东西（你的价值观），你如何应对转变和变化或者你如何从经历中吸取经验教训。

个人记录：技巧、能力和个人素质

人
- ☐ 和来自不同背景的人相处的能力
- ☐ 和大众打交道
- ☐ 管理他人
- ☐ 聆听技巧
- ☐ 协商
- ☐ 敏感地体会他人的情绪
- ☐ 能够理解他人的肢体语言
- ☐ 能够和"难相处的"人打交道
- ☐ 能够接受他人的指示
- ☐ 其他方面
- ☐ 注意并理解他人看法的能力
- ☐ 团队合作
- ☐ 教或者培训他人
- ☐ 清楚地交流
- ☐ 帮助他人做出决策
- ☐ 关心他人
- ☐ 电话里和人打交道
- ☐ 说话清楚到位
- ☐ 有勇气大声反对不公平的现象

事
- ☐ 创造力、设计和布局
- ☐ 研究搜集信息
- ☐ 把理论用于实践
- ☐ 做决策
- ☐ 制定重点
- ☐ 组织工作，按时完成任务
- ☐ 读懂复杂的内容
- ☐ 懂计算机
- ☐ 技术能力
- ☐ 销售
- ☐ 把事情做成
- ☐ 实事
- ☐ 写报告或官方信件
- ☐ 能够看到"总体局势"
- ☐ 把信息分门别类，组织信息，比如整理文件
- ☐ 擅长辩论
- ☐ 管理改变和转型
- ☐ 制定议程
- ☐ 促进会议进程
- ☐ 文字处理
- ☐ 会用网络
- ☐ 数字能力
- ☐ 解决问题
- ☐ 筹集资金
- ☐ 了解现实如何运作
- ☐ 其他事项

个人素质
- ☐ 认识到我自己的需求并寻求帮助
- ☐ 临危不乱
- ☐ 愿意承担风险、勇于实验
- ☐ 表现出决心和毅力
- ☐ 维持充足的动力
- ☐ 相信我自己的能力
- ☐ 坚持自己的价值观和道德观
- ☐ 能够从错误中吸取教训
- ☐ 控制压力
- ☐ 表现出自己的主见
- ☐ 制定我自己的目标
- ☐ 为我自己的行为承担责任
- ☐ 诚实
- ☐ 其他方面

为雇主可能提出的问题做好准备很有用。资源库在第411页上有一个"关键事件页"，里面列出了一些值得思考的主题。即使你还没开始找工作，偶尔进行这样的思考也会对你有好处。每次思考的时候你可以沿用以前的事件，也可以选用不同的事件，之后同你给出的答案进行对比。

回答和能力相关的问题

毕业找工作的时候,你会收到一个"职位要求",列出了申请人需要符合的素质。现在雇主越来越多地在使用和能力相关的做法。这样一来,你就需要在雇主给出的不同题目下,给出具体的例子用来证明自己的能力。不管填申请的时候你是否回答了和能力相关的问题,在面试的阶段都或多或少地会让你展现自己的能力。在申请工作的过程中,如果你有多方面的能力,会让你信心大增。如果你本来就把自己的能力列表做成了电子版,那么在申请工作的时候就可以节省大量的时间。

什么算是一种"能力"呢

有能力就是说要能够多次较好地完成某件事情。你如果要胜任某项任务,就要在没人监督、不用总是思考接下来要做什么的情况下,完成必要的步骤,把任务做好。能力和反复胜任息息相关。你只是一次把事情做好,并不能算你已经具备了做这事的能力。能力也往往会带来合理的自信。你需要娴熟地掌握很多相关技巧,才能具备一种能力。如果你在某个领域已经可以为他人提供培训或者建议,这往往说明你已经具备了这方面的能力。

描述你的能力

面试的时候,面试官可能会让你从不同角度举出例子来证明你的能力(参见 Chapter 10)。很多面试的人一遇到这种问题,就会感到措手不及,面试完又觉得很不公平。同样地,在写申请时如果遇到和能力相关的问题,人们很容易忽略一些雇主重视的细节。加不加这些细节可能会决定你是否会进入面试。

在资源库(第399—430页)里面选择一些能力来进行分析,不管是大学毕业生还是其他人在找工作的时候,往往都会遇到和这些能力相关的问题。书里还提供了一些能力页。把跟你的工作或者你可能会申请的工作相关的页面选出来。每个能力页上,都有一些引导性的问题,让你分析自己的能力,发现你身上符合工作要求的细节。

你的记录应该包括下面一些或者全部内容的细节:
- 最能体现你这种能力的例子(一个或多个)。
- 这些事例的大致背景。
- 你当时的职责(你是承担领导责任的经理,还是仅仅来代替别人,或者是某个小团队或者大团队的成员)。
- 你个人扮演的角色或者采取的行动;你做了或者说了什么。

- 你的行为带来了什么结果。
- 现在看来，如果有的话，你希望当时有什么不同的做法。
- 你在其他情况下运用了哪些你学到的东西，或者在你要申请的职位上，你可以怎样运用这些学到的东西。

选择事例

书面申请的时候，公司可能对列举技巧或讲述事例有字数的规定。面试的时候，给你的时间可能只够详细讲解一个事例。很多人面试之后都会说，自己面试的时候举的例子不恰当。比如，面试的人准备的时候，可能准备用"最近的例子"来回答问题，但是面试官却让他给出一个当前工作的最好事例——也可能面试的人准备了当前工作的内容，但面试官却问了关于以前工作的事情。

- 你的哪个经历能够最好地展示你的能力。一般来说，这种经历应该都是最近的事例，但是也有可能这个重点的事件或成就已经过去很长时间了。
- 这个最佳事例所有方面的细节。
- 其他两个例子，简单地介绍。
- 最适合这个工作的事例是什么。
- 哪个事例是最近发生的。

培养你的能力

如果不管在什么领域，你都觉得自己找不出例子来证明自己有能力，那么你就要想一想：

- 这种能力对你感兴趣的工作来说是必要的吗？
- 要培养这种能力，你可以抓住哪些机会？

大部分雇主都希望你有一定的经验。很多时候人们会抱怨，自己没有经验是因为找不到工作，因为没有经验，又找不到自己理想的工作。学生有很多机会来积累经验，一旦学生生涯结束，要获得这些机会就会困难很多。但是，很多学生却有只会在学生生涯结束的时候，才意识到这些机会的重要性。抓住自己学生时代的机会，让自己在毕业时具备很多技巧和经历。

完成"能力证明"页

你可以利用资源库里第412页到第430页的能力页，进一步分析自己的个人能力。

你可能会想，为什么每个问题后面留下的空间这么小。这样做其实是为了让你能把最重要的内容总结出来。你在写求职申请的时候，给你回答问题的空间很可能比书里留出的空白还少，你面试的时候回答问题可能所有的时间也很短。你回答能力页上的每个问题，都要尽可能言简意赅，保证思维的清晰、准确和内容的简洁。

雇主也很看重你的参与和你为自己的行为所承担的责任。遇到结果不理想的情况，你如果一味去找借口或者责怪别人，雇主可能会对你失去信心。要说清楚你所扮演的角色，为出现的问题承担责任。看清楚你在这个过程中学到了什么不同的做法，以后可以运用。

雇主还会对你工作的规格感兴趣：工作有多高调，你在整个事件中是否处于核心位置，在涉及的各类人中你处于什么位置？团队协作和领导力都是很宝贵的个人素质，所以不管你是在其他人领导下为团队做贡献，还是自己做团队领导人，这些经历都很重要。

在填写书里的空白表格时，先把空白表格再誊写几份，以后可以再用，这样你可能会觉得有所帮助。进行记录的时候，有必要快速地列出所有你可以想出的场景，只要在这个场景中你体现了相应的能力就行。填写完这个表格后，你可以从里面选出最能体现你这个能力的事例。好好利用你在本书前面章节练习里或者课程里给出的各种回答。如果你觉得找事例的过程很难，可以找个朋友或者亲人帮你。一个事例可以用来证明超过一种能力，不过总体最好还是举出至少三段不同的经历或者事例。

个人表现进步的证明

在申请某个职位时，对方可能会问你：你如何找出自己需要改进的领域，你采取了什么行动去改善自己的表现，你才去的行动带来了什么影响。有可能对方会直接让你提供一个或多个具体事例，说明你如何通过经验教训来改善自己的表现；也有可能雇主觉得你自己应该自觉地在申请或者答案里面给出这样的事例。你可能需要利用下面这样的信息：

- 当时情况的简介。
- 当时需要做什么，为什么？
- 你当时扮演了什么角色？
- 你如何进行计划和准备的（有关系就回答）？
- 事情真正出现时，你对自己的计划和策略进行了什么调整？
- 你的行为产生了什么影响：你的行为带来了什么不同？你本来哪里还可以做得更好？

- 在这次的经历中,你对自己和自己的表现有了什么新的认识?
- 你学到了什么内容(新技巧、经验、深入的见解、专业的知识),可以普遍适用,尤其是适用于你当前申请的工作?

第271页的网络的内容让你把对各种场景进行的反思集合在一起。这些场景下,你着眼于改善个人表现,最终取得了成功,让你有了更深刻并可以广泛运用的认识。

本章回顾

本章引导读者动用个人资源,帮助你对自己的经历进行结构性反思。我们了解经历对自己生活的重要性时,经历本身的价值就会更大。自身经历是我们学习最宝贵的资源,但是我们却往往不愿意留下足够的时间去反思自己学到了什么,因为直接开始做下一件事情或者重复同样的错误会比反思的过程更容易。

本章的重点就是反思个人经历,让人们能够离自己的职业目标距离更近。本章之所以有这样的重点,是因为大部分毕业生的主要目标就是找到一份工作。但是,我们学到的最深刻的东西,往往来自我们对包罗万象的生活经历的反思——反思愿景、价值观和信条、我们回应他人的方式以及我们是否感到心安。只要你做好了准备,就没有什么能够阻止你利用这些资源,审视一些个人问题。

这些资源不是只有某个场景才可以用。随着课程的不断深入和你工作生活经历的不断积累,你会找到更好的事例用来记录。事例发生的时候,整个体验会让你觉得刻骨铭心;但是慢慢地,你就会忘记事例的细节。趁着你还记得细节的时候把它们写下来。一年以后再来回顾这些事例。一般来讲,隔段时间来看同样的事例,你会觉得它们的意义更加重大。

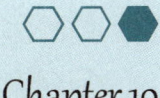

Chapter 10

成功的求职申请

学习目标

本章让你：
○ 大致了解雇主的需求
○ 思考你想从雇主和毕业第一份工作中取得什么收获
○ 提前为你想要的工作做规划
○ 利用进步记录、个人记录和个人陈述
○ 写出优秀的求职申请
○ 在求职申请的时候写介绍信、做简历和能力陈述
○ 明白选拔过程
○ 培养高效的面试技巧
○ 通过求职申请改善你的表现

简介

求职申请本身就是一门艺术。光是给不同的公司发简历，希望对方能够注意到你，这样的做法已经远远不够了。不管涉及什么样的申请过程和工作性质，雇主都会从他们的需求和利益出发，审视你对自己和自身经历有多深刻的认识。

在几乎所有的求职申请中，你都会遇到很强的竞争——其他人跟你一样想得到这份工作。这就是说，在学生时代，如果你就参照自己感兴趣的工作的要求，培养了自己相关的技巧、素质，积累了相关经历，会对你益处良多。培养技巧需要时间，所以你越早开始思考和规划自己心仪的工作，就越有可能会成功。

本章为你介绍毕业生找第一份工作的过程，比如为面试做准备，让面试不那么陌生，更容易控制，更加顺利。你可以从本章了解到就业市场的大体情况和猎头需要的技能。值得注意的是，毕业生可以投简历的工作当中，接近50%没有专业的限制。也就是说，不管你学的是什么专业，你面前都会有各种各样的机会。

如果你能够做到以下几点，找工作时就会更有优势：

- 谈一谈工作和你的个人目标相符合的地方（参见 Chapter 1）。
- 表现出你了解自己感兴趣的这份工作所需要的技能和素质。
- 表明你已经采取了行动，比如通过学习或者课外了解，培养了和工作相关的技巧。
- 展现出你抓住新机会的能力。
- 管理好你自己，和他人好好相处，以团队成员或负责人的身份管理好任务。本书前面的章节讨论过这些管理技巧。

雇主需要什么

最省事，最省钱

招聘新员工的时候，雇主最希望能够省事。他们还希望能花最少的钱，员工就能把工作完成。雇主会尽可能选择这样的新员工：他们本身就具备相关的技巧，充满信心，不需要太多的指导和培训，工作就能够上手；他们还能够弄清公司的具体需求。不同公司可能还会有形式上的差别。比如，有的公司只招有经验的员工。但有的公司会招新员工，但是可能要求新员工在尽可能不打断同事和老员工工作的情况下，轻松地融入工作环境，迅速学会如何做工作。

雇主"有何好处（WIIFT）"

Bright（布赖特）和 Earl（厄尔，2007）认为，求职的时候，申请人总是会想一想雇主有何好处（WIIFT）。WIIFT 代表的是"雇主们在寻求什么好处？"如果你只是想把自己"卖出去"，可能最后你只片面地考虑了自己。而你对应聘的公司了解越多，就会更清楚自己可以给公司带来怎样的技巧和经验。

全面的申请者，而不是某方面的专家

比起你的专业知识，雇主可能对你更加全面的发展和你的全面素质在工作中的适用度更感兴趣。因为你之前多年的学习中，一心想的都是自己的专业，要承认雇主的这种出发点确实不太容易。如果你在学习的过程中仅仅是一心只读圣贤书，那么在和其他那些学习时已经进行过职业规划的学生相比，你可能会败下阵来。

软技巧

除了专业技巧和知识外，雇主还一直强调，希望毕业生能够具备更好的"软技巧"。软技巧很难衡量，但是却可以作为任何工作的"润滑油"。毕业生招聘协会（2009）的调查表明，雇主最需要的三种技能包括领导力、团队合作和沟通能力。一直以来，雇主看重的各种技能都差不多。比如，1998 年，TMP 世界研究组织组织了一项研究，结果表明雇主最看重以下方面，它们各项的重要性递减：

1. 口头交流。
2. 团队协作。
3. 聆听。
4. 书面交流。
5. 解决问题。
6. 建立关系。
7. 调整沟通风格。
8. 管理时间。
9. 分享知识。
10. 影响他人。

最近的研究结果发现了新的重要技巧，比如"文化意识"，但是原来的这些技巧仍然很受重视。

值得注意的是，以上列表大多项都涉及"社交技巧"或者"在团队中解决问题"的能力。这也没什么奇怪的，因为在大部分工作中，员工都需要和各种人打交道。大部分工作都涉及各方面的内容，这就要求员工搞清楚每个人的工作对团队或者他人到底是起促进作用，还是会带来阻碍。学校和大学教育往往教不会学生这一点，因为教育主要是从学生个体出发。

具体背景下的技巧

雇主提到沟通技巧、管理时间或解决问题的能力时,往往不只是单独看待你的努力,而是以团队或公司为背景。"书面沟通"这个词,在工作和学习上指的是不同的东西。比如,大学确实会培养学生的写作能力,但是雇主往往会根据读者的不同,对写作的准确度、速度、清晰度、精准度、风格、布局和敏感性有不同的要求。

雇主确实会重视大学教育交给学生的技巧。但是,学生们只会想到在学习的情况下运用这些技巧,雇主又会觉得有些失望。雇主希望看到的,是毕业生把学到的技巧运用到工作和现实生活中的例子。

一说到"口头交流",学生就会举出"展示研讨报告"的例子。负责研讨会确实是种难得的经历,也会培养公共演讲的技巧。但是一般来说,只有在很少的情况下,雇主才会要求员工进行这类的正式展示。如果你把研讨会上观众的问题进行分类,或者在课堂讨论里提出了建设性的意见,雇主反倒可能会更满意。

工作场合的口头交流往往需要以下技巧:

- 达成一致。
- 给出清晰的指令。
- 清楚准确地表达你的意思。
- 和难相处的人打交道。
- 接受建设性批评。
- 准确传达信息。
- 在讨论和会议中做贡献。
- 总结他人所说的内容。
- 提出建设性批评。
- 根据具体情况,调整你的沟通风格。

| 反思 | 口头交流技巧

- 为了让自己培养工作场合中需要的口头交流技巧,你可以做什么(或者你做了什么)?
- 在学习中,你学到了哪些口头交流技巧,在工作中会发挥作用?
- 完成第428页上的口头交流能力页。

练习:具体背景下的技巧

找出至少7张给公众看的材料。选出两种不同的报纸、公共信息广告册、广告、商业杂志、银行以及建筑社团信息或者网站广告信息。大致浏览你选出的内容,把它们的写作风格和高等教育要求的写作风格进行对比。你选出的内容有何特点?要写出这样的东西,需要怎样的写作技巧?

> 找出一些你感兴趣的领域的材料。浏览这些材料,把它们的写作风格和高等教育要求的写作风格进行对比。再一次想一想,这种写作有何特点?和高等教育的写作风格有什么不同之处?
> - 除了在学习的时候,你还会在什么时候培养自己的书面沟通能力?
> - 要为非学术的读者写东西,你需要培养哪些技巧?
> - 你从学习中学到的写作技巧中,哪些是普遍适用的?
> - 完成第427页上的书面沟通能力页。

最好是能有"全面的体验",培养各方面的工作或社区技能,比如选修课、兼职、参加公司项目、志愿者活动、到当地学校或青年团体去帮忙、管理学生团队或者到学生会去帮忙。

职业咨询服务处和学生会可以给你提供一些当地的机会。

我的这封信之所以这么长,是因为我没时间把它改短。Blaise Pascale(布莱斯·帕斯卡,1655)

可雇用技能

1998年,大学校长委员会(CVCP)委托永道(Coopers &Lybrand)进行研究,寻找毕业生的"可雇用技能"。最终得出了以下的技能列表,对当今仍然有指导意义(CVCP,1998):

1. 传统的智商技能。
- 批判性地评估证据。
- 逻辑辩论和把理论付诸实践的能力。
- 给问题定性和定量。
- 挑战理所当然的假设。

2. 核心或关键技能。
- 沟通。
- 数字能力。
- 信息通讯技术。
- 改善自身表现。
- 和他人协作。

3. 个人素质。
- 自力更生。
- 适应性。
- 灵活性。
- 有常识。
- 创造力。

4. 对组织运作的了解。

研究报告指出，可雇用技能不应该只包括前面三类，还有必要包括第四类。

"个人素质"这一类值得注意。个人素质主要是指人内能力（参见Chapter 4）和创造力（参见参见Chapter 7）。人内能力是指管理自己、管理自己的态度和情感的能力，尤其是在和他人协作的情况下。自我管理和情感管理是个人自己的责任。雇主只会聘用那些能够靠常识、创造力和主动性去解决问题的员工。工作的场景变化会很快，员工就需要能够应对并处理好改变。员工要能够适应变化的环境，随时出现在需要的地方，并在需要的时候培养新技能。现在的工作和过去的有很大不同。过去的工作更像是"生产线"，员工终身都会拥有一个"铁饭碗"。

2009年3月，英国工业联合会（CBI）和英国大学协会发布了"适应未来——让毕业生为工作做好准备"的调查报告。报告调查了581家公司。调查发现，雇主在选拔大学毕业生时，最看重的就是他们身上的可雇用技能。一般的雇主对毕业生的技术和数字能力都比较满意，但是往往会觉得毕业生的以下能力比较欠缺：

- 业务和客户意识。
- 自我管理技能。
- 沟通和文学能力。

现在越来越多的雇主对毕业生都有管理技能的要求，这种趋势还在进一步加强。现在对以下技能的需求在日渐加强：

- 组织能力：知道如何管理任务、监督表现和发展业务。
- 思考和解决问题的能力：战略性的思考，做决策，构思能力，分析信息，解决问题。
- 社交能力：处理好工作上的各种关系，团队合作，和他人沟通。

招聘启事

一般的招聘启事都会把工作最需要的技能列出来，包括你当前很需要的技能。浏览你感兴趣的招聘启事后，你可以大致了解雇主最看重的是哪些技能。你可以选择把完成第232页上的练习作为起点。

你想从自己毕业的第一份工作中获得什么？

在Chapter 1中，你思考了自己未来十年的愿景和价值观。但是在你读之后的章节之后，你的愿景和价值观可能已经发生了变化。比较成熟的学生可能对自己毕业想找什么样的工作已经有了比较清醒的认识，但是对很多比较稚嫩的学生来说，他们可能还不太清楚自己想找什么样的工作。如果这些学生没有任何工作经历，也没有机会锻炼自己的领导力和团队合作技能，他们就会没有信心，更会对工作感到迷茫。

> **练习：招聘启事**
> - 在求职版找出至少20个你感兴趣的招聘启事。你可以去职业咨询服务处的工作空缺版和主要的国家报刊里去寻找这些招聘启事。同样地，你也可以参照本书末尾给出的"有用网站"部分（第436页）。
> - 哪些技能出现的频率最高（数一数）？
> - 在你的个人记录里，针对你感兴趣的职业领域，完成相关技能的能力页（第412—429页）。
> - 你可以抓住哪些机会，进一步培养自己的这些技能？

你毕业之后找的第一份工作可能很中规中矩。这种工作薪水还不错，一般应届毕业生都会找类似的工作。它可能需要你有娴熟的技能和相关的学位。但是，有的毕业生为了积累经验，培养更多的技能，可能会进入其他类型的工作岗位。创意性领域的学生尤其如此。这些学生一开始往往会选择在基层锻炼，为长远做规划。很多工作岗位都很看重工作经验。

首先，你要想一想，自己想从毕业的第一份工作中学到什么，比如"想学会工作的窍门"、尝试不同的职业领域或者培养专长。你可能想要打几份临时工，或者想到某个机构工作，学会新的技能。如果你打算直接找一份工作，一定要制订应变计划，以防找工作的时候出现的问题。你再仔细想一想，还有什么工作可以让你的事业或生活计划向前推进。

不管你找到什么工作，它都不太可能是你一生从事的工作。如果这份工作不符合你的职业预期，不要惊慌，想一想这份工作可以给你带来什么机会。

择业

了解什么适合自己

职业咨询服务处有大量的纸质和电子版资源，包括心理测试。这些资源让你发现适合自己的工作。如果你完成了Chapter 1和Chapter 2的内容，就应该对自己人生的大方向有了大致的了解。找工作的时候想一想，申请的每份工作对促进你的短期或长期人生目标有何促进作用。考虑申请的工作有多符合你的价值观和信条：如果工作和你的基本信条和价值观背道而驰，你很难会有好的面试表现。

考虑最好的道路

有的工作会收到成千上万份简历——这样的工作很热门，但几乎每个申请人最终都会失望而归。但这并不意味着你找不到适合自己的工作。

了解你的所有选择

很多毕业生找工作的时候眼光太狭窄，只选择热门岗位。你可以去咨询职业咨询服务处，他们会让你看到自己可以选择的所有工作范围。超过2/5的工作都没有任何专业限制。找出一些没那么热门的岗位，看看有没有适合你的。从长远的角度来看，这种岗位可以让你更轻松地进入自己喜欢的工作。

进行长期的规划

想一想有什么新的方法可以让你到达预定的目标。工作经验、履行或者获取一些冷门但是很重要的技能，这些都可能会为你提供一些新的路线。

初始岗位

公司一般都会比较重视老员工。你可以一开始选择基层的岗位，或者竞争力没那么大的岗位，再一步一步努力做到你喜欢的工作岗位。想一想你可以选择哪些临时的岗位做段时间，然后以这些岗位为跳板，走上你想做的岗位。

练习：我想从下一份工作当中获得什么

- 在下面的表格中，如果哪一项是你想从下一份（第一份）工作中获得的东西，就在后面相应的方框内打钩或者写"是"。如果你觉得这一项非常重要，就多打几次钩。
- 看看你都在哪些项后面打了钩，按照打钩项的重要程度给它们打分（1代表最重要的，2代表次要重要的，以此类推）。

从我的下一份工作中，我想要……	对我重要吗	重要程度
1. 在新领域中获得工作经验		
2. 获得更多职业选择		
3. 赚更多钱		
4. 提高对工作的满意度		
5. 按照我的价值观和道德观工作		
6. 工作时间更理想		
7. 工作环境更理想		
8. 在家附近工作		
9. 和跟我更像的人成为同事		
10. 承担更多责任		
11. 拓展我的视野		
12. 让自己接受更多挑战		
13. 对自己有更加深入的了解		
14. 培养自己的技术能力		
15. 培养更多方面的能力		
16. 和来自不同背景的人一起工作		
17. 培养解决问题的能力		
18. 培养社交能力		
19. 培养更多兴趣爱好		
20. 交朋友		
其他方面：		
1.		
2.		
3.		

| 反思 | **我申请工作的标准**

在你的反思日记里，想一想：
- 我想从自己的下一份工作中获得什么？
- 最够吸引我申请某份工作的东西是什么？

选择你能做的工作

在每家公司收到的简历中,有很多简历并不符合岗位要求。原因是申请人缺乏相关经验。如果你缺乏工作需要的素质、技巧和经验,就不太可能会通过简历筛选。用同样的时间,你本来可以去申请自己能力范围内的其他工作。

考虑小公司

很多学生只考虑那些会到大学举行招聘专场的大公司。但是,很多中小企业其实也有招聘职位。在这些公司当中,你可以很快学到很多东西,晋升也会更快。

> | 反思 | 找到工作的途径
>
> 在你的反思日记里,想一想:
> - 你对哪种工作最感兴趣?
> - 大体上讲,你一开始能获得这份工作的概率有多大?职业咨询服务处可以给你提供这方面的估计。
> - 进行头脑风暴,想想还有其他什么办法可以让你得到这份工作。你最可能成功找到的是什么工作?

你希望雇主能给你什么

你毕业后找的第一份工作,可能对雇主有很具体的预期,也有可能你只是想先找个工作而已。你的选择会受到实地和个人情况的影响。但是,考虑以下方面还是很有必要的。

投资于人才

很多公司都获得了"投资于人才(IiP)"的称号。也就是说,这些公司致力于培训和培养员工。如果雇主获得了"投资于人才"的身份,你面试的时候提出如何培养员工的问题可能会受到欢迎。这类雇主还会问参加面试的人,问他们会采取什么措施,促进自身职业发展。

平等的机会

关于种族、性别、残障、年龄、性向和宗教的立法是为了抵制不公平的做法和歧视。很多雇主都会强调自己是个"提供平等机会的雇主"。也就是说,一般来讲,他们希望外界看到自己为了创造平等机会所做的努力。这并不是说公司工作的所有方面对任何员工都会产生同样的影响，也不是说工作上就不会有任何歧视性的待遇。但是，你如果觉得平等的机会很重要，那就去找一家在立法之外还有自己的平等机会规定的公司，这样你可能会觉得舒坦些。欲了解更多信息，请点击www.equalityhumanrights.com。

职业机会

有的公司希望刚入职的大学生可以很快地从一个岗位进入另一个岗位。这样一来，毕业生可能会出差、做各种工作、获得各种机会，从而积累很广泛的经验。有的雇主还提供到海外去工作或出差的机会。大公司一般都会想新入职大学生提供相关材料，介绍类似的机会。最好就是在面试的时候把具体的情况问清楚。一般的小公司不太能提供这样的机会，你可能就会觉得它们有很多都不适合自己。但是，小公司可能成长得很快，如果你在公司创立之初就是团队的一员，可能会获得非常难得的机会。如果你想了解公司的信息，请参见以下网页：

- https://beta.companieshouse.gov.uk（列出了英国所有的上市公司）。

毕业实习和公司项目

有些公司有些项目，让学生适应从大学生活到工作的转型。有时候是以实习的方式，公司会提供合理但是相对较低的薪水（或者没有薪水）。通过实习，可以很好地了解新工作环境。还有的公司有非常棒的实地做项目机会，但是要接受大学的监督。你大学的职业咨询服务处或者实战学习模块应该会有关于这类机会的具体信息。

你的"底线"

第一份工作可以让你积累经验、获得培训，对你以后的工作申请会有很大帮助。为了跨出第一步，接受一份并不太理想的工作，这种做法值得鼓励。但是，你一定要想清楚，自己可以接受什么、不能接受什么。考虑是否接受的标准可能是薪水多少、工作时长、工作地点、行为、工作的地方只有你一个人是某一个性别或肤色、缺乏安全的交通或其他对你个人来说重要的东西。你要清楚自己不会妥协的地方，比如：

- 个人安全。
- 伤残可能。
- 你觉得不能接受的工作时长。
- 健康和安全。
- 不公平、欺凌或者歧视性做法。

提早规划

制造机会

通过以下的小节你就会发现,职业规划并不是从大学最后一年找工作的时候才开始。雇主们都希望,员工能够从公司利益出发,发现并利用机会,从大局考虑问题,进行提前规划。

雇主会看你是如何为自己发现、创造并利用机会的。在你的学生时代,如果你做不到这一点,雇主可能就会觉得你也不太会为公司去寻找机会。理想地说,你的职业规划应该从大一开始,这样到你要找工作的时候,你就会具备很强的优势。

培养多方面的能力

投资者买股票和股份的时候,专家往往会让他们不要把钱都放在一个篮子里,要组合投资,就是要有多元化的投资。这样投资的一家公司绩效不好的时候,其他投资的收益可以弥补这方面的损失。

你的大学时光跟投资一样。你可以把精力都花在某一方面的学习上,也可以涉猎更广泛的内容。你现在最重要的投资就是自己的学位,但是学位不一定就要成为你的唯一关注点。并且,有些很巧妙的方法来投资一个学位,让学位具备更高的含金量。

学生要培养多方面的能力,需要在以下方面中至少三方面下功夫:

- 学位课程。
- 辅修课程。
- 一系列可以转移到工作上的技能。
- 不同寻常的技术专长。
- 工作经验。
- 志愿者活动。
- 社区服务。
- 承担有责任的职位。
- 大体的职业意识。
- 了解自己想要在哪个领域或哪些公司工作。
- 为个人发展需求或培训承担责任的事例。

求职的时候,你要想一想:

- "我如何利用了自己的时间?"
- "我做了什么,可以让我的申请出类拔萃?"
- "我有什么优势,可以把这家公司的其他申请者比下去?"
- "我用什么事例可以证明自己有公司需要的技能?"
- "我可以提供什么经验?"

学位课程和分数确实很重要,但是要找到工作,还需要更多的东西。你可以拿到

"一流"或者"2.1"学位（相当于每课平均分80分以上），但这不一定可以为你带来一份工作。雇主不一定会考虑成绩。即便他们考虑，成绩也只占最终决定的一小部分。

| 反思 | 培养你的各个方面

在你的反思日记里，想一想：
- 你当前进行了什么提前规划，让自己在拿到学位证书的时候更有可能找到自己想要的工作？
- 对于你喜欢的岗位，雇主除了会看你的学历外，还会重视哪些东西？
- 你"个人培养的各个方面"中，你已经在着重培养哪些了？
- 你接下来要培养哪些方面？你会如何培养？你首先会和谁谈一谈培养的问题？

何时该寻求职业咨询服务处的帮助

从你进入大学开始，职业咨询服务处就可以给你提供好的建议，让你为以后自己会感兴趣的工作规划出最佳路径。

职业咨询服务处应该为你提供指导，让你制订一个全面发展的计划。他们会就你如何利用学生时代的时间提出建议，让你：

- 选择既有趣又重要的主修课和辅修课。
- 了解自己感兴趣的工作需要什么技能。
- 了解如何最好地利用工作经验。
- 为自己感兴趣的领域做出好的提前规划和准备。

- 了解大学、当地和其他地方可以为你提供什么样的机会。

很多职业咨询服务处还有"工作商店"或类似的地方，让你可以一边学习，一边积累工作经验。你可以去看看一些为毕业生提供职业指导的网站。比如，可以参见：

- www.prospects.ac.uk
- www.gradunet.co.uk

> **练习：职业咨询服务处**
> - 在三周内去职业咨询服务处或者浏览他们的网站。
> - 找出他们提供哪些服务。
> - 找出你可以怎样最好地利用这些服务。

规划让自己脱颖而出

雇主会见到成百上千个差别不大的求职者，每个人因为类似的原因想要这份工作，也都拿着差别不大的学位证书和资历证书。为此，职业咨询服务处才要求本科生能够早些去寻求帮助，好为他们提供建议，让他们提前为求职阶段做准备。你要让自己"脱颖而出"，可以通过多种方法进行准备：

- 选择一些比较特别的选修课或辅修课。

看到你选择了不同寻常的课程，雇主一般都会比较感兴趣。雇主可能会比较欣赏你这种寻求更宽广眼界的做法，也可能是你的辅修课程可以通过某种形式在他们公司发挥作用。你规划的时候，就应该选择那些可能会对你选修课程感兴趣的公司。比如，你可以学语言的选修课，然后去找会和海外客户打交道或者有海外分部的公司。雇主可能会问你，为什么要选择这些课程，让你回答这些课程、你的专业和职业规划之间的关系，要做好准备。

- 选择巧妙的课程组合。

考虑不同门类的课程选修。比如，律师、会计师或设计师会在各个领域工作。学法律的学生如果还选修了一两门体育课程，那他去做体育行业的律师就会更有优势。同样地，学商科的学生如果去选修一些媒体或建筑行业的课程，对这些行业和它们的工作内容有所了解，这些学生就更能够吸引媒体集团或建筑公司。

- 做一些新鲜事。

少见的爱好、海外学习经历、旅行、有意思的语言组合、优异的竞赛成绩、举办自己的作品展览会、志愿者工作和类似的经历都可以让雇主对你产生兴趣。面试的时候，雇主可能会就这些经历提出问题。

利用个人记录

Chapter 9"个人记录：记录反思和成就"当中有大量的材料，帮助你记录求职申请和面试时会需要的信息。不管你申请什么样的工作，这些材料就算没有覆盖你需要的所有内容，也覆盖大部分。尤其要重视个人能力和能力页的相关章节（参见第412—430页）。你还可以找到这些材料的电子版，建立自己的电子版能力培养表。

> **| 反思 | 从人群中脱颖而出**
>
> 在你的反思日记中，想一想：
> - 在申请表格上，什么可以让你脱颖而出，让你更有可能进入面试？
> - 面试过程中，是什么可以让你从大量的面试者中脱颖而出，让雇主记住你？
> - 要做到这一点，你现在或今年可以采取什么措施？

本书所有章节都有着共同的目标：帮助你做未来规划、获取更深刻的认识、制订策略改善个人表现、了解多个行业都需要的技能。如果你已经做完了本章和之前章节的练习，那你对自己和自己感兴趣的职业已经有了很好的认识。

求职申请或准备面试的时候，你的"个人陈述"（Chapter 8，第317—318页）会发挥重要的作用。当你申请某份工作时，如果你能拿出一份好的个人陈述，就能够很好地总结你的目标、成就和经验与你申请职位之间的关系。

> **练习：更新个人记录**
>
> - 本周选择一些事例，用来更新你的个人记录。你需要更新哪些方面？
> - 对你感兴趣的工作来说，第412—429页的能力页当中，哪些对你用处最大？你回答和能力相关的问题时，一定要简单明了。

浏览下你的个人记录或进步记录，为工作申请做准备。这些记录让你记住生命里重要的东西、你要实现的目标、你取得的成就和你能够为新工作带来什么。

进行申请

仔细阅读材料

首先仔细阅读雇主发给你的材料。一般来讲,你会收到下面材料中的一种或多种。

总体介绍

这类信息会介绍公司情况和工作情况,有时候还会说明养老金、假期、奖金等相关的情况。要了解更多信息,可以到公司网站上找,也可以联系公司的人力资源处或人事处,了解公司情况——大公司希望申请者可以对自己公司有一定的了解。所有雇主都希望你对他们的工作领域有一定的了解,不管是你个人有这方面的经验、是跟他人讨论过这方面的内容,还是通过基本研究了解过。要确保你自己喜欢这份工作、工作条件和公司的发展方向和价值观。

岗位描述

岗位描述会在招聘启事的基础上,再进一步介绍岗位的职责,介绍这个岗位上的员工应该做什么。看看岗位描述是否和招聘启事写的内容相符,确保你仍然对这个岗位感兴趣。把你能够承担的职责写出来。一般情况下,没有求职者可以符合雇主的所有要求,所以,如果你觉得自己有些方面比较薄弱,也不要觉得没自信。想一想这份工作主要有哪些要求,看看自己是否能够符合这些要求。

"任职资格"

任职资格会列出雇主希望求职者具备的资历、经验、技巧和素质。这种资格包括"必要"和"优先考虑"两种类型。如果很多申请人都具备"必要"的资历,雇主就会看"优先考虑"的资历,让这些人进入面试阶段。一般的求职者都不太可能会符合所有"优先考虑"的资历,如果你自己也不具备一些"优先考虑"的资历,就要考虑下自己是否适合这份工作。比如,有的资历要求很清楚,可能只要认证的工程师或教育心理学家秘密地进行测试。你如果不具备这些资历,申请也只是徒劳无功。但是,如果你有相关的经验或技能,还是可以试一试。

确保你最终的申请能够满足任职资格里的所有要求,顺序最好也保持一样。一般情况下,雇主会把各张申请上符合任职资格的地方一条一条挑选出来,然后数总共打了几个钩。你要是把两到三个资历放到一段话或一段经历里面说,有的资历可能就表现不出来,导致你最后无法进入面试。

任职资格一般会包括:

- 资历证书要求:"学位要求""学过商优先""上过护理课程""有更高学位(硕士学位)的优先"。

- 和工作相关的技能:"管理团队的经验和能力""和公众打交道的经验""至少三年在××的工作经验"。
- 通用技能:"做一名高效团队成员的能力""良好的沟通能力""独立工作的能力""善于从自己做起"。
- 愿意接受特殊的工作条件:"接受灵活工作时长的能力""愿意在不同的地点来回跑""必须愿意出差"。

关于申请的信息

仔细阅读相关信息,看雇主是否要求你发简历或其他信息,注意填写申请表格时有没有具体的要求。一定要按照要求填完申请,因为申请这个岗位的人会很多,可能雇主只会看按照要求填写的申请。不按照要求填写申请会让雇主觉得申请人不注重细节。如果要求发简历,就按照要求发;如果没有要求,就不要发。

平等机会表格

这个表格一般是给人事处,不会出现在面试官眼前。大公司需要确保自己有遵守平等机会的规定,防止可能出现的歧视现象。如果你不填这个表格,那公司在平等机会方面看起来就会做得更好，因为他们雇用的员工中，代表名额不足的社会群体看起来会占实际申请人数的很高比例。

申请表格

不是所有雇主都会有自己的申请表格。如果有表格的话，你就要填写。表格里如果有写个人陈述的地方，你通常还可以通过word文档附件的方式，在空白处写下"请见附件"。现在大部分表格都是电子版，但是也会有手写的情况。自身有残障、无法手写填完表格的人，可以要求以其他方式申请。

填完表格

严格按照下面的指示来填完表格：

- 确保表格干净整洁：给雇主留下好印象很重要。
- 诚实准确：公司一般都会去核对你提供的信息，可能是马上核对，也可能是以后核对。
- 要完整：别在工作或最近的教育经历中留下任何空白，否则雇主会觉得你有所隐藏。把所有相关的培训都填进表格，如果中间有空白的时间，要做出解释。填完所有需要的信息。
- 清晰地表明自己的所有技巧、素质、资历和经验。

资历

把资历的全名写出来，可以写在相应的空白处、简历里或者附信里。雇主可能不知道资历的简写，所以尽量不要用。尤其是在申请海外职位的时候，一定不要用简写。找到当地跟你资历证书同等效力的证书，把这个情况在介绍信里说清楚，让雇主有个直接的印象。

你拿到学位之后，没必要详细地谈论它，除非是对方让你谈，或者你学位的某个资历证书和工作有关系。不过你要是门门优，还是可以提一下的。涉及英语、数学或者教师和科学类的职位，可以提一提GCSE或者具有同等效力的资历。

写个人陈述

写个人陈述是申请过程很重要的部分，需要你花时间，深入思考。陈述一定要清楚整洁，把要点表达清楚。如果雇主不要求你提交申请表，只是需要你的简历或者申请信，你完全可以同时发一份自己的个人陈述。

优秀的个人陈述

申请工作时，优秀的个人陈述让雇主看到：

- 你清楚这份工作需要什么。

- 你知道他们对新员工有什么期望。
- 你对他们的组织或公司有一定的了解。
- 你想要这份工作的原因。
- 从你申请的工作岗位角度看,你的技巧、素质和经验有多符合要求。
- 你在个人资历中哪里提到了岗位的各条需求。
- 你为这份工作专门写了申请,而不是用了以前老用的申请。
- 你写东西清楚简洁,没有错别字(你写的东西表明了你的书面沟通能力,一定要好好地表现)。
- 你知道雇主的时间很宝贵,因为你把信息呈现得很清楚,要点容易找到。

利用你的个人记录

如果你按照类似Chapter 9的要求,完成了良好的记录和能力页,就可以更轻松地选出恰当的信息,写完个人陈述。通读一遍你的记录,记住自身最强的能力和最好的经历。

雇主会很想了解你的成就,所以你最好想一想,你的哪些经历和责任可以看成你的成就和成果。你承担某项责任的时候,一定要确保自己清楚自身的角色。你如果是某个学生社团的干部,或者打过某份工,要看清楚自己在这些经历中取得的成就,比如,可以把以下的说法:

我做学生社团秘书的时候,主要负责组织各种社会活动。

变成更加细节的陈述:

我做学生社团秘书的时候(2009—2010),负责为一个有14000人的学生社团组织活动。我成功地组织了10次活动,总共涉及3000人。我还分发了满意度问卷,87%的参与者都给出了积极的评价。去年我的收入还提高了6%。

与任职资格相对应

深入地了解任职资格和工作岗位要求。把任职资格的每一条都当成单独的标题。每一个标题下面要至少简单地写一段话,至少举出一个例子(但是要简洁)。比如:

示例

资格要求:"做一名高效率团队成员的能力"

我现在在一个10人团队中做兼职。作为团队成员,我必须严格遵守时间要求,完成团队的目标。老板给我们提供了两天关于团队技巧的培训课程。好几次我都担任了副组长的角色,让我证明了自己的团队管理技能。我觉得自己是个不错的团队成员,因为我善于聆听他人的意见,采取相应的行动,还会自信地提出自己的建议。在我的课程里，也积累了大量在小组中解决问题的经验。此外，我还做了一个小组项目，效果很好，得到了老师的认可。在这个项目中我主要是作会议协调员和数据调查员。

与工作紧密联系

在个人陈述中写几句话，说明自己为什么对这份工作感兴趣，表明自己对雇主有什么价值。列出三到四个你觉得和这份工作息息相关的技能或素质，作为你可以给公司带来的价值。这样一来，你可以表明自己思考了公司的要求和自己是否适合这份工作，雇主会觉得你很真诚。

写附信

如果你已经写了个人陈述，附信就可以写简单点。如果没有个人陈述，附信就要包括上文提到的个人陈述内容。你的附信要符合以下要求：

- 清楚、到位、专业——不要废话和长篇大论。
- 说清楚你申请的是哪份工作，包括工作编号。
- 说明你在哪看到的招聘启事。
- 条理清楚，避免错别字。
- 自信地说明自己为何适合这份工作，或者指出已经在个人陈述中说明了这一点。

如果雇主提供的申请表格没留出太多空间让你写自己的工作历程，那就在附信里仔细地说明自己的角色、责任和培训。如果有其他和这份工作相关的素质、技巧和经历，也可以写下来。

示例

姓名	Amit Evans（阿米特·埃文斯）
详细地址	英国伦敦 Summertown 苹果大街 1111 号
邮政编码	BB1 11B
联系方式	电话：11111 0303030；手机：22222 0303030 电邮：agevans@freemail.happy
日期	2016 年 8 月 31 日
雇主名	Samantha Browne（萨曼莎·布朗） Alpha Conferences

雇主地址	贝利菲尔德（Berryfiled）橄榄园（Olive Grove）222-228号
说明职位名称、相关内容以及你在何时何地看到的招聘启事	BB1 XXX 亲爱的Browne女士 　　我对助理会议管理员（岗位编号AAP/223/01）的职位很感兴趣，招聘启事是登在2016年8月27日的《卫报》上。
简单地介绍你的经验和对工作的适合度。可以利用你的能力页。	我最近刚读完商学和经济学双学位。我学习过程中，我参加了一家服务公司的项目，这家服务公司为所在地和国家提供会议服务。参加这个项目还让我积累了组织方面的经验。项目让我有机会遇到形形色色的人，整个工作氛围我很喜欢。 　　我也有很多年销售和公共事务方面的工作经验。我会用好几种语言进行交流和书面说写，希望这能为会议行业创造价值。
表明你对公司有所了解，说清楚你为什么觉得自己适合这份工作	我特别想到一个像阿尔发会议组织这样有着国际业务的新兴成长性单位工作。我很想在公司创建之初做出自己的贡献。贵单位重视员工培训，给我印象非常深刻，我非常希望能够通过培训促进自身的职业发展。
说明你什么时候可以开始工作	我就住在本地，如果收到工作通知，可以马上投入工作。按照要求，我以附件形式发了自己的简历，很希望可以有面试的机会。期待您的回信！
如果附信是写给具体的人，书名要写上"真诚地"签名 在下面写上你的名字	你最真诚的 Amit Evans

与能力相关的申请

　　很多雇主都开始采取与能力相关的申请方式（参见第412—429页）。通过这种做法，雇主想找到最能展现出所需技巧、素质和经验的求职者。一般来讲，同样的工作，很多专业的人都可以申请。如果你有一些可以转移运用到申请工作中的技巧，雇主应该会考虑。如果你已经积累了相关的技巧，但又想进入新的领域工作，可转移性技巧对你会有一些帮助。但是，申请同一个岗位的人可能很多，所以一定要注意，要选出最能展现你能力的事例。

　　典型的与能力相关的申请方式会提供申请表格，还会留出固定的小空白让你说明自己的各个能力。雇主可能不需要你发其他的信息或简历。这样的情况下，你在总结自己能力的时候，一定要简洁到位，才能够在给定的空白内呈现自己尽可能多的信息。

要总结相关信息并培养自己总结关键信息的能力，你可以利用第412—429页上的能力页。完成与能力相关的申请需要大量的时间。如果你平时认真地做了个人记录并实时更新，就可以更轻松地找到相关信息，填完申请。

简历（CV）

以前公司招聘一般都要求申请人发简历。但是，现在这种趋势有所减弱。有些机构可能需要简历。有的公司可能没有招聘信息，但是你发简历过去，他们可能还是会给你回应。现在有很多可用的简历模板。但是，因为雇主看你简历的时间很可能不超过一分钟，所以不管你用什么简历模板，一定要好看，简历要包含最重要的信息，能够吸引雇主眼球，让你最终进入面试（参见第360页和363页上的两个例子）。

内容

简历要包括以下内容：
- 你的全名。
- 出生日期。
- 家庭地址。
- 联系方式（电话、电邮、手机、传真）。
- 教育经历。
- 资历证书。
- 工作经历。
- 兴趣爱好和其他信息（相关的培训、语言能力、证书、驾照）。

在申请的相关部分，填入一些关键信息，展现你责任和经验的范围和深度。

布局与风格

展示

展现能力对简历至关重要。雇主可能会收到好几百份简历。筛选简历的时候，可能看的是展示技巧。如果是这样，雇主可能会毙掉这样的简历：过长、缺乏关键的内容、手写或排版很差。

你的简历应该符合以下要求：
- 分成不同部分，每个部分有各自的标题。

- 用清楚的表格或列表介绍你的教育和工作经历。
- 通俗易懂，没有错别字。
- 简洁到位。
- 和申请岗位有关。

简历的字体要保持一致。标题的字体可以大一些、加粗、加下划线或用斜体。每个部分的标题要保持同样的字体（字体大小，类型和格式）。不要用彩色、图片和不太常用或难以辨识的字体。不要用特殊功能或效果。

示例

年轻毕业生的简历
Amit Geraint Evans（阿米特·杰兰特·埃文斯）

个人信息

出生日期：1995年10月10日　　　　　国籍：英国

地址：伦敦Summertown苹果大街1111号　　邮政编码：BB1 11B

电话：11111 0303030；手机：22222 0303030　　电邮：agevans@freemail.happy

教育经历

2013—2016　贝利菲尔德宽街英格兰大学学院，BB1 22K

2006—2013　Hollyacre Juniper大街艾伯蒂娜·西苏鲁中学，YY1 22Y

1999—2006　Llanpwll Blethyn大街橡树小学，XX1 XX2

资历

2016　商学和经济学学士学位　　2.1

2013　历史A级　　　　　　　　A等

2013　经济学A级　　　　　　　C等

2013　商学A级　　　　　　　　D等

2012　七个GCSE（五个是A等）

工作经历

2011—2013	贝利菲尔德学院街Phamtom Books书店，BB1 33B	兼职书店助理	每周工作两天；负责销售和与公众打交道；2012年升职为助理监督员
2008—2013	Hollyacre Juniper大街Juniper执业，YY1 22X	送报纸	同样的工作做了五年

职责

时间	岗位	组织	收获
2015—2016	学生指导	Holly FE 学院	为三个孩子辅导数学，他们都成功考过了数学的 GCSE
2014—2015	会计	大学划船俱乐部	成功地管理了账户，让收入提高了 15%

技巧和能力

我的学习中，有一部分就是参加当地公司贝利菲尔德雇用论坛的一个团队项目。我们成功地制定并建立了一个新的加工体系，满足了雇主的要求，最终被采用。我率先联系了雇主，鼓励他们参与我们的工作。通过这个项目，我不仅对项目组织有了一定的了解，还锻炼了自己的团队建设和协商能力。我觉得这个经历让我更适合做贵单位的招聘岗位。

兴趣爱好和成就

我很喜欢散步和划船。我曾经参加过一个划船队，这个队赢得了社区盾牌赛（2015）的冠军。我也非常喜欢参加当地FE学院组织的"指导学校项目"，尤其是当学生们的数学能力提高时，我感到很有成就感。

其他信息

我可以用流利的旁遮普语①和威尔士语进行交流和书写，通过了法语的 GCSE，可以和来自不同背景的人顺畅地交流。我已经习惯了与公众打交道。我懂电脑，对大部分商务和项目软件都很了解。我擅长从自己做起，喜欢在有限的时间内完成任务的感觉。我很想培养自己在会晤和商务方面的能力。

示例

成熟求职者的简历
Anna Leroy（安娜·勒罗伊）

个人信息

出生日期：1968 年 10 月 10 日　　　　　　　　国籍：英国

地址：伦敦 Summertown 苹果大街 1111 号　　　邮政编码：JJ1 11K

电话：11111 0303030；手机：22222 0303031　　电邮：aaleroy@freemail.happy

---

① Punjabi，属于印欧语系印度—伊朗语族的印度—雅利安语支。主要流通于印度的旁遮普邦和巴基斯坦的旁遮普省的语言，也是印度旁遮普邦的官方语言。——译者注

教育经历

2007—2010 贝利菲尔德宽街伦敦大学学院，BB1 22B

2005—2007 奥克菲尔德贝克姆路希利尔学院，OO2 1DD

1979—1987 奥克菲尔德花街乔达摩中学，OO1 22Y

1972—1979 阿什比舒伯路圣安天主教小学，AA1 2AA

资历

2010 心理学学士学位，2.2级

2007 开始高等教育（希利尔学院，社会科学基金课程）

2005 英语 GCSE，B 等

1984 数学 O 级，B 等

1984 一个 O 级和四个 CSE（1级）

工作经历

时间	雇主	职位	职责
1998至今	贝利菲尔德夏普街贝利律师事务所，BB1 3BB	兼职法律助理	协助律师准备法律文件；和客户打交道
1992—1997	奥克菲尔德裁缝街 Accomb 律师事务所，OO1 22B	兼职法律助理	协助律师准备法律文件；和客户打交道
1986—1992	奥克菲尔德裁缝街 J.J.Field 律师事务所，OO1 22X	全职管理员/私人助理	管理事务所各方面事宜；和公众打交道
1985—1986	奥克菲尔德阿什街 H.Smith 联署公司，OO1 22P	行政助理	一般的办公室行政事务

职责

时间	职位	组织	收获
2008—2009	志愿支教	大学志愿者办公室	参加当地的"融入项目"，教一名聋哑学生。该学生已经被大学录取。
2008—2009	主席	学生成长办公室	在一个团队中工作，组织了30次会议和其他事务。
2000—2002	秘书	奥克菲尔德阿什街奥克菲尔德游戏组	建立了一个包括40个家庭的游戏组，该游戏组充满活力，延续至今。协同组织了会议和其他事务。
1995—1999	主席	奥克菲尔德赤杨街居民协会，OO1 22A	成功管理了有超过2000名居民的协会，主持了超过50次会议。

技巧和能力

从我的生活和工作经历中可以看出，我天生就擅长组织。我能发现机会。在有必要建立新小组的时候，我会主动承担领导角色。我还很擅长同时完成多项任务。我能够不旷工，同时保持自己正常的学习和家庭生活。我有坚强的毅力，动力十足。在法律机构工作的时候，我培养了自己全方位的分析和社交能力。在之后的项目和组织活动过程中，这些能力又得到了进一步的巩固。

兴趣爱好和成就

我很享受在社区事务上扮演积极的角色，我也很擅长和人打交道。我很想找到护理行业方面的工作，这样我在学心理学的时候学到的知识和技能就可以发挥作用了。

其他信息

我拿到了普通驾照和欧洲电脑驾照。我可以在接到通知后很快投入工作。我现在在学一门关于基本咨询技巧的课程。

语言

字里行间要强调行动（动词）。找机会加入这样的词：

实现了、贡献了、协调了、组织了、建立了、展现了、完成了、运用了、执行了、启动了、创建了、创办了、发展了。

要使用能展现雇主重视素质的词句，比如：

关注细节、积极成果、成就、成功、有效地、高效的、关心、创造力、团队合作、遵守截止日期、合作、物有所值、省时、解决问题、擅长从自己开始、应对策略、谈判协商、建立联系网络、灵活性、活动性、创新、创业精神、利益、领导力、决策、制定重点、竞争力、商业意识、沟通技巧。

成品

最终的简历成品应该符合以下要求：

- 文字经过处理。
- 用A4信封包装和邮寄。
- 能够和"原件"有差不多的质量。
- 用A4纸打印。
- 用好的纸张。

针对不同目标制作的简历

你可能需要不止一份简历。简历最起码的要求是要简洁、文字整齐、呈现标准的信息。学术简历会长一些。如果你想找一份学术类的工作，那就要在简历里加上你发表过的论文或演讲的会议和研讨会，你参加过的所有研究项目以及细节信息，还有就是你的所有出版物。申请某份工作的时候，根据你对这家公司的了解和任职资格的要求，在你的原始简历上做出必要的调整。

简历中的能力陈述

一般来说，简历一页就够了。如果你有很多证书或工作经历，一张纸可能会写不下。不管是什么情况，都只用简单几句话来说明每一项的相关职责。

Bright和Earl认为，申请人如果在简历当中加入简单的能力陈述，进入面试的可能性就会很大。他们研究发现，能力陈述只要放在简历中就行，放的位置并没有太大关系。你详细说明了自己的能力（Chapter 9）后，可能会想在简历当中加入简短的能力陈述。

不招人也可以发简历

有的公司虽然没有招聘启事，但是如果收到应聘者的简历，还是会存下来并加以处理。大部分公司收到简历不会有反应，因为他们遵守平等机会的做法，一般会把所有岗位招聘信息都张贴出来。你要是具备难得、易推销的专业技术，比如高水平的信息技术能力，那试着给公司发简历可能会让你大有收获。

如果公司没有招聘，你又发了简历，一定要在简历或附信里面提供职位的相关信息。比如，雇主需要知道：
- 让你感兴趣的工作——必要时可以说出职位名称。
- 你是想全职还是兼职。
- 你预期的大致薪水水平。
- 你想在本国的哪些地区工作。
- 你对什么规模和类型的公司感兴趣。
- 你最理想的工作是什么。

这类简历可能会超过一页，但是尽量控制在两页之内。尽可能多提你的技能、经验和你可以为公司带来的价值。简历一定要体现你的热情和兴趣，这样公司才有可能会考虑你。

到哪里去找工作和获得建议

一般的校园招聘都会放到网上。这种校园招聘网站有好几百个，比如www.monster.

co.uk 和 www.gradunet.co.uk。此外，网上还有一些职业咨询资源，有些专门为学生服务。有的雇主会以电邮的方式发送岗位信息，收取申请和简历。相关的信息可以在本书末尾的"有用网站"部分找到。

> **练习：报纸网站**
> 看看哪些好报纸或商业报纸会刊登你感兴趣的岗位。进入这些报纸的官方网站，看看网站上有没有同样的招聘信息。一般来说都会有。即便你忘了买报纸，还是可以每周到网上去看看哪些岗位在招人。

把你的简历放到网上

大型招聘网站可能会让你按照它们的格式生成自己的简历。不是说你把自己做好的简历直接放到这些网站上就可以了，因为这样的话你简历所用的字体和布局等文档格式会发生变化——可能你在自己的电脑屏幕上看起来觉得还行，但是在雇主的电脑上可能看起来很乱或很奇怪。这就要求你重新填写每个网站需要的内容。填写申请很耗时，所以有必要先在最好的招聘网站上找出你感兴趣的工作。先准备个纯文本，用于"剪切粘贴"，整个填写过程用同样的字体，别用表格或任何格式。这样可以节省时间。每次网申至少要留足半个小时。

有的雇主会要求你以附件形式发简历。如果是这样，要用不宜变动的格式，这样雇主打印出来的简历才更有可能符合你的预期，保留文本的原有格式。

用电子邮件发送附信

如果你是通过电邮发送申请，就加上附信。这个附信要符合一般附信的要求。也就是说，附信要简洁、贴切、到位，总结出你的兴趣爱好和你可以为公司带来的价值。回邮件的时候，末尾签名可以不用"你忠诚的"，而用"祝好"。

评估中心

什么是评估中心

评估中心提供一系列广泛的选拔程序，很多公司招聘的时候都会使用。一般评估程序会持续一到两天，它可以作为最初选拔工具，也可以在第一次面试和终面之间使用，获取更多关于求职者的信息。

我要做什么

你可能会在选拔过程中面临不同的任务。雇主可能让你做一系列题目，也可能让你参加6到8人的小组讨论，现场有两个面试官做评估。你可能会遇到以下几种评估程序。

小组练习

小组练习用来评估你在团队中的效率和你的沟通和解决问题的能力。

文件练习

文件练习看你是否可以迅速地处理复杂的信息，做出决定，管理好时间。这种练习取源于现实工作场景。

展示

展示评估你组织和沟通信息的能力。展示题目的具体信息可能是去评估中心之前给你，也可能是当天才给你。

心理测试

心理测试由认证的专业心理师组织，是一种组织化和标准化的做法，评估你在某项任务或在给定的时间内会取得怎样的表现。评估可以通过能力测试或性格评估的方式。

1. 能力测试。

能力测试分类别评估具体的技能和知识。比如，认知能力这个类别包括记忆力、语言论证、手眼协调性等。

2. 性格评估。

性格评估一般是让你填写问卷。主要有两种形式：

- 特性工具：重点关注你在给定的情况下会有什么行为和做什么。随着时间的推移，你的技能和经验发生了变化，你的得分也会发生变化。典型的性格评估测试就是OPQ32。
- 类型工具：重点关注我们思维、互动、学习和工作方面的偏好。这些偏好比较稳定，不太会随着时间的推移而发生变化。典型的类型工具测试就是曼布二氏类型指标。

如何为评估做准备

为评估做准备的过程有些地方和你准备面试很像。准备的时候，你可以这么做：

- 上招聘公司的网站，注意所有跟招聘相关的信息。
- 思考你的强项和还可能改进的方面。

- 去评估中心之前计划好行程，保证不要迟到。

一般评估的内容都是你不知道的，所以你没必要提前了解很具体的信息。很多网站都会为你提供评估可能要完成的任务和完成测试问卷的机会，帮助你为评估做准备。这方面的一些内容列在本章末（第384页）。

去评估中心可能会让人很害怕，但是一定要记住：

- 评估的内容涉及方方面面，很可能你觉得有些方面的评估会比其他方面的更容易，你在有些方面的表现会更好。你如果觉得某方面表现得不好，也不要惊慌——因为你在其他方面可能表现很好，最后看的是你的总体表现。
- 专注自身表现，不要太过在意其他人的表现。评估你的表现最终根据的是预定的标准，而不是根据你和他人表现的对比。
- 整个评估过程要集中精力。过程可能会让你觉得无聊，但是你的动力水平会受到评估，所以要保持自己动力十足的状态。

关于残疾

很多残疾的学生都不知道该不该在面试的时候提到自身的残疾。英国法律保护残疾人的权利。但即便如此，雇主面临有残疾的申请者，仍然不知道该如何处理。

我是否该告诉雇主

这个问题没有简单的答案。如果申请过程、面试或工作中你需要特别的帮助，你就只能说明自己的残疾。如果你不说，可能你的问题也不严重，说不说都是你个人的决定。如果你打算不说明自己的残疾，一定要确保自己的行为不会带来公司无法承担的对你或公众的健康和安全责任。

我在面试中该如何提起自身残疾

如果你的残疾本身不影响你参加面试，雇主对你残疾的情况可能就不太了解。人事部一般会为你保密。你最好假设雇主不太清楚你的残疾对你做工作有什么影响，有的雇主甚至对不同的残障持有错误、混乱或夸张的概念。

选用积极的方式报道自身残障。比如，说明你因为残疾所学会的其他技能和素质。极有可能，为了让自己正常的学习和工作，应对他人对你异样的眼光，你会培养出一些技能和个人素质。这些技能和素质已经成为你生活的一部分，大部分可能都会被你低估。比如，你可能会具备：

- 信息技术技能（知道如何把电子版材料提供给各类人，公司为了符合残疾人保护法律，可能需要你的这类知识）。
- 社交能力（擅长处理他人的不适、尴尬或不礼貌；跟来自各个背景的人更有熟悉感；更善于和残疾人打交道，残疾人只占总人口的很小一部分）。
- 创造力和解决问题的能力（很有可能，你必须找到新办法来完成各项任务，这个过程需要创造力）。
- 自我管理能力（残疾往往会让你适应力更强，更有决心，自我动力更足，更有毅力）。

没有一模一样的两个人

你有残疾，有应对自身残疾的策略，还有自己的性格，这些意味着你和雇主见到的任何其他申请人都不一样。但是，雇主以前可能雇用过类似的残疾人，效果还不太好。即便听起来有点像废话，但是面试的时候你还是有必要跟雇主说清楚。就算两个人是同样的残疾，但应对残疾的方式肯定不一样。说清楚才能让雇主考虑从全新的角度看待你的申请。

清楚你的能力

雇主对于你作为一个残疾人能做什么，可能会有错误的看法。你也可能会低估自己的能力。简单地列出自己的成就。比如：

我参加了一个工读课程，帮助设计一种新的门操作系统，收到了很好的反馈。设计中，我顺利利用了自己在课程里学到的设计和信息技术技能，我觉得这些技能也会让我做好这份工作。

我为本地一家剧院集团做了三年的志愿者技术人员。这个过程让我接触到了来自不同背景的人。很多社区团体都会使用我们的剧院。我发现，通过这次经历，我学会了如何在有限的时间和预算内给出技术解决办法。我还发现自己喜欢和年纪大一些的人相处。以上的技能和素质也让我可以更好地完成这份工作。

简单地介绍残疾对你的负面影响。

如果可能，在谈论你可以做什么或采取什么策略实现某个目标的时候，顺便介绍残疾对你的负面影响。比如：

我使用语音到电文软件的时候，展示出很好的写作能力。我可以熟练使用 X 软件。

我工作效率很高，写作风格清晰。我可以避免错别字，但是如果有人专门检查最终版本，还是会有帮助。

我会合理安排自己的时间，每隔几分钟就换一样任务，这样我可以轮换地使用不同的肌肉群。一般我会同时做两到三项任务，但是每段固定时间只关注其中一项。这种做法让我不会觉得无聊，在等客户回答的间歇还能找到事做，效果很好。

提出残疾对你工作会有哪些负面影响，说明你有什么具体需求。
- "我需要记录语言指示，才能进行处理"。
- "轮椅必须要有X厘米宽"。
- "我对光很敏感，工作环境最好是暗光，或者我自己可以配备有色镜框的眼镜"。

准备面试

心理准备

如果你申请是有的放矢，符合工作的"任职资格"，还提前准备了面试问题的回答，那就要对自己有信心，相信自己有可能会被选中。大部分申请人都收不到面试通知，如果你收到了，那本身就意味着你已经取得了第一步的成功。一定要重视保持自己的冷静和面试可能要回答的问题。记住自己对工作的兴趣和你可以为公司带来的价值。确保你首先要能说服自己。面试感到紧张很正常，但是不要产生消极的思维，这样会火上浇油。

为面试可能出现的问题做准备

准备一些极有可能出现的问题，这样会让你更加自信，相信自己至少可以答好某些问题。其他问题答得不理想也就没那么可怕了。以下的小节给出了你面试中可能会遇到的问题。

两分钟答案

准备面试问题的时候，尽量在一到两分钟内回答完任何问题。面试官可能想问你6到10个问题，可能还会做些评论。他们一般都希望面试时间维持在20到30分钟之间。如果你回答得过于长篇大论，面试官可能就没时间把问题问完。如果最后的总分里每个问题都有一定的比例，你就会处于劣势。

找出每个问题你可以体现自己的哪些强项

面试前，想一想在回答每个可能出现的问题时，你可以体现自己哪些最强项。好的答案一般会以经验、成就和成功为基础。好的答案还会比较具体：至少给出一个例子，说明成就的规模和重要性，如果有必要，介绍几个关键信息。

准备面试里可用的点

通过面试展示你最强的方面。提前搞清楚自己的强项在哪，这样面试里一旦有机会，你就可以展示出来。在面试前：

- 列出你最大的五项成就、素质和特点。
- 用20个以内的字概括它们。
- 想一想，面试问什么问题的时候，你可以提出自己的这些强项。
- 如果面试没问到这些强项，一定要找其他时机展示自己。

时间感

练习大声讲话，给自己计时，让自己有个感觉，知道3分钟大概有多长。你应该有个大致的概念，知道在这段时间内可以说多少内容，又不用显得过于着急。如果你语言简洁到位，语速适中，两分钟已经可以说完好几个相关的细节。本页上的练习应该会对你有所帮助。

练习：说话时间

读一读下面的例子。要说完这些话，你觉得需要多长时间？以合适的速度把这个例子读完，要有表情，给自己计时。

问题："以前你担任过护理职位吗？"（申请人没有担任过这类职位）

回答："我最相关的工作经历应该就是给本地一所学校的3个小学生做老师。这些孩子们非常脆弱，我还必须培养跟护理岗位相关的技能。比如，我会重视建立和孩子之间的联系，注意他们的非语言动作，注重他们的感受。我必须要有等待的耐心，根据孩子们的进展速度安排。我还要考虑老师和其他方面的想法。我觉得自己与孩子和老师们都建立了良好的关系。我会和老师和每个学生讨论教学计划。老师评论说，每个学生都取得了进步，我也获得了很好的反馈，至少看起来效果不错。这次经历给了我做这份工作的基础，我非常希望能够再次与学生和家长一起工作。

- 这个问题的答案中，哪些是强项？

仪表

雇主希望面试者要着装和仪表得体。在某个阶段，你可能会成为该公司的公共代表。注重细节,比如手和指甲要干净,鞋要擦干净,包要得体。即便你所申请的岗位不要求你有很正式的着装,仍然要注意这些细节。

面试中

第一印象

整个面试过程都很重要,但是如果开始的时候表现好点,整个过程可能会更顺畅。开始要表现好,只需要做到以下的东西:

- 着装整洁得体。
- 准时参加。
- 右手不要拿东西,以免面试官要和你握手。
- 不管你内心有何感受,都要微笑,表现轻松。
- 见到面试官的时候,要表现出高兴的神情。握手要稳,直视面试官的眼睛,面试官自我介绍的时候要注意。
- 走路要稳,以免碰到室内的摆设。
- 面试时坐直、保持警惕,表现出自己的兴趣。

面试的时候,不要表达道歉和遗憾。接受整个进程的实际情况,别老想本来哪里还可以更好。告诉你自己,面试官提的问题很有意思,你可以驾驭——一直问自己,雇主到底对面试者有什么要求,想一想自己可以举出什么例子,向面试官证明自己符合他们的要求。

你没必要做个天才或讲话很熟练的人。每个人说话和回答问题的时候都可能会出问题。不要用小噱头、太强硬和戏剧性的表达。表达要自然。如果可能,想象面试自己的是朋友或家人的亲戚。这个建议听起来有点像废话,但是很多申请者并不是真的对工作感兴趣,他们可能不太好相处,不太诚实或不自然。

要简单

很多时候,你可能太想表现自己,最后却搞砸了整个面试。如果你面试的时候能够表现出自己的镇定、兴趣和热情,你通过面试的概率就会很大。

雇主挑选面试者可能会采取不同的做法。他们一般都会挑出符合他们要求的面试者。挑选的一般标准可能是技能和经验。但是,大部分进面试的人具备的技能和经验可能都差不多。极有可能,没有一个进入面试的人能够符合所有的要求。可能每个人都有各自的强项,一般都可以符合75%到95%的要求。如果雇主需要的是很罕见的技能,具备该技能的人应该就会获得这份工作。

但是也有可能，雇主最后看的是你面试中展现的交际能力和行为。雇主或面试官们一般会选择具有以下特点的人：

- 只需要最少的培训和监督，就可以投入工作。
- 理智、理性，有常识，善于和同事相处。
- 不是在推销自己，而是在认真回答问题。
- 符合岗位需求；性格适合这份工作。
- 看起来可以很好地融入工作氛围。

团队合作和支持性的工作氛围非常重要，所以面试官愿意选择可以融入工作氛围的面试者，这也可以理解。其实就是个人性格的问题。按照机会平等的说法，面试官不应该有基于性别、种族、残疾等的歧视。但是，性格和其他特性经常被混淆起来。如果你觉得自己被歧视了，可以拿起法律的武器。

一定要让自己看起来成熟、理性和友好。做到这几点很重要，不要想给出"完美的回答"。很多人面试的时候很紧张，就会看起来硬邦邦甚至很奇怪。不要一心想着如何"推销"自己，要重点想象面试官们的需求——他们在寻找什么。

面试中

你要学会从雇主的角度考虑。可能面试官们要在两到三个小时以内面试至少四个人。也可能他们持续几周要面几十个人。就算只是连着面四个人，也很累。如果你能做到以下几点，雇主会对你印象更深：

- 简单到位的回答。
- 给出清楚的例子。
- 给出与问题相应的回答。
- 提前准备了可能出现的问题，这样你可以快速地做出回答。

你需要注意避免：

- 偏离问题的长篇大论。
- "有趣的轶事"。
- 面试官让你举一个例子，你却给了好几个。
- 回答之前进行很长时间的背景介绍。

开始的问题

雇主在面试开始的时候，往往会提出一到两个问题，让面试者镇定下来。比较典型的问题是：

你旅途愉快吗

这个问题只是出于礼貌。简单回答就可以。

给我们介绍下你的项目

回答两三句话就可以了。要列出特别的地方，因为它们可能会体现你的优点。

你现在为什么想要这份工作

尽可能讲详细些。要提到自己感兴趣的公司。雇主想看到的，是你对公司的兴趣和了解，而不是你想找份工作。说清楚自己可以为公司带来什么价值。

在3年/5年/20年后，你对自己有什么期待

雇主会判断你是否现实，是否适合招聘的岗位。他们还会思考，你会不会上岗几个月或几周之后就离开。你可能没有五年之后的规划，但是可以很清楚地表达自己想要取得怎样的成就。讲一讲这份工作可以带给你的体验，让你离自己几年之后的目标更近。你回答的时候，一定要表明，自己获得这份工作对你和雇主都会有价值。

这份工作什么地方吸引你

只有当申请者对工作和公司感兴趣，具备难得的高价值技能，才能进入面试阶段，甚至最后被录取。去了解相关领域、行业或公司——至少保证你能够在面试的几分钟内保持相关对话。

向我们介绍你自己

这个问题可能最难回答，因为你的选择太多。正是因为如此，你才需要提前为这个问题做好准备。为安全起见，可以谈一谈你的职业目标，说明自己的性格和经验适合有这样的目标。要简单介绍。雇主并不是对你的生活感兴趣，而是想看你是否注重听众感受，语言是否简明扼要。

关于任职资格和能力的问题

很多问题可能都和任职资格相关。虽然你申请的时候已经提供了相关信息，面试官可能还是会问一些你觉得自己已经回答过的问题。之所以这样，有以下几种原因：

- 面试官们可能并没有参与简历筛选过程，只是在面试开始前才拿到你的资料。
- 面试官们面试了很多人。他们不太能记住你提供的书面材料，更容易记住你说的话。
- 不要以为，凡是你在申请材料里面回答过的问题，面试官们都会知道。如果他们不了解情况，回答一定要完整。
- 面试官是在考验你的社交能力。他们知道你可以回答大部分问题，但之所以还是会问你这些问题，是想看看你能否较好地和他人沟通信息。
- 面试官们在核对你回答的内容是否和你的书面申请材料一致。

与能力相关的问题

对于和能力相关的申请来说，大部分问题都会涉及任职资格中要求的能力。也就是说，准备这类申请的时候，你会比较有信心。想一想回答这个问题有没有什么独特的视角。提出和能力相关的问题可能会有很多不同的方式。比如，关于如何同难相处的人打交道，可能会有以下问法：

- 在你的生活工作中，哪个例子最能说明你如何与难相处的公众成员打交道。
- 能不能给我们举出几个这样的例子，就是当你……
- 举出这样的例子：你和某个难相处的公众成员处得很差的情况。你从这次经历中学到了什么？以后遇到同样的情况，会有什么样的转变？
- 对一个从来没和公众打过交道的新员工，你会给出什么建议？
- 最近这些年，为了让自己更好地与公众打交道，你注意了哪方面的专业发展？
- 你哪次和公众打交道效果最差？这次经历让你学到了什么？

通用问题

有些问题在很多岗位中都会出现，但是会因为岗位的不同，而有不同的含义。

"团队合作"意思可以指：

- 社交能力强。
- 考虑同事的需求。
- 有在团队项目中工作的经验。
- 好相处。
- 和他人谈判时具备特别的技能。

"领导力"意思可以指：

- 愿意代表团队发言。
- 能够激励他人追求大愿景，比如指导话剧或成立学生团体。

- 总是被选为团队主席。
- 管理大项目的经验。
- 管理项目的经验。

"擅长从自己开始"意思可以指：

- 喜欢独立工作。
- 独立工作效果很好。
- 具备良好的解决问题的能力。
- 负责任的员工。
- 愿意接受很难获得支持的工作。
- 在没有监督的情况下可以开始新工作。
- 能够承担几乎任何领域的大项目。

"灵活度"意思可能指愿意：

- 融入团队。
- 接受不正常或者很长的工作时间。
- 迅速应对危机。
- 出差。
- 换部门、岗位或工作内容。
- 和来自不同背景的人工作。
- 短时间内修改日程。
- 到不同地方工作。
- 紧急情况下到不同部门帮忙。
- 找出不同问题的解决办法。

遇到这些词的时候，有必要从工作的等级和性质出发，思考它们到底是什么意思。平衡也很重要，这样才能表明你既可以和他人一起合作，聆听他人的看法，又能独立工作，承担责任，指导自己和他人的工作。

预测问题

对任职资格里的任何元素，都考虑下要如何回答以下的问题，一定别忘了你申请的工作有什么要求：

- 你最好的事例。事例有什么好的地方？哪些地方效果好？你做出了什么贡献？
- 两到三个简单的事例。这些对你的经历范围有何体现？
- 一个你学到了东西、提高了当前表现的事例。如果面试官问你最糟糕的经历是什么，你可以举个有用的例子，强调自己从中学到了什么，如何提高了自己当前的表现。
- 对于要培养这种能力的人，你会给出什么样的建议？
- 为了具备这种能力，你进行了怎样的专业发展？
- 在跟这个能力相关的事例中，涉及哪些技能和个人素质？
- 你有多经常可以体现出这种能力？（这样可以判断你只是某次展现了这种能力，还是一直具备这种能力。）
- 在承担哪种层面的责任时，你才会展现出这种能力？（这个问题用来判断你在这方面有多大的承担任务责任的能力。）

其他一些典型的问题

其他比较典型的问题可能会涉及以下方面。

迄今为止,你生活或事业上的重要经历

一定要准备好,简单地介绍情况,说明自己为何觉得这次经历很重要。比如,这次经历可能让你培养了公司需要的某种技能。也可能是你在这次经历中接受了挑战,或者承担了比之前更高的责任,证明了自己的能力。

举例说明你最糟糕的错误

通过这个事例,说明你能够从错误中吸取经验教训,并会将经验教训运用到恰当的地方。举例一定要恰当,不要让雇主听到例子之后不想聘用你。你举的错误一定要是大家都会犯的。雇主希望看到的,是你不会一味责怪别人,会为自己的行为承担责任(即便你可能觉得是别人的错)。参见第426页上的能力页。

举例说明你对个人发展的重视

一般具有"投资于人才(IiP)"称号的雇主、专业组织和公共机构会问到这类的问题。

你认为自己可以做出什么贡献?你能够带来什么价值

说明你具备的经验和技能,它们可以为公司带来价值。按照任职资历和公司的要求,说出你可能做出的贡献。一定要介绍个人素质。如果可能,讲一讲前任雇主、同事或团队成员对你的评价。

你具备怎样的素质,能给岗位带来价值

选出两到三种你可以专注的素质。举出一两个例子,说明你具备这些素质,谈一谈它们对你所申请岗位的价值。再简单地列出你具备的另外三到五种素质。面试官如果对这些内容感兴趣,可以进一步发问。要做好准备回答面试官的进一步提问。参见第225页和280页。

你生活工作中处理过的关键事件

可能这只是以另外一种方式让你说明自己"犯的最糟糕的错误"或"重要事件",主要是看面试官怎么提问的。一般来说,面试官不可能这三个问题同时问,所以你可以准备同样的材料,作为某两个问题的回答。面试官之所以问这些问题,主要是想了解以下内容:你承担过什么样的责任,你应对和解决问题的策略,反思经历并吸取经验教训的能力。同样的问题,在护理行业中,可能是想判断你是否会能有感情地表达和工作;在创意行业,可能是想看你是否可以从经历中吸取灵感,进行创作;在管理岗位上,可能是想看你应对复杂和困难局势的能力。

你从……学到了什么

面试官可能会问你为什么要学某个课程或做某个工作，问你课程和工作中学到了什么。比如，你可能学到了如何做事灵活，同难相处的人打交道，处理数字时精力保持高度集中，可以理性地进行分析思考，应对未知情况。说清楚整个事件或经历如何让你体现了自己天生的优势和能力。关注跟你申请工作有关的方面。

结束的问题

关于兴趣爱好的一般性问题

面试结束的时候，有的面试官会问你平时有什么兴趣爱好。这些问题听起来很轻松，面试者可能就会放松警惕，展示出自己不同的一面。比如，面试官可能会问：

"我看你对墨西哥很感兴趣。墨西哥什么地方很吸引你？"

一定要记住，即便被问到这样轻松的问题，你的面试仍然没有结束。面试官仍然在判断，你可以为公司带来什么价值。你的答案必须要体现自身价值。回答要简洁：回答并不是要让面试官了解你的各种兴趣爱好。你的回答可能会体现你身上对公司有价值的素质或能力。比如（取决于具体情况）：

A："我很想练习自己的西班牙语。"（如果公司有西班牙语办事处或说西班牙语的客户，会说西班牙语就是你的优势。）

A："我想了解新的文化，也一直都对墨西哥艺术很感兴趣。"（这种回答说明你兴趣爱好广泛，对独立探索新事物具有信心。）

你有什么问题要问我们吗

你不一定要提出问题。如果雇主已经把相关信息发给你，或者人事处或公司网站上有相关信息，你就更不能无端发问了。不要问无关紧要的问题；否则面试官可能会觉得你面试前没有做足准备。面试官不希望面试时间拖得太长，所以只要集中提出一到两个关键问题就可以了。比如，比较好的问题一般具有这样的特点：

- 近期和公司相关的行业期刊报道，如果问题能够让面试官做出积极回应，就更好了。
- 问题很真诚，体现出你很想得到这份工作。最后是提出这类问题的好时机。
- 与培训和职业发展相关。
- 询问是否会为新员工准备指导计划。
- 问雇主，两年之后，你做到什么程度才算成功？雇主对你这样一名新员工有何要求？

- 问你工作的顶头上司是谁。
- 询问是否有出差或者借调的机会。
- 询问下一步情况。比如你什么时候可以知道面试的结果。

要避免的问题

不要问这样的问题：

- 答案已经在相关资料或公司网站上。
- 面试前给可以从人力资源部或人事处了解的。
- 这个问题在申请工作之前你就应该咨询，看看自己是否适合申请的职位。
- 去问招聘的条件是否可以专门为你做出调整。
- 以"我是否必须……？"这样的方式开头发问（或者问：这份工作是不是要……？）。
- 这个问题靠你的常识就可以回答。

> ### 练习：把面试搞砸
>
> 1. 想一想你做什么可以搞砸面试，让面试官认为你没有做好准备，或者不适合这份工作。把你能想到可以做的东西都列出来。比如你可以就以下内容表达看法：
> - 你的着装。
> - 你准时。
> - 对公司毫无了解。
> - 抓住机会问一些很愚蠢的问题。
>
> 2. 给自己提建议。
>
> 如果有人像上面说的那样，搞砸了面试，你会给他们提出什么建议？提的建议有可能听起来像废话，但大家经常会忘记这些基本的东西。如果你不知道如何避免搞砸面试，就去向大学里的职业咨询师寻求建议。
>
> 3. 为面试制作准备列表，做好功课。

有没有什么关于你的我们需要了解、但是刚刚没问到的内容

- 有的面试官知道面试者可能会紧张，有的回答才会有所欠缺。如果你觉得某个问题自己没有答好，面试官问你的时候，你要是觉得自己这时候可以答得更好，就可以抓住机会。
- 面试前，你可能反复演练，表达自己觉得对申请岗位或公司有价值的技能和素质。

如果面试前面部分没有涉及这些内容，面试官问你这个问题的时候，你就可以提出来。

如果我们聘用你，你什么时候可以开始上班

一定要弄清楚自己的时间安排，这样被问到这个问题的时候，就可以做出回答。

> **练习：面试演练**
>
> - 找个人（最好两个人）做你的面试官，来锻炼你的面试技巧。这样做可能会很尴尬。但是面试前获得这种反馈总比面试后好。
> - 详细介绍你申请的工作岗位。陪你演练的人可以利用或修改本章里的问题，做你的面试官。
> - 陪你演练的面试官至少每个人要有15分钟面试你的时间。
> - 寻求（或提出）建设性的回馈。回馈要让你清楚自己面试里哪些地方做得不错，哪些地方还有改进的空间。
> - 记下你获得的回馈，想一想自己可以做什么，让自己有更好的面试表现。

面试之后

面试后，你很可能会记起来本来自己都想说什么。一般你很难判断自己的面试表现算不算好。不管面试最后的结果如何，都不能白白浪费时间，面试之后，要对自己的表现有更清楚的认识。

分析问题

迅速地写下面试官可能会问你的问题。

- 哪些问题你没有想到？这些问题是否和你准备过的类似，只是你没意识到而已？雇主可能会提出不同的问题，但是想了解的信息都差不多，要注意这样的情况。
- 注意面试官问了自己多少问题。面试时间本来定的是多长？把原定的时间减掉10分钟，再除以问题个数。面试官希望每个问题持续多长时间？
- 你是否回答得过长？如果是，多练习，让自己回答问题更加简明扼要，为下次面试做好准备。
- 你是否回答得太短？如果是，想出自己比较满意的经历，就此给出更加完满的答案。

分析你的表现

- 你使用了哪些事例？这些事例是你能找到的最好的吗？提醒自己记住自身最好的事例，这样下次面试的时候你才能想起来。
- 你是否把自己所有的强项都表达了出来？
- 面试哪些地方效果不错？把这些好的地方写下来，下次面试之前先读一读。
- 面试哪些地方还可以更好？下次你会如何处理这些地方？把这些总结写下来，下次面试之前先读一读。

寻求回馈

有的公司会给不成功的面试者提出一些简单的回馈和意见。寻求回馈很重要。但是，如果面试官只是说，"我们最后选择的都是最符合我们标准的申请人"，你也不要觉得失望。有的公司不愿意给面试者提供回馈，主要是怕惹上官司。

> **｜反思｜ 从求职过程吸取经验教训**
>
> - 选出一个你参加过的面试，这个面试是否成功没关系。如果你还没有申请过面试，现在就是你和朋友演练的好时机。
> - 在你的反思日记里，完成上文"面试之后"这个小节的内容。迅速地写下10个你做得不错的地方。
> - 迅速地列出3个对提高你面试表现最重要的东西。

本章回顾

本章讨论了毕业生找工作的基本内容。至于找工作的具体阶段，也都可以找到很多相关的参考资料。如果你很担心找工作的某个阶段，比如回答面试问题、网申，就去找相关的参考书籍。

对一般人来说，只要了解找工作的基本内容就可以了。如果公司本来就想招有经验或具有某项技能的人，就算你申请写得再好，你也无法获得这份工作。找工作比较重要的规则有：

- 找工作时要采取解决问题的策略。充分的准备和Chapter 5里提到的"问题说明"有些类似。
- 了解你的选择，寻找可以让你实现长远目标的机会。

- 做出恰当的选择。如果你的申请不切实际或不合适，就会竹篮打水一场空。
- 不要海投，针对地选出少量岗位，了解你想申请的公司，调整自己的个人陈述或能力陈述，让它们更加精准、清楚，包含更多信息，符合申请岗位的要求。
- 一定要及时地更新自己的个人记录或进步记录，这样你就可以很快地写出合适的申请。
- 为面试做准备。可以利用你进步记录里面的能力页。

最后，要从经历中吸取经验教训。虽然你大部分课程或考试一般都能通过，但是并非每次求职申请都会成功。如果你把每次申请和面试都当成历练，用于培养自己的求职技巧，让自己更好地了解雇主与自己本身，这样会对你有很大的好处。反思整个求职过程，做记录，以后你会从中获益良多。

延伸阅读

Bright,j.and Earl,j.(2007)*Brilliant CV:What Employers Want to See and How to Say It*, 3rd edn(London:Prentice Hall).(Useful if the jobs you apply for are mostly CV-based rather than form-based.)

Chapman, A.(2001)*The Monster Guide to Jobhunting*(London:Financial Times/Prentice Hall).(Detailed guidance on using the internet.Useful if you are not already comfortable using the Internet.)

Hodgson,S.(2007)*Brillinant Answers to Tough Interview Questions*, 3rd(London: Prentice Hall).(One of a number of books that are useful to focus the mind when preparing for an interview.)

Jackson,T.and Jackson,E.(1997)*The Perfect CV:How to Get the Job You Really Want*, revised and updated edition(London:Piaktus).

Popovich,I.(2003)*Teach Yourself Winning at Job Interviews*(London:Hodder Education).(Traditional but sensible advice on job interviews.)

评估中心资源

http://targetjobs.co.uk/careers-advice/psychometric-tests 一般性建议

www.jobtestprep.com 关于工作的测试

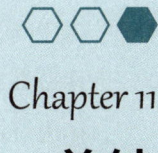

Chapter 11

总结

学习目标

本章让你：
○ 认识个人发展和成就
○ 回顾你的个人规划反思
○ 更新你的技巧和素质记录
○ 发现你的"学习边缘"
○ 发现自己新的个人责任
○ 规划你接下来该做什么

简介

个人规划的目的不仅仅是让你制订并执行一个计划。个人规划还是个发展的过程，随着时间的推移，个人会按照自己的需求和利益对规划进行调整。这个发展过程也就是你要认清以下问题：

- 你是谁，你想成为什么样的人。
- 你想过什么样的生活，你对生活有什么要求。
- 为实现目标，你会做什么。
- 认识到你兴趣的变化，并按照变化制订新的个人规划。

一个好的规划，能让你在需要的时候及时地获得需要的信息。规划时，你要思考各种可能性，甚至是遥不可及的可能性；你还要获得相关支持，培养必要的技能，以备不时之需。

本章提供结构性的机会，供你反思，思考自己当前的处境，回顾前面章节的练习，展望自己将来的路。本章的重点，是教你如何在进行自我发现和生活规划时管理好自己的个人发展规划。

认识到个人变化

目标惰性

Chapter 1鼓励你给自己制定一个愿景。但是，你的看法可能已经发生了变化。我们每天的经历都会让自己有新的变化。慢慢地，我们的目标可能就跟不上自身变化了——这就是"目标惰性"。

"更新的你"接受了新的想法，经受了历练，受到了新知识的影响，生活在日新月异的环境里。这个"更新的你"，还会很憧憬一年、三年或五年前制定的目标吗？

练习：认识到个人变化

花10分钟时间进行头脑风暴，找出现在的你和三年前的你都有哪些不同的地方。

	三年前的我	现在的我
面貌		

（续表）

	三年前的我	现在的我
衣着		
朋友		
兴趣爱好		
喜欢哪种音乐		
生活目标或愿景		
态度		
激励		
我想要培养什么样的个人素质		
我崇拜的人		
支持我的人		
做的工作		
职业兴趣		
其他重大的改变		

| 反思 | 改变

在你的反思日记里，想一想：
- 过去三年中，你自身或你的生活发生的最重大变化是什么？
- 这些变化有什么意义？你的思考、感受和行动方式因此发生了什么变化？这些变化是否改变了你的生活态度、对人的态度和你的重点？
- 这些改变是否影响了你的个人目标？

回顾你的目标

有可能你一生都怀有同样的愿景或目标，但是，如果你觉得自己已经没有动力去实现目标了，这些目标可能就不再合适了。偶尔回顾反思自己的目标还是很有必要的。比如：

- 再去做一遍"梦想"或"长期愿景"练习（第34页到第36页）。把你这次的答案和上次的答案对比一下。
- 跟别人谈谈你的目标。让这些人敦促你去探索自己真正想要的东西。
- 去一个你从来没去过的地方。换个环境可能会让你认识到自己到底想要什么。
- 跟他人谈论他们的目标和兴趣爱好。拓宽自己的视野，看到更多的选择。

每个人眼里的成功都不一样。在你眼里，摘到天上的星星可能是成功，或者其他人不能理解的某种成功。

成功与快乐息息相关。实现自己人生的愿景会让你有相应的快乐感吗？如果你的目标让你失去兴趣，让你觉得它们成了负担，那就是时候重新思考自己的目标了。

> | 反思 | 更新目标
>
> - 从你做完 Chapter 1 的练习后,你的愿景是否发生了任何变化?
> - 这个愿景可能会让你快乐吗?
> - 如果需要,你应该如何改变自己的目标,让自己更加快乐?

回顾你的价值观

你的价值观会对你的愿景产生很大的影响——价值观会影响你对成功的定义和你能接受或想要的行为和生活方式。

> | 反思 | 更新价值观
>
> - 如果有的话,从你完成 Chapter 1 第 25 页上的练习之后,你的价值观发生了什么样的变化?
> - 这些变化对你实现长期目标的动力是否产生了影响?
> - 按照你当前的价值观,你是否需要反思自己的激励、动力源泉或目标?

利用反思的过程

监督个人进步

不管是在个人目标上,还是按照考分一类的客观标准,你都可以去衡量自己的进步。在你的生活中,他人意见的重要性远远比不上:

- 你的个人认识深度。
- 你监督自己进步的能力。
- 没有他人提点,你也有能力和动力去采取行动,改善自己的表现。

要监督自己的表现和个人变化,你需要进行记录。你的反思日记是追踪个人变化的重要工具。如果你已经很久没有看过自己的反思日记了,现在就是时候看了。

> | 反思 | 回顾你的反思日记
>
> 看 10 页你的反思日记,至少要看 6 个月以前的内容。

- 当时你记录下自己有什么样的想法？现在又有什么样的想法？
- 反思日记里有什么内容本来你已经忘记了，但是看到的时候又很高兴？
- 你当时说要做什么，却还没找到时间来实现？
- 反思日记里还有什么让你觉得有意思的地方？

发现改变

通过反思日记，你就可以发现自己随着时间推移而发生的变化。以下练习让你回顾自己的反思过程，去发现你答案里面的主题和变化。

练习：你的思维是否发生了变化

- 选出本书里的任何三个练习。这三个练习中，至少有一个你喜欢的，有一个你觉得很困难或很抵制的。
- 把这三个练习再做一遍。
- 把你这次的答案和之前的答案进行对比。
- 两次的答案有些不同的地方，你如何理解？

做个反思性的职业者

反思练习和新年决心很像。你可能新年伊始下了很大的决心，但是到年中的时候，你可能已经忘记这些决心。同样地，对目标、表现和个人发展的反思可能有很好的开始。但是，如果我们时间不太多，往往最先放弃的就是反思。你可能觉得自己也是这样。如果是，就从上次你落下的地方开始。如果你能够坚持这样做，就会让反思成为你的习惯。

| 反思 | 通过反思培养技能

在你的反思日记里，迅速地回答以下问题。
- 对你的学业、个人和职业发展进行反思或自我评估，你有什么收获？
- 你觉得自己培养并保持反思的习惯做得怎么样？
- 要改进你的反思过程，你会采取什么样的做法？

> **练习：以个人专长为基础**
>
> 在你的反思日记里，快速地写下你觉得自己最擅长的技能或领域。你可以列出具体的技能，比如组织空间、制订时间表、给文章拟提纲。
> - 花两分钟时间进行头脑风暴，想出这种专长对你未来的学习可能带来的好处。
> - 花两分钟时间进行头脑风暴，想出这种专长对你未来的工作可能带来的好处。
> - 花两分钟时间进行头脑风暴，想出这种专长对你未来的生活可能带来的好处。
>
> 针对某项技能完成这个练习之后，再想出至少你的两个强项，回答同样的问题。做完这个练习后，你可能需要更新自己的能力页。

改善表现

发挥我们的优势

要改善表现，方法之一，就是发现我们当前的优势，以此为发挥的基础。比如，Chapter 2介绍了如何利用一个领域的专长来更好地理解其他领域的表现。再回去看看Chapter 9里你完成的能力页和其他关于你技能和素质的评估，让自己看清楚自己的优势。看看为了改善自己的表现，你专注于什么学习目标和领域。想一想，为了实现学习目标，你的个人优势利用得如何？

发现"可转移技巧"

要把一个领域的技巧转移到另外一个领域，一般比较有用的做法是：
- 了解你已经会使用的技巧（尤其是具体的技巧）。
- 想一想哪些技巧经过调整，可以运用到新的环境中。

具体的技巧很重要，因为它们往往能转移到新情境中，比如，如果你很擅长与数字打交道，具体的技能可能就是注重细节、排序、发现模式、逻辑能力、发现数字与文字的联系、为了发现错误而耐心重新测试所有后续步骤、很强的公式记忆能力等。

如果你擅长和人打交道，具体的技能和个人素质可能包括聆听技巧、应对他人的愤怒、从他人的角度看问题、知道自己的感受以及自身感受对他人的影响、为自己的错误承担责任、能索要自己需要的事物等。

> **练习：转移技能**
>
> - 选出你的某项技能或优势。
> - 你在哪里培养了这种技能或优势？
> - 总体技能中包括的具体技能和素质，你都培养了哪些？
>
>   从下面列表中选择某个场景或情况。选出你最不熟悉的场景：
>
>   与孩子们一起工作；　　　举办艺术展览；
>
>   设计办公室；　　　　　　电话里咨询别人；
>
>   筹集慈善款；　　　　　　制作视频；
>
>   为公司设计网站；　　　　第一个到达比较严重的灾难现场；
>
>   组织会议；　　　　　　　开餐馆。
>
> - 花5分钟时间进行头脑风暴，想出这些具体技能对你选出的这个场景是否会有任何帮助。有些作用方式可能第一眼还看不出来。
> - 你需要对这些具体技能进行什么调整，才能符合新场景的情况？

找到联系

专长领域间的联系

一般的技能都是和其他技能一起培养起来的。我们的发展就是新优势和相对的弱势组成的复杂网络。我们培养了某个领域的专长之后，即便可能我们没发现，这种专长也会改善我们在其他领域的表现。

比如，唱诗班里的人可以锻炼自己的声音和乐感。同时，他们对时间的掌控能力很强，可以很及时地回应他人，这样他们就会具备更好的社交能力。跟这种能力相关的有很多其他技能，比如在公众面前表演的信心，团队合作、接收指令、遵守顺序、关注细节、对情绪很敏感等能力。其他领域的专长也具有同样的特点。

相反，即便我们只是某个技巧或专长领域比较薄弱，其他很多方面也会受到影响。比如，我们讨厌运动，这会影响到我们的健康、毅力、和他人相处的机会、进入某些谈话的能力、我们能和他人建立联系的方式、我们可以使用的比喻类型、我们对他人兴趣爱好和动力的理解等。

鉴于此，我们在生活的某方面感到很困难，但是问题的根源可能在完全不同的另一个领域。比如，组织能力不行有很多原因可以解释，可以是时间管理不善、动力不足、态度不端正、无法对别人过多的求助说不、不愿意为自己的行为承担责任。只有针对解决问题的根源，我们才能解决困难。

提高目标

认识到你的成就

有时候，你可能很想说，自己的个人发展现在可以告一段落了。如果你这么想，往往意味着你要提高目标、制定新挑战、找到让自己感兴趣的新方向。

要让自己更加有动力，一个方法就是回顾你的成功。想一想到目前为止，你的个人发展有什么成就，这些成就给你带来了什么。

> **｜反思｜建立技巧和专长间的联系**
> - 你最擅长的领域在哪里？
> - 培养这个领域的专长时，你还获得了哪些具体的技能和素质？至少列出20条。
> - 你觉得自己需要改进哪方面的技巧、个人素质或专长领域？
> - 改进了之后，会对改进其他的技巧、素质、态度或专长领域带来怎样的好处？
> - 你这方面如此薄弱，根源在哪里？你可以做什么来解决问题？

> **练习：建立联系**
>
> 列出你当前关注的三到五个主题。想一想本书哪些部分可以让你培养相关技巧，改善自己的表现。比如：
>
> 你的目标和如何实现目标：Chapter 1 "愿景"，Chapter 5 "成功地解决问题和管理任务"。
>
> 和难相处的人打交道时控制好你的反应：Chapter 4 "成功的自我管理"，Chapter 6 "社交能力"。
>
> 着手解决问题并寻找创意性的解决办法：Chapter 5 "成功地解决问题和管理任务"，Chapter 7 "打破固定化思维"。
> - 想一想，你在生活某方面具有的技巧和远见对你在其他领域的表现会产生什么样的影响。

| 反思 | 看到成功

看看你过去这年写的反思日记，或者从你上次回顾看完的内容之后开始看。在你的日记里，回答以下问题：
- 这段时间内，你重点关注了哪些目标？
- 实现了哪些目标？
- 实现目标之后有何好处？

想一想这些成就带来的影响。可能是带来了你生活上的变化、学习上的成功、应对具体场景的能力或成就感。不要谦虚。除了比较显著的技能之外，一定别遗漏了你培养起来的具体技能和小的成就。

你有庆祝过自己的成就的经历吗？如果没有，一定要补回来！

利用你的"优势"

当你从成功里获得信心的时候，就已经可以为自己制定更大的挑战了。也可以重新审视自己看待挑战的方式。你是否喜欢挑战？你是否会乐意去实现会拓展你视野的目标？

练习：对挑战的态度

以下每项对你取得好的结果有多重要，在相应的方框内打钩（√）。

（a）当我……时能够取得最好的结果	很重要	重要	比较重要	不是很重要	完全不重要
能够迅速看到成果					
获得他人的回馈，这样我就知道自己做得如何					
获得他人提供的指导或建议					
知道我朝着正确的方向在走					
提前规划好了整个过程					
制定了我知道可以实现的短期目标					
制定了我确定可以实现的目标					
细致规划每一步，避免挫折					
清楚自己前进的方向					
出问题的时候有安全网					

（b）即便……我也会保持动力去实现目标	非常符合	符合	有时候符合	不太符合	完全不符合
我要等很长时间才能看到结果					
要花很多年才能实现最终目标					
没人能告诉我该怎么做					
挑战确实比较大					
不一定最后能取得成功					
最终的目标非常模糊					
计划只能随过程的推进慢慢制订					
我必须付出大量努力，结果还不一定会成功					
会遇到很多挫折					
有人觉得我设定的目标太高					

下面每项是否符合你的情况。

挑战的态度

一般情况下，成功最大的阻碍都来自我们的态度和恐惧。当时我们就是觉得挑战实在太大了。我们让自己面临挑战，但一定得不要超出我们的应对能力、支持性网络和情感状态范围。第394页上的练习可以让你认识到自己当前应对挑战的各种方式。

利用你在第 394 页练习里（a）部分的答案
- 把你给出的所有"很重要"或"重要"的回答标记出来。
- 在你的反思日记里写下来，开始要这样写："要应对新挑战，……对我来说非常重要。"
- 写的过程中，加入一些你亲身经历的细节或事例，说明你为何有这样的结论。

利用你在本页练习里（b）部分的答案
- 把你给出的所有"不太符合"或"完全不符合"的回答标记出来。
- 在你的反思日记里写下来，开始要这样写："如果……，那么我就不太可能应对这种新挑战了。"
- 写的过程中，加入一些你亲身经历的细节或事例，说明你为何有这样的结论。

理解你的答案

通过你在a部分给出的答案，可以总结出一些你应对挑战的做法，它们可以增加你成功的概率。比如，你的答案可能表明，只有获得支持你才能取得成功。如果确实如此，你又愿意接受他人的指引，会进行细致的规划，制定可控目标，那么你成功的概率就会更大。但是，还要看看下文的"舒适区"部分。

通过你在b部分给出的答案，可以看出在高风险的状况下，你还会有多大的动力。如果你很多回答都是"非常符合"和"符合"，那么你可能会很好地应对挑战和风险。说明你表现得动力十足，可以很好地管理自己的成功之路。但是，还要看看下文的"舒适区"部分。

如果你在b部分给出的大部分答案都是"不太符合"或"完全不符合"，那么给自己设定挑战时就要尽量避开这些不太符合的地方。只有当你有"优势"时，才能让你充满动力，这样即便条件不是很理想，也能让你实现目标。

舒适区和"工作边缘"

如果我们只是一味利用自己的优势和偏好工作，那么可能就没有给自己足够大的挑战。我们不承担任何风险，不给自己设定任何挑战，给自己布置好强大而全面的安全网，总是为自己找到足够的支持，这些都是我们处于"舒适区"的表现。要有好的个人发展规划，就需要找到需要改进的领域，让我们挑战自己的极限"边缘"。

"边缘"是指我们的舒适区和不必要或不合理的风险之间的地带。边缘对每个人来说都会有不一样的含义。对有的人来说，边缘可能是听取他人意见；有的人可能是要更多地学会独立。对于总是避免风险的人，边缘可能是要制定更多有风险的挑战。这就意味着要培养相关的技巧、素质或态度，比如管理改变、把错误当成学习的机会、制订情感应对策略等。对于总是采取高风险策略的人来说，"边缘"可能在于想出策略应对压力，更多信任他人，或者不要总是处于极端兴奋的生活状态。

> | 反思 | 在"边缘"工作
> - 你觉得下一步自己应该选择什么样的工作"边缘"？
> - 你为什么觉得这是自己的"边缘"？你可以跟谁谈谈这个问题？
> - 你会如何去接受这个新挑战？
> - 你需要什么样的支持或指导？

有时候很难认识到自己的边缘在哪里。比如，我们不爱听的建议，它们往往是我们的"边缘"所在。我们可能需要引导，才知道如何在边缘工作。就像在悬崖峭壁的"边缘"一样，我们在面对自己的极限时，要保持相应的谨慎态度，获得恰当的支持。制定新挑战是件好事，但是不要没带吊绳就去悬崖边缘。

本章回顾

恭喜你终于到了本书的结尾部分。如果你读完了本书的大部分内容，做完了大部分练习，那你对自己已经有了很深的了解，知道了自己的优势，也知道如何做才能实现自身目标。

有可能你只需要看这本书的某些部分，这些部分要么是对你个人来说有作用，要么就是你老师要求你完成。如果在整个过程中，你对有些方面一开始非常抵制、觉得不适应或者打心底里厌恶，最后却能够完成，这就意味着你已经做到了很了不起的一件事情。至于到底做到了一件什么事情，就要你自己判断了。

我们永远是一个"过程中的作品"：

- 我们身上永远有新的地方让自己去理解。
- 我们知识和专长的边界是无限的。
- 我们的表现总有些方面是需要改进的。

我们可以让自己的个人规划极具动态，但即便不这样做，它本身也具有动态。如果我们能养成定期反思的习惯，我们就会更深刻地了解自己，更清楚自己的需求，更容易实现我们内心的目标。

寻找一种让你觉得活得最充实和有动力的心理态度，这种状态下你的内心会说，"这就是真的我"。找到这种态度的时候，跟着它走。

William James（威廉·詹姆斯）

资源库

资源库全部内容

项目	页码
1. 评估表现的工具	
改善个人表现	400
评估学习目标取得的进步	402
2. 个人记录	
教育和培训记录	404
学习证明	407
工作经历记录	408
从工作中学习	409
技巧和个人素质证明	410
关键事例页	411
3. 能力页	
（1）团队能力证明	412
（2）独立工作能力证明	413
（3）承担责任能力证明	414
（4）领导力能力证明	415
（5）说服他人能力证明	416
（6）协商出折中办法的能力证明	417
（7）解决问题能力证明	418
（8）项目或任务管理能力证明	419
（9）处理冲突能力证明	420
（10）管理艰难处境能力证明	421
（11）高压或时间紧的条件下工作的能力证明	422
（12）平等机会能力证明	423
（13）管理改变能力证明	424
（14）承担有备之险的能力证明	425

（15）从自己错误中吸取教训的能力证明　　　　　426

（16）书面沟通技巧能力证明　　　　　　　　　　427

（17）口头沟通技巧能力证明　　　　　　　　　　428

（18）展现其他能力的空白表格　　　　　　　　　429

（19）健康和安全　　　　　　　　　　　　　　　430

1. 评估表现的工具

📺	改善个人表现
日期	
举例说明我为了改善表现所采取的行动。	
当时需要做什么？	
当时是什么事情？	
为什么这方面是要解决的重点？	
我进行了哪些准备和计划？	
我为改善表现制订的策略（计划）。	

（续表）

我做了什么？我对策略做出的所有变化或调整。
哪些做法奏效了？
哪些地方发生了变化？
我本来还可以做什么，或者我以后可以怎么做？
通过这次经历，我对自己的表现有何认识？
这种认识对我的学习、工作或生活有何普遍适用性？

评估学习目标取得的进步

当前的学习目标
参见行动计划。

目标和重大进展。

为实现目标采取的行动（"我到目前为止做了什么？"）。

评估到目前为止的表现（"我的目标实现得如何？目标有多合理？是否需要改变目标？"）。

别人给我提供了多少反馈？

我如何利用这种反馈？

到目前为止我对自己、他人或任务获得了什么认识？

（续表）

我的态度、做法和表现有哪些优势？

我的态度、做法和表现有哪些可以改善的地方？

我发生了什么样的变化？

接下来做什么？

其他想法。
签名　　　　　　日期

2. 个人记录

📺	教育和培训记录

教育

在下面的表格里写下你具体的教育经历，短期课程就不用写了。

中等教育

年龄 11 到 16 岁；主要说明 14 岁之后拿到的学历证书。

日期（从……到……）	教育机构或提供者的名称和地址	学习的专业	获得的学历证书（如果分数很重要也要写）	发放学历证书的年份	覆盖的课程和掌握的技巧

16 岁以后接受的教育

日期（从……到……）	教育机构或提供者的名称和地址	学习的专业	获得的学历证书（如果分数很重要也要写）	发放学历证书的年份	覆盖的课程和掌握的技巧

（续表）

大学教育					
日期（从……到……）	教育机构或提供者的名称和地址	学习的专业	获得的学历证书（分数如果很重要也要写）	发放学历证书的年份	覆盖的课程和掌握的技巧

短期课程、项目和培训

在下面的表格里，记录你大学里通过工作或私人机构所接受过的其他培训内容。

日期（从……到……）	培训提供者的名称和地址	课程或项目的名称	资历证书的名字和颁发年份	涉及的课题	掌握的技巧

如果有其他的培训和资历证书，就把空白表格誊写一遍再填。

（续表）

非正式学习				
年份	学习地点	其他相关的人	接受这种学习的原因	学到了什么？涉及的课题和掌握的技巧

其他资历证书、经验和资产
驾照，多语能力，熟悉某些国家或文化。

1.

2.

3.

4.

5.

如果有额外信息补充，就誊写一遍空白表格再填。

| 学习证明 |

资历证书是证明学习经历的一种方式。但是，雇主很想了解你重视自己学习的哪些地方，想听你说自己到底学到了什么，这样雇主才能看清楚你如何展示并运用自己的技能和智商。准备好以下问题的回答会对你很有帮助。

你的课程最吸引你的地方在哪里？

你觉得自己从课程里学到的最重要的东西是什么？

你觉得自己从课程里学到的什么东西可以让自己在工作上受益？

你学习的课题和大学以外的世界有何联系？

对即将学习你这门课程的学生，你会提出怎样的建议？

工作经历记录

从你16岁之后的第一次工作经历开始记录。这样在找工作填写申请表格的时候,需要的一般信息你就都已经准备齐了。

日期(从……到……)	雇主和雇主地址	职位名称	职责	获得的经验	离职的原因

我从工作经历中学到了哪些东西,可以对我以后的工作(或对以后一般性的状况)有所帮助?

1.

2.

3.

4.

5.

从工作中学习
时间地点。
事件（基本情况）。
我做了什么。
涉及的职责。
其他人做了什么。
我学到了什么。
我学会了哪些技能。
雇主给出的回馈。
客户给出的回馈。
他人给出的回馈。
我如何利用了这些回馈。

| 技巧和个人素质证明 ||

技巧，素质或特点

1. 我在什么时候以怎样的方式培养了这种技巧或素质。	
2. 我体现出这种技能的事例。	在大学里 在工作上 在生活上
3. 表明我具备这种素质或技能的证明（比如，他人提供的可靠反馈、资历证书）。	在大学里 在工作上 在生活上

	关键事例页
1. 背景：关键事例的简单介绍。发生了什么？在哪里发生的？什么时候发生的？	
2. 我在这个事例中扮演的角色。	
3. 我对这个事例的即时反应。	
4. 我如何利用他人提出的建议和回馈。	
5. 这个事例对我生活或工作产生的长远影响。这个事例在我的生命中有多重要？发生了什么变化？	
6. 这个事例对我或他人的积极结果。	
7. 我从这个事例中学到了什么。	
8. 我如何把学到的东西运用到新情况中。	
9. 这个事例对我的价值观、信条、态度和动力的影响。	
10. 个人考虑和想法。	

3. 能力页

	(1) 团队合作能力证明

1. 最佳事例。	
2. 团队的目标，团队活动和成员的性质。	
3. 背景：我体现出良好团队合作能力的时候，是在什么情况、时间或活动里。	
4. 我在团队中所承担的责任。工作规模和范围。	
5. 个人贡献：我做了什么；我在团队中扮演的角色（一个或多个）。	
6. 证明领导力的事例（比如计划、谈判协商、说服）。	
7. 和他人合作的能力举例（比如，接受他人的观点、跟随指令、找到折中办法等）。	
8. 这个过程中哪些方面效果很好？	
9. 我从事例中学到的东西。	
10. 以后遇到类似的情况，我会有什么不同的做法？	
11. 这个事例对我来说有多典型（每天发生/一周发生/偶尔发生/很少发生）？	
12. 简单介绍最近（倒数第二次）同类事例发生的情况。	
13. 简单介绍另外一个事例，最好要有对比性。	
14. 我如何衡量自己是否成功地具备了团队合作能力？	
15. 如何把这种能力运用到其他场景中？	

（2）独立工作能力证明

1. 最佳事例。	
2. 背景：简单介绍做的工作，为谁、在哪里完成的工作。	
3. 我在工作中所承担的责任。工作的范围和规模。	
4. 工作强度。	
5. 结果：我实现了什么。	
6. 这次工作对任何大项目或团队合作的贡献。这项工作和其他人做的工作有何联系的地方。	
7. 为了给自己动力，实现目标，我是如何组织工作的？	
8. 这个独立工作的事例中，哪方面效果较好？	
9. 我从这个独立工作的事例中学到了什么？	
10. 在另外的场景下，要独立工作，我会有什么不同的做法？	
11. 这个事例对我来说有多典型（每天发生/一周发生/偶尔发生/很少发生）？	
12. 最近（或倒数第二次）同类事例的简单介绍。	
13. 简单介绍另外一个事例，最好要有对比性。	
14. 如何将这种能力运用到其他场景中？	
15. 我如何衡量自己是否成功地具备了独立工作的能力？	

（3）承担责任能力证明

1. 最佳事例。	
2. 背景：简单介绍情况、事例或活动。	
3. 我在工作中所承担的责任。工作的范围和规模。	
4. 个人贡献：我做了什么。	
5. 还有谁的参与，他们做了什么。	
6. 我运用的技巧。	
7. 这个事例中，哪些方面效果很好？	
8. 我从这个事例中学到了什么？	
9. 以后遇到类似的情况，我会有什么不同的做法？	
10. 这个事例对我来说有多典型（每天发生/一周发生/偶尔发生/很少发生）？	
11. 最近（或倒数第二次）同类事例的简单介绍。	
12. 简单介绍另外一个事例，最好要有对比性。	
13. 如何将这种能力运用到其他场景中？	
14. 我如何衡量自己是否成功地具备了承担责任的能力？	

（4）领导力能力证明

1. 最佳事例。	
2. 我对领导力的定义。	
3. 背景：简单介绍我发挥领导力的情况、事例或活动。	
4. 我在这个事件中所承担的责任。事例范围和规模。	
5. 个人贡献：我做了什么。	
6. 还有谁的参与，他们做了什么。我如何让他人参与的，比如授权给他人，或者征求他人意见。	
7. 举例说明我在这个事例中是如何展现领导力的。	
8. 我如何去接受了他人的看法和感受。	
9. 结果。	
10. 这个事例中，哪些方面效果很好？	
11. 我从这个事例中学到了什么？	
12. 以后遇到类似的情况，我会有什么不同的做法？	
13. 这个事例对我来说有多典型（每天发生/一周发生/偶尔发生/很少发生）？	
14. 最近（或倒数第二次）同类事例的简单介绍。	
15. 简单介绍另外一个事例，最好要有对比性。	
16. 如何将这种能力运用到其他场景中？	
17. 我如何衡量自己是否成功地具备了领导力？	

（5）说服他人能力证明

1. 最佳事例。	
2. 背景：简单介绍情况、时间或活动。为何有必要去说服别人？	
3. 我在这个事例中所承担的责任水平。事例的范围和规模。	
4. 个人贡献：我做了什么。	
5. 举例说明我在这个事例中是如何展现说服他人的能力的。	
6. 还有谁的参与，他们做了什么。在这个事例中我如何让他人参与，和他人一起合作。	
7. 我运用了哪些技能，展现了什么素质。	
8. 结果。	
9. 这个事例中，哪些方面效果很好？	
10. 我从这个事例中学到了什么？	
11. 以后遇到类似的情况，我会有什么不同的做法？	
12. 这个事例对我来说有多典型（每天发生/一周发生/偶尔发生/很少发生）？	
13. 最近（或倒数第二次）同类事例的简单介绍。	
14. 简单介绍另外一个事例，最好要有对比性。	
15. 如何将这种能力运用到其他场景中？	
16. 我如何衡量自己是否成功地具备了说服他人的能力。	

（6）协商出折中办法的能力证明

1. 最佳事例。	
2. 背景：简单介绍情况、时间或活动。为何有必要去找到折中办法？	
3. 我在这个事例中所承担的责任。事例的范围和规模。	
4. 个人贡献：我做了什么。	
5. 举例说明我在这个事例中是如何展现协商出折中办法的能力的。	
6. 还有谁的参与，他们做了什么。在这个事件中我如何让他人参与，和他人一起合作。	
7. 我运用了哪些技能，展现了什么素质。	
8. 结果。	
9. 这次事例中，哪些方面效果很好？	
10. 我从这个事例中学到了什么？	
11. 以后遇到类似的情况，我会有什么不同的做法？	
12. 这个事例对我来说有多典型（每天发生/一周发生/偶尔发生/很少发生）？	
13. 最近（或倒数第二次）同类事例的简单介绍。	
14. 简单介绍另外一个事例，最好要有对比性。	
15. 如何将这种能力运用到其他场景中？	
16. 我如何衡量自己是否成功地具备了这种能力？	

（7）解决问题能力证明

1. 最佳事例。	
2. 背景：简单介绍情况和要解决的问题。	
3. 我在这个事例中所承担的责任。事例的范围和规模。	
4. 个人贡献：我做了什么。	
5. 我采取的解决问题的方法：我的策略和考虑过的选择。	
6. 还有谁的参与，他们做了什么。在这个事例中我如何让他人参与，和他人一起合作。	
7. 结果。	
8. 这个事例中，哪些方面效果很好？	
9. 我从这个事例中学到了什么？	
10. 以后遇到类似的情况，我会有什么不同的做法？	
11. 这个事例对我来说有多典型（每天发生/一周发生/偶尔发生/很少发生）？	
12. 最近（或倒数第二次）同类事例的简单介绍。	
13. 简单介绍另外一个事例，最好要有对比性。	
14. 如何将这种能力运用到其他场景中？	
15. 我如何衡量自己是否成功地具备了这种能力？	

(8) 项目或任务管理能力证明

1. 最佳事例。	
2. 背景：简单介绍选出的情况、项目或任务。	
3. 我在这个事例中所承担的责任。事例的范围和规模。	
4. 个人贡献：我做了什么。	
5. 我采取的解决问题的方法：我的策略和考虑过的选择。	
6. 还有谁的参与，他们做了什么。在这个事例中我如何让他人参与，和他人一起合作。	
7. 结果。	
8. 这个事例中，哪些方面效果很好？	
9. 我从这个事例中学到了什么？	
10. 以后遇到类似的情况，我会有什么不同的做法？	
11. 这个事例对我来说有多典型（每天发生/一周发生/偶尔发生/很少发生）？	
12. 最近（或倒数第二次）同类事例的简单介绍。	
13. 简单介绍另外一个事例，最好要有对比性。	
14. 如何将这种能力运用到其他场景中？	
15. 我如何衡量自己是否成功地具备了这种能力？	

（9）应对冲突能力证明

1. 最佳事例。	
2. 背景：简单介绍这件事的情况或情景。	
3. 我在这个事例中所承担的责任。事例的范围和规模。	
4. 个人贡献：我为解决冲突做了什么。	
5. 我解决问题的方法：我的策略和考虑过的选择。	
6. 还有谁的参与，他们做了什么。在这个事例中我如何让他人参与，和他人一起合作。	
7. 结果：短期或长期来看，这个冲突解决得如何。	
8. 这个事例中，哪些方面效果很好？	
9. 我从这个事例中学到了什么？	
10. 以后遇到类似的情况，我会有什么不同的做法？	
11. 这个事例对我来说有多典型（每天发生/一周发生/偶尔发生/很少发生）？	
12. 最近（或倒数第二次）同类事例的简单介绍。	
13. 简单介绍另外一个事例，最好要有对比性。	
14. 如何将这种能力运用到其他场景中？	
15. 我如何衡量自己是否成功地具备了这种能力？	

（10）管理艰难处境能力证明

1. 最佳事例。	
2. 背景：简单介绍这个艰难情况——发生在什么地方，为什么会发生。	
3. 我在这个事例中所承担的责任。事例的范围和规模。	
4. 个人贡献：我为了掌控好局势和解决问题，做了什么。	
5. 我采取的解决问题的方法：为何我采取了这样的技巧或策略。	
6. 还有谁的参与，他们做了什么。在这个事例中我如何让他人参与，和他人一起合作。	
7. 结果：短期或长期来看，这个冲突解决得如何。	
8. 这个事例中，哪些方面效果很好？	
9. 我从这个事例中学到了什么？	
10. 以后遇到类似的情况，我会有什么不同的做法？	
11. 这个事例对我来说有多典型（每天发生/一周发生/偶尔发生/很少发生）？	
12. 最近（或倒数第二次）同类事例的简单介绍。	
13. 简单介绍另外一个事例，最好要有对比性。	
14. 如何将这种能力运用到其他场景中？	
15. 我如何衡量自己是否成功地具备了这种能力？	

（11）高压或时间紧的条件下工作的能力证明

1. 最佳事例。	
2. 背景：简单介绍导致压力或时间紧的情况。	
3. 我在这个事例中所承担的责任。事例的范围和规模。	
4. 个人贡献：我做了什么。	
5. 为了应对压力我采取了什么行动。	
6. 还有谁的参与，他们做了什么。在这个事例中我如何让他人参与，和他人一起合作。	
7. 在压力下与他人合作的能力证明。	
8. 结果：是否按照截止日期完成任务或任务的完成情况。	
9. 这个事例中，哪些方面效果很好？	
10. 我从这个事例中学到了什么？	
11. 以后遇到类似的情况，我会有什么不同的做法？	
12. 这个事例对我来说有多典型（每天发生/一周发生/偶尔发生/很少发生）？	
13. 最近（或倒数第二次）同类事例的简单介绍。	
14. 简单介绍另外一个事例，最好要有对比性。	
15. 如何将这种能力运用到其他场景中？	
16. 我如何衡量自己是否成功地具备了这种能力？	

（12）平等机会能力证明

1. 最佳事例。	
2. 我怎样理解"平等机会"这个概念。	
3. 背景：简单介绍相关的情况和事例。	
4. 我在这个事例中所承担的责任。事例的范围和规模。	
5. 个人贡献：我做了什么。	
6. 还有谁的参与，他们做了什么。在这个事例中我如何让他人参与，和他人一起合作。	
7. 结果。	
8. 这个事例中，哪些方面效果很好？	
9. 我从这个事例中学到了什么？	
10. 以后遇到类似的情况，我会有什么不同的做法？	
11. 这个事例对我来说有多典型（每天发生/一周发生/偶尔发生/很少发生）？	
12. 对平等机会有关问题和立法的大体了解。与来自不同背景的人一起工作的经历。	
13. 最近（或倒数第二次）同类事例的简单介绍。	
14. 简单介绍另外一个事例，最好要有对比性。	
15. 如何将这种能力运用到其他场景中？	
16. 我如何衡量自己是否成功地具备了这种能力？	

（13）管理改变能力证明

1. 最佳事例。	
2. 背景：简单介绍被改变的情况，说明为何要选择改变。	
3. 我在这个事例中所承担的责任。事例的范围和规模。	
4. 个人贡献：我做了什么。这个改变从多大程度上是我的功劳，或者我从多大程度上负责管理我或他人对改变的反应。	
5. 还有谁的参与，他们做了什么。在这个事例中我如何让他人参与，和他人一起合作。在改变的过程中我对他人提供了怎样的支持。	
6. 我的行动或参与带来的结果。	
7. 这个事例中，哪些方面效果很好？	
8. 我从这个事例中学到了什么？	
9. 以后遇到类似的情况，我会有什么不同的做法？	
10. 这个事例对我来说有多典型（每天发生/一周发生/偶尔发生/很少发生）？	
11. 最近（或倒数第二次）同类事例的简单介绍。	
12. 简单介绍另外一个事例，最好要有对比性。	
13. 如何将这种能力运用到其他场景中？	
14. 我如何衡量自己是否成功地具备了这种能力？	

（14）承担有备之险的能力证明

1. 最佳事例。	
2. 背景：简单介绍情况。	
3. 涉及的风险本质；需要衡量的因素。	
4. 我在这个事例中所承担的责任。事例的范围和规模。	
5. 个人贡献：我做了什么。	
6. 还有谁的参与，他们做了什么。在这个事例中我如何让他人参与，和他人一起合作。	
7. 为了控制好我和他人的压力，我做了什么。	
8. 我的行为或参与带来的结果。	
9. 这个事例中，哪些方面效果很好？	
10. 我从这个事例中学到了什么？	
11. 以后遇到类似的情况，我会有什么不同的做法？	
12. 这个事例对我来说有多典型（每天发生/一周发生/偶尔发生/很少发生）？	
13. 最近（或倒数第二次）同类事例的简单介绍。	
14. 简单介绍另外一个事例，最好要有对比性。	
15. 如何将这种能力运用到其他场景中？	
16. 我如何衡量自己是否成功地具备了这种能力？	

（15）从自己错误中吸取教训的能力证明

1. 最佳事例。	
2. 背景：简单介绍情况。	
3. 我在这个情况中犯了什么错误。是什么导致我做出错误的判断？我如何认识到自身错误的？	
4. 我在这个事例中所承担的责任。事例的范围和规模。	
5. 个人贡献：我做了什么。	
6. 还有谁的参与，他们做了什么。在这个事例中我如何让他人参与，和他人一起合作。	
7. 为了控制好我和他人的压力，我做了什么。	
8. 我的行为或参与带来的结果。我如何为自己的行为承担了责任。	
9. 如果有的话，我做出了什么积极的贡献？	
10. 我从这个事例中学到了什么？	
11. 以后遇到类似的情况，我会有什么不同的做法？我在类似的情况下采取了怎样不同的做法。	
12. 这个事例对我来说有多典型（每天发生/一周发生/偶尔发生/很少发生）？	
13. 最近（或倒数第二次）同类事例的简单介绍。	
14. 简单介绍另外一个事例，最好要有对比性。	
15. 如何将这种能力运用到其他场景中？	
16. 我如何衡量自己是否成功地具备了这种能力？	

（16）书面沟通技巧能力证明

1. 最佳事例。	
2. 背景：简单介绍情况。	
3. 我在这个事例中所承担的责任。时间限制、字数限制和任务的重要性。	
4. 读者的性质。	
5. 个人贡献：我做了什么，包括我如何让写作内容符合读者需求。	
6. 还有谁的参与，他们做了什么。在这个事件中我如何让他人参与，和他人一起合作。	
7. 结果：结果从多大程度上符合了截止日期的要求，或者任务的完成情况。我获得了怎样的评价。	
8. 这个事例中哪些方面效果很好？	
9. 我从这个事例中学到了什么？	
10. 以后遇到类似的情况，我会有什么不同的做法？	
11. 这个事例对我来说有多典型（每天发生/一周发生/偶尔发生/很少发生）？	
12. 最近（或倒数第二次）同类事例的简单介绍。	
13. 简单介绍另外一个事例，最好要有对比性。	
14. 如何将这种能力运用到其他场景中？	
15. 我如何衡量自己是否成功地具备了这种能力？	

（17）口头沟通技巧能力证明

1. 最佳事例。	
2. 背景：简单介绍情况。	
3. 我在这个事例中所承担的责任。事例的范围和规模。	
4. 听话者的性质，我对此有什么考虑。	
5. 个人贡献：我做了什么。	
6. 还有谁的参与，他们做了什么。在这个事例中我如何让他人参与，和他人一起合作。	
7. 结果。	
8. 这个事例中，哪些方面效果很好？	
9. 我从这个事例中学到了什么？	
10. 以后遇到类似的情况，我会有什么不同的做法？	
11. 这个事例对我来说有多典型（每天发生/一周发生/偶尔发生/很少发生）？	
12. 最近（或倒数第二次）同类事例的简单介绍。	
13. 简单介绍另外一个事例，最好要有对比性。	
14. 如何将这种能力运用到其他场景中？	
15. 我如何衡量自己是否成功地具备了这种能力？	

展现其他能力的空白表格

（18）在_____方面的能力证明	
1. 最佳事例。	
2. 背景：简单介绍情况。	
3. 我在这个事例中所承担的责任。事例的范围和规模。	
4. 个人贡献：我做了什么。	
5. 还有谁的参与，他们做了什么。在这个事例中我如何让他人参与，和他人一起合作。	
6. 我的行为和参与带来的结果。	
7. 这个事例中，哪些方面效果很好？	
8. 我从这个事例中学到了什么？	
9. 以后遇到类似的情况，我会有什么不同的做法？	
10. 这个事例对我来说有多典型（每天发生/一周发生/偶尔发生/很少发生）？	
11. 最近（或倒数第二次）同类事例的简单介绍。	
12. 简单介绍另外一个事例，最好要有对比性。	
13. 如何将这种能力运用到其他场景中？	
14. 我如何衡量自己是否成功地具备了这种能力？	

(19) 健康和安全

日期:

我对健康和安全事务和立法的大致理解。

在我工作或学习的地方,我需要了解哪些具体的健康和安全事务。举例说明。

我接受过的健康和安全培训。

展现我管理健康和安全事务能力的事件。

参考文献

Association of Graduate Recruiters (2010) 'Graduate Recruitment Survey', www.agr.org.uk/Content/Graduate-Recruitment-Survey (downloaded 24 January 2010).

Atkins, S. and Murphy, K. (1994) 'Reflective Practice', in *Nursing Standard*, 8 (39), pp. 49–54.

Beaver, D. (1998) *NLP for Lazy Learning* (Shaftesbury, Dorset, and Boston, MA: Element).

Belbin, M. R. (1996) *Management Teams: Why They Succeed or Fail* (London: Butterworth-Heinemann).

Belbin, M. R. (2010) *Team Roles at Work*, 2nd edn (London: Butterworth-Heinemann).

Benson, J. F. (2009) *Working More Creatively with Groups*, 3rd edn (London: Tavistock).

Boud, D., Keogh, R. and Walker, D. (1985) Reflection: *Turning Experience into Learning* (London: Routledge).

Bright, J. and Earl, J. (2007) *Brilliant CV: What Employers Want to See and How to Say It*, 3rd edn (London: Prentice Hall).

Butterworth, G. (1992) '*Context and Cognition in Models of Cognitive Growth*', in P. Light and G. Butterworth(eds), Context and Cognition (London: Harvester).

Buzan, T. (2006) *The Mind Map Book* (London: BBC Active).

Chapman, A. (2001) *The Monster Guide to Jobhunting* (London: Financial Times/Prentice Hall).

Chase, W. G. and Simon, H. A. (1973) 'Perception in Chess', *Cognitive Science*, 13, 145–82.

Cottrell, S. (2001) *Teaching Study Skills and Supporting Learning* (Basingstoke: Palgrave Macmillan).

Cottrell, S. (2005) *Critical Thinking Skills: Developing Effective Analysis and Argument* (Basingstoke: Palgrave Macmillan).

Cottrell, S. (2007) *The Exam Skills Handbook: Achieving Peak Performance* (Basingstoke: Palgrave Macmillan).

Cottrell, S. (2008) *The Study Skills Handbook*, 3rd edn (Basingstoke: Palgrave Macmillan).

Cottrell, S. (2010) (new edition annually) *The Palgrave Student Planner* (Basingstoke: Palgrave Macmillan).

Covey, S. R. (2004) *The Seven Habits of Highly Effective People: Powerful Lessons in Personal Change*, 15th Anniversary edn (London: Free Press).

Committee of Vice-Chancellors and Principals/Department for Education and Employment (CVCP) (1998) *Skills Development in Higher Education, Short Report* (London: Committee of Vice-Chancellors and Principals).

Davidson, J. (2000) *The Ten-Minute Guide to Project Management* (Indianapolis: Alpha Books).

Dearing, R. (1997) *The Summary Report of the National Committee of Inquiry into Higher Education* (London: HMSO).

De Bono, E. (1996) *Teach Yourself to Think* (London: Penguin).

De Bono, E. (2006) *De Bono's Thinking Course*, revised and updated (London: BBC Active).

Dilts, R., Hallbom, T. and Smith, S. (1990) *Beliefs: Pathways to Health and Well-being* (Portland, OR: Metamorphous Press).

Donaldson, M. (1978) *Children's Minds* (London: Fontana).

Dryden, W. and Gordon, J. (1993) *Peak Performance: Become More Effective at Work* (Didcot, Oxon: Mercury Business Books).

Dunn, R., Griggs, S., Olson, J., Beasley, M. and Gorman, B. (1995) 'A Meta-analytic Validation of the Dunn and Dunn Model of Learning Style Preferences', *Journal of Educational Research*, 88 (6), 353–62.

Egan, D. and Schwartz, B. (1979) 'Chunking in Recall of Symbolic Drawings', *Memory and Cognition*, 7, 149–58.

Ellis, A. (1994) *Reason and Emotion in Psychotherapy*, revised and updated (New York: Birch Lane Press).

Fennell, M. (2009) *Overcoming Low Self-esteem: A Self-help Guide using Cognitive Behavioural Techniques* (London:Robinson).

Goleman, D. (1995) *Emotional Intelligence* (London: Bloomsbury).

Graham, R. J. (1989) *Project Management as if People Mattered* (Bala Cynwyd, PA: Primavera Press).

Greenfield, S. (2001) *The Human Brain: A Guided Tour* (London: Phoenix).

Hallows, J. (1997) *Information Systems Project Management* (New York: Amacom).

Heerkens, G. R. (2002) *Project Management* (New York: McGraw-Hill).

Heron, J. (1992) *Feeling and Personhood* (London: Sage Publications).

Hodgson, S. (2007) *Brilliant Answers to Tough Interview Questions, 3rd edn* (London: Prentice Hall).

Honey, P. and Mumford, A. (1992) *The Manual of Learning Styles Questionnaire* (Maidenhead, Berks:Peter Honey).

Jackson, T. and Jackson, E. (1997) *The Perfect CV: How to Get the Job You Really Want*, 2nd revised edn(London: Piaktus).

Kolb, D. A. (1984) *Experiential Learning: Experience as the Source of Learning and Development* (Englewood Cliffs, NJ: Prentice Hall).

Kozubska, J. (1997) *The 7 Keys of Charisma: The Secrets of Those Who Have It* (London: Kogan Page).

Lawrence, G. (1993) *People Types and Tiger Stripes*, 3rd edn (Gainesville, FL: Centre for Applications of Psychological Type).

Lazarus, R. S. (1999) *Stress and Emotion* (London: Free Association Books).

Luft, J. (1984) *Group Processes: An Introduction to Group Dynamics*, 3rd edn (Mayfield, CA: Mountain View).

McCormick, R. and Paechter, C. (1999) *Learning and Knowledge* (London: The Open University).

McGill, I. and Beaty, L. (2001) *Action Learning: A Practitioner's Guide*, 2nd revised edn (London:Routledge).

Mezirow, J. (ed.) (1990) *Fostering Critical Reflection in Adulthood: A Guide to Transformative and Emancipatory Learning* (San Francisco, CA: Jossey-Bass).

Mingus, N. (2002) *Alpha Teach Yourself Project Management in 24 Hours* (Indianapolis: Alpha Books).

Moon, J. (2004) *A Handbook of Reflective and Experiential Learning: Theory and Practice* (London:RoutledgeFalmer).

Neenan, M. and Dryden, W. (2002) *Life Coaching: A Cognitive-Behavioural Approach* (New York:Brunner-Routledge).

Neill, J. (2004) *Experiential Learning Cycles*, viewed at www.wilderdom.com/experiential/elc/Experiential L e a r n i n g Cycle.htm (July 2009).

Nolan, V. (ed) (2000) *Creative Education: Educating a Nation of Innovators. Papers by Members of the Synetics Education Initiative* (Buckinghamshire: Synetics Education Initiative).

Palmer, S. and Dryden, W. (1995) *Counselling for Stress Problems* (London: Sage).

Perry, W. G. (1970) *Forms of Intellectual and Ethical Development in the College Years: A Scheme* (New York: Holt, Rinehart and Winston).

Piaget, J. (1952) *The Origins of Intelligence in Children* (New York: International Universities Press).

Piaget, J. (1975) *The Development of Thought:Equilibration of Cognitive Structures* (Oxford:Blackwell).

Popovich, I. (2003) *Teach Yourself Winning at Job Interviews*, new edn (London: Hodder Education).

Project Management Institute (2000) *A Guide to the Project Management Body of Knowledge* (Newtown Square, PA: Project Management Institute).

Qualifications and Curriculum Authority (2000) *Improving Your Own Learning and Performance*, Key Skills Unit (London: QCA).

Qualifications and Curriculum Authority (2000) *Problem Solving*, Key Skills Unit (London: QCA).

Quality Assurance Agency for Higher Education (2000)www.qaa.ac.uk/Heprogressfile (30/5/2000).

Ribbens, G. and Thompson, R. (2002) *Understanding Body Language* (Abingdon: Gower).

Rossett, A. and Sheldon, K. (2001) *Beyond the Podium:Delivering Training and Performance to a Digital World* (San Francisco, CA: Jossey-Bass/Pfeiffer).

Sapadin, L. (1997) *It's about Time* (New York: Penguin).

Saven-Baden, M. (2000) *Problem-based Learning in Higher Education: Untold Stories* (Buckingham:SRHE and Open University Press).

Schon, D. A. (1983) *The Reflective Practitioner* (New York: Basic Books).

Schon, D. A. (1989) *The Reflective Practitioner: How Professionals Think in Action*

(London: Temple Smith).

Siegler, R. S. (1991) *Children's Thinking* (Englewood Cliffs, NJ: Prentice Hall).

Skills and Enterprise Network (2001) *Update: A Digest of Recent Labour Market, Research and Evaluation Reports and Developments*, no. 1, February(Sheffield: Skills and Enterprise Network).

Stordy, J. B. (2000) 'Dark Adaptation, Motor Skills,Docosahexaenoic Acid and Dyslexia', *American Journal of Clinical Nutrition*, 71 (supplement),323–6.

Taylor, R. and Humphrey, J. (2002) *Fast Track to the Top: Skills for Career Success* (London: Kogan Page).

Thompson, S. and Thompson, N. (2008) *The Critically Reflective Practitioner* (Basingstoke: Palgrave Macmillan).

TMP Worldwide Research (1998) *Soft Skills: Employers' Desirability and Actual Incidence* (32, Aybrook St,London, W1M 3JL).

Universities UK and CBI (2009) '*Future Fit – Preparing Graduates for the World of Work*' (London: CBI).

Van Oech, R. (2008) *A Whack on the Side of the Head:How to be More Creative*, revised and updated edn(New York: Grand Central Publishing).

有用的网站

评估中心

http://targetjobs.co.uk/careers-advice/psychometric-tests 建议和演练测试

www.jobtestprep.com 关于工作的测试

职业指导

www.prospects.ac.uk 为毕业生提供建议和工作

www.gradunet.co.uk 为毕业生提供建议和工作

www.hobsons.com 为离校生、年轻人和毕业生提供指导和工作

招聘公司

http://beta.companieshouse.gov.uk 列出了英国所有的上市公司

www.vault.com 在大公司工作的感受

招聘：找工作

www.totaljobs.com/graduates 毕业生工作

www.jobsite.co.uk 一般性信息

www.eteach.com 教育

www.monster.co.uk 招聘启事和职业建议

工作权利

www.equalityhumanrights.com/en 平等和人权委员会

www.emplaw.co.uk 就业法律

www.citizensadvice.org.uk 为民服务局

www.hse.gov.uk 健康和安全

残疾问题

www.skill.org.uk 残疾慈善

www.gov.uk/browse/disabilities 关于残疾问题的官方网站

www.bdadyslexia.org.uk 英国阅读障碍协会

致谢

我要感谢的是众多为本书里的想法和练习出谋划策的人。尤其要感谢的是几所大学的审校人员，他们提供了宝贵的建议，每版的内容和草稿他们都不遗余力。他们提供的建议和指导是我完成本书的动力，本书最终版的很多地方也采纳了他们的看法，让本书更符合各类高等教育的要求。

我还要由衷感谢贝德福特大学的讲师和专业辅助人员。他们敢为天下先，于2002年将个人发展规划加入到了课程当中。感谢 Mark Atlay（马克·阿特莱）、Roger Woods（罗杰·伍兹）、Valerie Shrimplin（瓦莱莉·什里普林）、Kate Robinson（凯特·罗宾逊）教授、Dai John（戴·约翰），和所有那些指出讲师需要哪些材料来帮助学生的教职工。

当然，我还要感谢帕尔格雷夫·麦克米伦所有帮助本书发行的员工。尤其是 Suzannah Burywood（苏森纳·布瑞伍德），她保证了整个出版过程按期完成。

最后，我想感谢的是我的搭档。体贴的他提供了各种奇思妙想，不眠不休地和我一起完成了本书的最终版，还一直为我准备美酒佳肴，让我保持继续写作的体力。

Stella Cottrell